Ingrid Miethe und Silke Roth (Hg.)
Politische Biografien und sozialer Wandel

I0128752

»Reihe Psyche und Gesellschaft«
Herausgegeben von Johann August Schülein
und Hans-Jürgen Wirth

Ingrid Miethe und
Silke Roth (Hg.)

Politische Biografien und sozialer Wandel

Psychosozial-Verlag

Gefördert aus Mitteln der
Hans-Böckler-Stiftung

Bibliografische Information der Deutschen Nationalbibliothek
Die Deutsche Nationalbibliothek verzeichnet diese Publikation in der Deutschen Nationalbibliografie; detaillierte bibliografische Daten sind im Inter-
net über <http://dnb.d-nb.de> abrufbar.

Inhaltsverzeichnis

Biografien zwischen Anpassung und Widerstand

Einleitung: Biografische Ansätze und Paradigmen der Bewegungsforschung

Ingrid Miethe und Silke Roth

In der soziologischen Theorie wird immer wieder auf soziale Bewegungen als herausragende Beispiele für Handlungsmächtigkeit (agency) hingewiesen (z.B. Sztompka 1991; Joas 1992). Unter sozialen Bewegungen verstehen wir nach Raschke (1991, S. 32f.)

„einen mobilisierenden kollektiven Akteur, der mit einer gewissen Kontinuität auf der Grundlage hoher symbolischer Integration und geringer Rollenspezifikation mittels variabler Organisations- und Aktionsformen das Ziel verfolgt, grundlegenderen sozialen Wandel herbeizuführen, zu verhindern oder rückgängig zu machen."

Demnach sind soziale Bewegungen und sozialer Wandel untrennbar miteinander verbunden. Anhand sozialer Bewegungen kann sozialer Wandel und damit die Konstitution der Gesellschaft (Giddens 1984) auf der Mikro-, Meso- und Makroebene untersucht werden. Im Gegensatz zum Collective-Behavior-Ansatz der Chicago School (Snow/Davis 1995) und den Europäischen Theorien Neuer Sozialer Bewegungen (Touraine 1973; Melucci 1989, Brand 1982) sowie postfordistischen Ansätzen (z.B. Mayer/Roth 1995); ist die zeitgenössische amerikanische Bewegungsforschung nicht in erster Linie eine Theorie des sozialen Wandels. Allerdings finden in der amerikanischen Bewegungsforschung – im Gegensatz zur europäischen – Lebensgeschichten bei der Untersuchung kollektiven Handelns häufiger Verwendung. Dies geschieht bisher aber, ohne die Ergebnisse der insbesondere in Deutschland weit entwickelten Biografieforschung zu berücksichtigen. In diesem Band geht es uns darum, Biografieforschung und Bewegungsforschung miteinander zu verbinden und damit den Zusammenhang von sozialem Wandel, sozialer Bewegung und personalem Wandel zu beleuchten.

7

Soziale Bewegungen können sowohl Ursache als auch Folge von sozialem Wandel sein. Sie tragen zur Veränderung von Gesellschaften und deren Institutionen bei und beeinflussen damit nicht nur die Lebensumstände und den Lebensverlauf der Menschen, die in ihnen aktiv sind. Die Grundthese dieses Buches ist, dass sich eine biografische Perspektive besonders gut dazu eignet, soziale Bewegungen und sozialen Wandel auf kollektiver und individueller Ebene zu erfassen. Bislang werden in der deutschen Bewegungsforschung jedoch nur selten biografische Methoden genutzt (z.b. Höschele-Frank 1990; Miethe 1999; Degen 2000), oder Studien, in denen diese Methoden zur Untersuchung sozialen Wandels im Kontext sozialer Bewegungen angewandt wurden (z.B. Bude 1995; Hürtgen 1997; Findeis u.a. 1994), kaum von Bewegungsforschern rezipiert. Der vorliegende Band soll einen Anstoß dazu geben, im Rahmen der Untersuchung sozialer Bewegungen mehr Gebrauch von biografischen Methoden zu machen. Auf welch verschiedenartige Weise dies geschehen kann, zeigen die in diesem Band versammelten Beiträge auf, deren Autoren und Autorinnen aus den unterschiedlichsten Bereichen und Fachdisziplinen stammen.

Im Folgenden gehen wir zunächst der Frage nach, warum biografische Methoden bislang wenig Beachtung in der Bewegungsforschung fanden. Anschließend stellen wir Studien vor, in denen die Lebensgeschichten von Aktivisten auf unterschiedliche Weise untersucht wurden, und zum Abschluss geben wir einen Überblick über die Beiträge in diesem Band.

Zur Verwendung biografischer Methoden in der Bewegungsforschung

In den letzten 20 Jahren ist eine Etablierung der Biografieforschung innerhalb der Sozialwissenschaften festzustellen.[1] Allerdings ist die Verwendung

---

1 Für Deutschland siehe den Überblick von Apitzsch und Inowlocki 2000, für einen internationalen Vergleich siehe Chamberlayne et. al. 2000. Zur Geschichte der biografischen Methode siehe auch Kohli 1981.

biografischer Methoden in den einzelnen Disziplinen unterschiedlich ausgeprägt. In der Soziologie[2] und Erziehungswissenschaft[3] sind biografische Methoden weit entwickelt und verbreitet. Im Gegensatz dazu ist die Verwendung qualitativer Methoden im Allgemeinen und biografischer Methoden im Besonderen in der Politikwissenschaft noch kaum verbreitet (vgl. Mohr 1990; Patzelt 1995).

Mit dieser unterschiedlichen Etablierung der Biografieforschung korrespondiert auch die Verwendung biografischer Methoden innerhalb der Bewegungsforschung. Da in Deutschland die Bewegungsforschung institutionell stärker innerhalb der Politikwissenschaft – und nicht wie beispielsweise in den USA innerhalb der Soziologie – verortet ist[4], ist die deutsche Bewegungsforschung in ihrem Selbst- und Methodenverständnis stark durch diese Disziplin – und damit auch der für die Politikwissenschaft typischen Abstinenz gegenüber qualitativen Methoden – beeinflusst. Obwohl auch in den USA die Sozialwissenschaften von quantitativen Methoden dominiert werden, bestand innerhalb der amerikanischen Bewegungsforschung eine größere Offenheit gegenüber qualitativen Methoden, was sich in einer Reihe biografisch orientierter Arbeiten niedergeschlagen hat, die wir im Folgenden vorstellen.

Der Nutzen biografischer Methoden für die Bewegungsforschung wurde schon Anfang der 90er Jahre erkannt. So stellte Della Porta (1992) angesichts ihres Vergleichs der biografischen Methode und anderen Strategien zur Untersuchung sozialer Bewegungen fest, dass diese Methode

„produce(s) better knowledge concerning that series of phenomena which lie in the margins between private and public, real and imaginary, subjective and objective. They permit understanding not only of individual psychology, but also of group phenomena; not only movement ideology, but also movement counterculture; not only organizational stories but

---

2 Vgl. z.B. die Überblicksdarstellungen in Fischer-Rosenthal 1995.
3 Vgl. z.B. das *Handbuch erziehungswissenschaftliche Biographieforschung* von Krüger/Matotzki (Hg.) 1999.
4 Der Arbeitskreis Soziale Bewegungen ist organisatorisch der Deutschen Vereinigung für politische Wissenschaften (DVPW) zugeordnet. In der Anfangszeit der Forschung zu Neuen Sozialen Bewegungen existierten auch Arbeitsgruppen innerhalb der Deutschen Gesellschaft für Soziologie (DGS).

9

also the dynamics of small networks. Where other techniques offer static images, life stories are better suited to describe processes." (Della Porta 1992, S. 188)

Auch Blee (1996) vertritt die These, dass sich Lebensgeschichten gut dazu eignen, die Sequenzen und Muster von Lebensereignissen und damit die Ursachen und Effekte der Zugehörigkeit zu politischen Gruppierungen zu verstehen:

„They illuminate both the events that crystallize consciousness and mobilize action and social structures and networks that nourish (or fail to nourish) activist identities and beliefs during periods of political inactivity." (Blee 1996:687)

Lebensgeschichten stellen einen Kontext für das Verständnis der Fluktuation und des „transient characters" (Klandermans 1994) von Bewegungspartizipation bereit. Dabei handelt es sich bei der Mitgliedschaft in einer sozialen Bewegungsorganisation um eine Praxis neben anderen im Lebenslauf (Connell 1987, Della Porta 1992). Andere Mitgliedschaften und (politische) Aktivitäten können ihnen vorausgegangen sein oder gleichzeitig stattfinden. Außerdem erfolgen Entwicklungen im Privat- und Arbeitsleben parallel zur Bewegungsaktivität (Blumberg 1990). Die Aktivität in Bewegungsorganisationen wird von diesen Erfahrungen beeinflusst und wirkt auf diese zurück. Die Lebensweise wird von Werten, Interessen und Ideologien bestimmt, die charakteristisch für politische Generationen, soziale Schichten, ethnische Gruppen sind. Durch Lebensgeschichten und biografische Methoden kann beispielsweise die relative Bedeutung von Rasse, Klasse und Geschlecht rekonstruiert werden (Roth 1997, 2000).

Insgesamt wurde aber innerhalb der Sozialen Bewegungsforschung relativ wenig Gebrauch von biografischen Methoden gemacht. Dies ist bedauerlich, da dieser methodische und theoretische Ansatz dazu beitragen könnte, zentrale Fragen der Bewegungsforschung zu beantworten: z.B. wodurch soziale Bewegungen entstehen und wie sie sich im Zeitverlauf verändern; welchen Beitrag soziale Bewegungen zum sozialen Wandel leisten; was Menschen dazu bringt, sich einer sozialen Bewegung anzuschließen bzw. diese überhaupt erst zu begründen; welchen Beitrag also einzelne Menschen zu sozialem Wandel leisten bzw. inwieweit sie sich selbst durch die Aktivität verändern. Diese Fragen können nur beantwortet werden werden, wenn sowohl die gesellschaftlichen Strukturen, unter denen die Akteure handeln, als auch deren Motive und Einstellungen untersucht werden.

Angesichts des Potentials biografischer Methoden für die Bewegungsforschung erscheint die Abstinenz gegenüber akteursbezogenen Ansätzen unverständlich. Erklärt werden kann die Skepsis der Bewegungsforschung gegenüber mikroorientierten und akteursbezogenen Fragestellungen mit der historischen Entwicklung dieser Disziplin. Vor dem ersten Weltkrieg gehörten massenpsychologische Ansätze zum Standardrepertoire eines durch die zunehmend erstarkende Arbeiterbewegung verängstigten Bürgertums (Band 1998, S. 66f.). Le Bons 1895 erschienene Arbeit „Psychologie der Massen“, die unterstellt, dass Individuen in der Masse zu willenlosen Automaten (Le Bon 1912) werden, hinterließ nachhaltige Spuren in den wissenschaftlichen und öffentlichen Debatten der folgenden Jahrzehnte. Diese Idee verband sich insbesondere mit dem auf Durkheim zurückgehenden Interpretationsstrang, der das gehäufte Auftreten von Massenbewegungen Ende des 19. Jahrhunderts als Ausdruck von sozialen Entwurzelungs- und Desorientierungsprozessen infolge des rapiden Industrialisierungsprozesses verstand. Dieser psychologisierende, aus einer normativen Ordnungsperspektive formulierte Irrationalismus-Vorwurf war die in der öffentlichen Kritik an sozialen Bewegungen und ihren provokativen Aktionsformen wohl gebräuchlichste Argumentationsfigur, um deren Anliegen zu entwerten (vgl. Brand 1998). Nach dem Zweiten Weltkrieg kam dieser massenpsychologisch bestimmte Strang in verschiedenen Ansätzen zum Tragen, der Ansteckungstheorie (Turner 1969; Turner/Killian 1987), der strukturfunktionalistischen Variante des collective behavior-Ansatzes (Parsons u.a. 1961; Smelser 1962) oder der Theorie der Massengesellschaft (Kornhauser 1959).

Nicht zuletzt aufgrund der Sympathie der Forscher und Forscherinnen mit den sozialen Bewegungen der 60er und 70er Jahre werden seit mittlerweile drei Jahrzehnten Ansätze entwickelt, die Bewegungsaktivisten als rationale Akteure verstehen und sich auf die Mesoebene, d.h. organisationssoziologische Fragestellungen konzentrieren. Der prominenteste Ansatz in dieser Richtung ist der Ressourcen-Mobilisierungs-Ansatz (Freemann 1973; McCarthy/Zald 1977), der schnell und breit rezipiert wurde und bis in die Mitte der 80er Jahre eine dominante Stellung innerhalb der Forschung zu

11

sozialen Bewegungen innehatte. Gleichzeitig wurde der ebenfalls einfluss-reiche Political-Process-Ansatz entwickelt (McAdam 1982; Tilly 1978; Tar-row 1994). Im Gegensatz zum Ressourcen-Mobilisierungs-Ansatz spielt im Political-Process-Ansatz von McAdam cognitive liberation – also Bewusst-seinswandel – eine zentrale Rolle für die Herausbildung sozialer Bewegun-gen. Diese – wie auch die sich in Europa entwickelnden Theorien Neuer Sozialer Bewegungen (Touraine 1977; Brand 1982; Cohen 1985; Eder 1982, 1985; Melucci 1989) – stellen einen Gegentrend zu den frühen pa-thologisierenden und politisch instrumentalisierten Erklärungsmodellen dar.

Während amerikanische Bewegungsforscher spätestens seit Mitte der 80er Jahre verstärkt die Einbeziehung subjektiver Faktoren in die Untersu-chung sozialer Bewegungen fordern (Ferree/Miller 1985; Snow u.a. 1986) und heute bereits davon gesprochen werden kann, dass sozialpsychologische Ansätze wieder Teil des Mainstream sind (Snow/Oliver 1995, S. 573), blieb die deutsche Bewegungsforschung von diesem Trend bisher weitgehend unberührt. Erst in jüngster Zeit wird auch aus den eigenen Reihen unüber-hörbare Kritik an diesem Defizit geäußert (vgl. z.B. Brand 1998; Degen 2000). Ein Verständnis sozialer Bewegungen ist eben nur dann möglich, wenn sowohl sozialpsychologische als auch strukturelle und organisatori-sche Faktoren in die Analyse einbezogen werden (Ferree/Miller 1985; Snow u.a. 1986). Dabei muss eine statische Perspektive auf Partizipation vermie-den und die wechselseitige Bedingtheit von Bewegungsakteuren und Ge-sellschaft erfasst werden (z.B. Snow u.a. 1986).

Jaspers (1997, S. 101) formuliert diesen Zusammenhang folgenderma-ßen:

„In order to understand willingness to protest, we must examine individual biographies and cultural practices and meanings, as well as – in the final stages of the causal chain – the resources and strategies of formal groups. We shall see that emotions, morality, and cogni-tive beliefs are inseparable in action."

Die amerikanischen sozialpsychologischen Bewegungskonzepte, die seit Mitte der 80er Jahre zunehmend rezipiert werden, knüpfen u.a. an die For-schung zu sozialen Bewegungen in der Tradition des Symbolischen Interaktionismus an (z.B. Blumer 1939, 1969; Lang/Lang 1961).[5] Aus der Perspektive des Symbolischen Interaktionismus macht die Unterscheidung in eine Mikro- und Makroebene ohnehin wenig Sinn, da diesem Ansatz ein Akteurskonzept zugrunde liegt, das aus Interaktion hervorgeht. G. H. Mead zufolge spiegelt das Selbst soziale Prozesse wider. Dementsprechend handelt es sich bei der Rekonstruktion sozialer Prozesse und der des Selbst oder der Persönlichkeit um zwei Seiten des gleichen Prozesses. In dieser Perspektive sind Individuum und Gesellschaft nur analytisch trennbar, die sozialen Strukturen schlagen sich in Persönlichkeitsstrukturen und sozialen Beziehungen nieder, während soziale Strukturen gleichzeitig in Interaktion geformt, in Frage gestellt und rekonstruiert werden (vgl. dazu den Beitrag von Fischer-Rosenthal in diesem Band). Die Interpretation sozialer Beziehungen trägt gleichzeitig zur Konstruktion von Identität und sozialen Strukturen bei. Die Selbsterfahrungsgruppen der westlichen Frauenbewegung der 70er Jahre stellen ein gutes Beispiel für diesen zweifachen Prozess dar.

Während Kritik an bisherigen Bewegungskonzepten inzwischen zunehmend zu hören ist, ist die Frage danach, wie dies empirisch und konzeptionell umzusetzen ist, erst ansatzweise gelöst. Es wird versucht, sowohl sozialisatorische Konzepte (Andrews 1991; Snow/Oliver 1995; Roth 1997), kognitive psychologische Modelle (Ferree/Miller 1985) als auch bedeutungsstrukturierte Rahmenbildungsprozesse (Snow u.a. 1986; Miethe 1999) einzubeziehen. Bisher entwickelte Konzepte sind dabei in erster Linie an kognitiven Dimensionen und Perspektiven interessiert (Ferree/Miller 1985; Snow u.a. 1986; Snow/Benford 1992; Johnston 1995), während affektive und emotionale Dimensionen zunächst eher selten theoretisch ausgearbeitet oder empirisch näher untersucht wurden (Snow/Oliver 1995, S. 589). In letzter Zeit fanden aber auch Emotionen wieder mehr Aufmerksamkeit in der Bewegungsforschung (vgl. Taylor 1995, 1996; Goodwin 1997; Jaspers 1997; Flam 1998).

---

5 Auf Bewegungsansätze in dieser Forschungstradition, so auch Karl-Werner Brand (1998, S. 69), traf auch nie der oben beschriebene Pathologisierungsvorwurf zu.

Neben der schon beschriebenen historischen Entwicklung gibt es einen zweiten Grund für die relative Zurückhaltung der Bewegungsforschung gegenüber biografischen Methoden: Die Untersuchungseinheiten der Bewegungsforschung sind zumeist Gruppen, nicht jedoch die einzelnen Akteure, die diese konstituieren (vgl. z.b. Rucht 1995, S. 10). In der Regel wird also eine Bewegungsorganisation oder Gruppe vorausgesetzt und beispielsweise danach gefragt, wie sich diese vergrößert, neue Anhänger gewinnt und welche Taktiken dabei mehr oder weniger erfolgreich sind. Zum Fragenkanon zählen ebenso Fragen danach, welche Themen von den Gruppen aufgegriffen bzw. welche Organisationsstrukturen gewählt werden oder inwieweit es der Gruppe gelingt, Ressourcen zu mobilisieren. Fragen danach, wie es überhaupt dazu kommt, dass Menschen sich in einer Gruppe zusammenschließen oder wie sich die Akteure über die Aktivität verändern, stellen eher die Ausnahme dar. Derartige Fragestellungen werden tendenziell gerne in den Bereich der Psychologie delegiert. Empirische Untersuchungen zeigen jedoch, dass ein kollektiver Akteur nur dann adäquat erfasst werden kann, wenn auch die dem Kollektiven zugrundeliegenden Konstruktionsmechanismen der beteiligten Akteure erfasst werden (Whittier 1995; Roth 1997; Miethe 1999). Gerade in Prozessen gesellschaftlichen Wandels findet oft ein Akteurswechsel innerhalb sozialer Bewegungen statt: alte Aktivisten ziehen sich zurück, neue kommen dazu und verändern die Themen und Strategien der Bewegung oder aber auch nicht.

Biografische Ansätze in der Bewegungsforschung

Mittlerweile liegen einige Studien vor, in denen soziale Bewegungen und sozialer Wandel auch innerhalb der Bewegungsforschung mit biografischen Methoden untersucht werden. Im Folgenden wollen wir einige ausgewählte Studien vorstellen und dabei deutlich machen, auf welche Ebenen der Bewegungsforschung diese Studien fokussieren und wie sie die bisherige Bewegungsforschung befruchten konnten.

14

Rekrutierung, Mobilisierung und die langfristigen Auswirkungen von Bewegungsaktivität

Innerhalb der amerikanischen Bewegungsforschung ist Doug McAdams (1988) Studie über die Freedom-Summer-Kampagne wohl das prominenteste Beispiel für die Untersuchung von Lebensgeschichten im Kontext von sozialen Bewegungen. Seine Studie zeigt, dass die Beteiligung an sozialen Bewegungen ihre Wurzeln in vorhergehenden Beziehungen und Aktivitäten hat und verweist auf den Einfluss von sozialer Bewegungsaktivität auf den Lebensverlauf der Mitglieder. Die Erfahrungen der Mitglieder wirken sich auf die Bewegungen aus, während die Bewegungen das Leben der Mitglieder verändern.

Bislang liegt in der Bewegungsforschung der Schwerpunkt noch auf Rekrutierungsprozessen, während langjährige Beteiligung und Rückzug aus sozialen Bewegungen bisher weniger Aufmerksamkeit gefunden haben (Klandermans 1997). Inzwischen sind aber einige Studien erschienen, die sich auch diesen Fragen widmen (Andrews 1991; Flam 1998). Mehrere Studien zeigen auf, welche Auswirkungen die Beteiligung an sozialen Bewegungen auf das Leben der Aktivisten und Aktivistinnen haben (Andrews 1991; Evans 1979; McAdam 1988, 1989, 1992; Whalen and Flacks 1988; Whittier 1995). Sie weisen auf eine langfristige Verpflichtung gegenüber Zielen sozialen Wandels hin, die signifikante Auswirkungen auf das Arbeitsleben und die privaten Beziehungen von Aktivisten hat.

Die Untersuchung von Andrews (1991) verweist darauf, dass die lebenslange Verpflichtung gegenüber dem Sozialismus ihren Interviewpartnern Lebenssinn gab. Kollektive Identität und politisches Bewusstsein sind nicht nur ein Ergebnis der Beteiligung in sozialen Bewegungen und „cultures of solidarity" (Fantasia 1988) am Arbeitsplatz, in der Nachbarschaft, auf der Straße und in der Familie: sie beeinflussen auch die alltäglichen Interaktionen über einen langen Lebenslauf hinweg. McAdam (1988) kam zu dem Ergebnis, dass die Beteiligung an der Freedom Summer Kampagne Auswirkungen auf das Berufs- und Familienleben der Aktivisten hatte und sich u.a. in niedrigeren Löhnen und einer höheren Scheidungsrate niederschlug im Vergleich zu denjenigen, die nicht an dieser Bewegung teilgenommen hatten. McAdam (1992) verweist auf geschlechtsspezifische Unterschiede: während die Aktivität sich bei den Männern eher auf das Berufsleben auswirkte, waren die Frauen eher im Familienleben betroffen (vgl. dazu Ferree in diesem Band). Nepstad und Smith (1999) fanden in einer komparativen Studie von Bewerbern für Nicaragua-Brigaden heraus, dass Aktivisten in Phasen des Lebenslaufs, die durch die größten beruflichen und familiären Verpflichtungen gekennzeichnet sind, am ehesten Brigadistas wurden.

Kollektive Identität und Organisationskulturen

Wurden Lebensgeschichten zunächst zur Untersuchung sozialer Bewegungen heranzogen (Evans 1979; Della Porta 1992; McAdam 1988), findet die biografische Perspektive inzwischen auch Verwendung bei der Untersuchung von sozialen Bewegungsorganisationen (z.B. Moore 1993; Whittier 1995; Roth 1997; Hampele-Ulrich 2000). Moore (1993, 1996) argumentiert, dass die Bemühungen von Wissenschaftlern und Wissenschaftlerinnen, ihre politische Identität mit ihrer professionellen Identität in Einklang zu bringen, in der Erfindung einer neuen Organisationsform resultierte, der „Public Interest Science Foundation"[6]. Aufgrund des Vergleichs dreier solcher Organisationen folgerte sie, dass der Hintergrund der Gründungsmitglieder einen Einfluss auf die kollektive Identität hat, die wiederum die legitimen strategischen Mittel definiert.

Diese beiden Prozesse – Identitätsformation und kollektives Handeln – können nur analytisch unterschieden werden. Identitätsbildung findet beispielsweise in Verhandlungen um Ziele und Strategien statt. Dies bedeutet auch, dass Ziele und Strategien Ausdruck von Identität sind (Strauss 1959). Die Untersuchung von Lebensgeschichten der Mitglieder von Bewegungsorganisationen kann also auch zu einem Verständnis der Entwicklung der Organisation beitragen und trägt der Tatsache Rechnung, dass die Sichtwei-

---

6 Dabei handelt es sich um gemeinnützige Organisationen, die von Wissenschaftlern gegründet wurden. Ziel der Organisationen ist es, wissenschaftliche Ergebnisse zur Verfügung zu stellen und damit politische Entscheidungen zu beeinflussen.

se einer Organisation die Sichtweise ihrer Mitglieder beeinflussen kann (Ferree/Martin 1995). Biografische Methoden stellen damit eine Möglichkeit dar, ein besseres Verständnis der sozialen Konstruktion von Geschichte, kollektiven Identitäten, der Ausrichtung an sozialen Bewegungen und der Konzeption sozialer Bewegungen aus der Sicht der Mitglieder zu entwikkeln (Della Porta 1992).

Durch eine biografische Perspektive können die Prozesse erfasst werden, durch die die kollektive Identität von Bewegungen und Bewegungsorganisationen von ihren Mitgliedern beeinflusst wird und umgekehrt. Dieser Ansatz berücksichtigt, dass Aktivisten von einer Bewegung zu einer anderen Bewegung wechseln oder über einen längeren Zeitraum in mehreren sozialen Bewegungen gleichzeitig aktiv sind. Auf der individuellen Ebene handelt es sich dabei um Prozesse politischer Sozialisation, auf der Organisations- und Bewegungsebene drücken sich auf diese Weise die Interaktion von sozialen Bewegungen und Diffusionsprozesse aus (Ferree/Roth 1998). Rahmungen, Strategien und Handlungsrepertoires werden durch sich überlappende Mitgliedschaften und durch Koalitionen von der einen zur anderen Bewegung transferiert.

Bislang gehören Studien, die eine biografische Perspektive einnehmen, (noch) nicht zum Mainstream der Bewegungsforschung. Es bleibt abzuwarten, ob lebensgeschichtliche Ansätze zu einem Paradigmenwechsel in der Bewegungsforschung führen. Ziel des vorliegenden Bandes ist es, dazu beizutragen.

Konzeption und Überblick über den vorliegenden Band

Denjenigen, die mit biografischen Methoden vertraut sind, wird aufgefallen sein, dass wir bislang nicht zwischen unterschiedlichen biografischen Methoden differenziert haben. Ist beispielsweise eine Studie, die die Geburtsjahre von Akteuren erfasst, als biografische Untersuchung zu verstehen? Welches Material bildet die Basis für biografische Untersuchungen: Interviews, Gruppendiskussionen, Autobiografien, Briefe oder aber auch quantifizierbare Daten? Wir haben hier zur Biografieforschung alle Studien gezählt, die Biografien nicht lediglich zur Illustration anderweitig gefundener Thesen benutzen, sondern darüber hinaus auch dazu, Thesen zu finden und damit gegenstandsbezogene Theorie (Glaser/Strauss 1967) generieren. Die erwähnten Studien stehen in ganz unterschiedlichen Forschungstraditionen. Die Spannbreite reicht dabei von den Untersuchungen von McAdam (1988), der sowohl qualitative als auch quantitative Methoden anwendet, um die Bürgerrechtsbewegung zu untersuchen, über die ganze Breite unterschiedlicher inhaltsanalytischer Untersuchungen (z.b. Degen 2000) bis zu hermeneutischen Ansätzen (z.b. Höschele-Frank 1990; Bude 1995; Miethe 1999) oder auch Studien, die sich selbst nicht in einer bestimmten methodischen Richtung verorten (z.B. Findeis/Pollack/Schilling 1994; Flam 1998) oder unterschiedliche Traditionen zu verbinden versuchen. So vielschichtig soziale Bewegungen sind, so verschiedenartig sind auch die zu untersuchenden Aspekte. Es erscheint uns deshalb sinnvoll, sowohl Lebensverläufe als auch Deutungsmuster und handlungsleitende Tiefenstrukturen zu erfassen. Entsprechend breit wurden auch die Beiträge für den hier vorliegenden Band ausgewählt.

Der Band gliedert sich in drei Teile: Im *ersten Teil* des Bandes „*Biografie und Transformation*" wird dem Zusammenhang individuellen und kollektiven Wandels im Hinblick auf gegenwärtige Transformationsgesellschaften nachgegangen. *Wolfram Fischer-Rosenthal* untersucht in diesem Zusammenhang, welchen Beitrag die Biografieforschung zum Studium sozialen Wandels leisten kann. Er setzt sich mit typischen Vorurteilen, die biografischen Methoden entgegen gebracht werden, auseinander und weist sowohl die Verortung der Biografieforschung in den Bereich der Mikrosoziologie als auch überhaupt die Trennung in einen Mikro- und Makrobereich zurück.

Cordia Schlegelmilch untersucht sozialen Wandel in Ostdeutschland anhand einer Gemeindestudie. Sie kommt zu dem Ergebnis, dass man individuelle Bewältigungsprozesse der Transformation nur vor dem Hintergrund der Bedingungen für Stabilität und Legitimität politischer Macht angemessen verstehen kann.

Die enge Verflechtung von Staatsgeschichte und individueller Geschichte wird im Beitrag von *Nora Sausmikat* über die chinesische *Zhiqing*-Generation untersucht. Sausmikat unterscheidet drei Phasen der kulturrevolutionären Massenmigration der „Hinauf-in-die-Berge-hinab-in-die-Dörfer"-Bewegung und fokussiert auf den Generationenzusammenhang ehemals landangesiedelter Frauen, der sich in unterschiedliche Kollektividentitäten auffächert.

Mit den Transformationsprozessen wird auch eine Zunahme rechtsextremer und nationaler Bewegungen beobachtet. Ob und wenn ja welcher Zusammenhang zwischen diesen Entwicklungen besteht, wird kontrovers diskutiert. *Michaela Köttig* lenkt in der Fallrekonstruktion einer jungen Frau aus dem rechtsextremen Milieu die Aufmerksamkeit auf familiengeschichtliche Dimensionen, die wiederum in den Transformationsprozess eingebettet sind.

Im *zweiten Teil* wird das *Spannungsfeld von Öffentlichkeit und Privatheit* beleuchtet. In der Politikwissenschaft und politischen Philosophie gibt es dafür verschiedene Konzeptionen, die durch die Transformationen in Osteuropa zum einen eine Konjunktur, zum anderen aber auch eine kritische Hinterfragung erfahren haben. In der Forschung in und zu Osteuropa geht es darum, herauszufinden, wann und in welchem Ausmaß in (ehemals) staatssozialistischen Gesellschaften überhaupt Sphären existierten, die dem für westliche Demokratien entwickelten Verständnis dieser Begriffe entsprechen.

Auch westliche Feministinnen beschäftigen sich seit langem mit dem Spannungsfeld von Öffentlichkeit und Privatheit. Obwohl die westliche Frauenbewegung schon seit über zwanzig Jahren darauf hinweist, dass das Private durchaus politisch ist, fand der Familienkontext bislang wenig Beachtung in der Bewegungsforschung. *Myra Marx Ferree* führt den Begriff *familied self* ein, um zu betonen, dass Verwandtschaftssysteme kollektive wie auch individuelle Identitäten aller Art organisieren. Diese von Ferree theoretisch beschriebene Verschränkung von privater und öffentlicher Aktivität wird in der empirischen Untersuchung von *Silke Roth* zu amerikanischen Gewerkschaftsaktivistinnen herausgearbeitet. Sie beschreibt Prozesse politischer Sozialisation und präsentiert eine Mitgliedertypologie.

Die Beiträge von Viktor Voronkov und Ingrid Miethe nähern sich der Problematik aus einer osteuropäischen Perspektive. *Viktor Voronkov* beschreibt Veränderungen im Verhältnis der öffentlichen und privaten Kommunikationssphäre im Laufe der Entwicklung der sowjetischen Gesellschaft. Die den beiden Sphären zugrunde liegenden Regeln beeinflussen Voronkov zufolge bis heute die Interviewsituation und damit auch die Untersuchungsergebnisse.

Der Beitrag von *Ingrid Miethe* problematisiert das in Sozialen Bewegungskonzepten implizit enthaltene Verständnis von Öffentlichkeit und Privatheit sowohl aus feministischer Perspektive als auch im Hinblick auf dessen Übertragbarkeit auf osteuropäische Verhältnisse. Die empirische Grundlage dafür bildet eine Frauenfriedensgruppe der DDR.

Die Bedingungen politischen Handelns in nichtdemokratischen Gesellschaften werden im *dritten Teil* im Hinblick auf *Anpassung und Widerstand* untersucht. Am Beispiel polnischer und ostdeutscher Oppositioneller setzt sich *Helena Flam* mit den Gründen für den Austritt aus der Polnischen Kommunistischen Partei (PAP) und der Sozialistischen Einheitspartei Deutschlands SED (*exit*) und der Einstieg (*entry*) in oppositionelle Kreise auseinander.

Sofia Tchouikina beschreibt die geschlechtsspezifische Rollenverteilung im sowjetischen Dissidentenmilieu. Die Interviews mit diesen Frauen zeigen, was es hieß, in Opposition zur Sowjetunion zu stehen und gleichzeitig eine Ehe zu führen, Kinder und einen Beruf zu haben.

Die Beiträge von Hagen Findeis und Wolfgang Heuer verweisen auf die Vielschichtigkeit widerständigen und angepassten Verhaltens. Das wird insbesondere im Beitrag von *Hagen Findeis* deutlich, der die ambivalente Stellung der evangelischen Kirche in der DDR an der Bruchstelle zwischen offiziellen Herrschaftsstrukturen und informeller Alternativkultur untersucht. Findeis stellt anhand der Analyse von Interviews mit Bischöfen die These auf, dass generationenspezifische Unterschiede nivelliert wurden.

Wolfgang Heuer kritisiert den Mangel ernsthafter Untersuchungen zu den Entstehungsbedingungen von Zivilcourage – einer zentralen Kategorie der Politikwissenschaft. Anhand biografischer Interviews mit Akteuren, die in verschiedenen politischen Systemen (NS, DDR, vereinigtes Deutschland) widerständig waren, arbeitet er vielfältige Gründe für zivilcouragiertes Verhalten heraus und entwickelt eine Typologie.

Wir möchten an dieser Stelle noch einmal allen Autorinnen und Autoren für ihre Mitarbeit an diesem Buch danken. Ein besonderer Dank geht auch an Ulrike Poppe und die Evangelische Akademie zu Berlin, ohne deren

Unterstützung die diesem Band zugrundeliegende Tagung nicht zustande gekommen wäre. Auch bedanken wir uns für die finanzielle Unterstützung der Robert-Bosch-Stiftung und der Hans-Böckler-Stiftung.

Literatur

Andrews, M. (1991): Lifetimes of Commitment. Cambridge (Cambridge University Press).

Apitzsch, U./Inowlocki, L. (2000): Biographical Analysis: A "German school"? In: Chamberlayne, P./Bornat, J./Wengraf, T. (Hg): The Turn to Biographical Methods in Social Science. London (Routledge), S. 53–70.

Blee, K. (1996): Becoming a Racist: Women in Contemporary Ku Klux Klan and Neo-Nazi Groups. In: Gender and Society 10, S. 680–702.

Blumberg, R. L. (1990): White Mothers as Civil Rights Activists: The Interweave of Family and Movement Roles. In: West, G./Blumberg, R.L. (Hg.): Women and Social Protest. New York (Oxford University Press), S. 166–179.

Blumer, H. (1939): Collective Behavior. In: Park, R. (Hg.): Principles of Sociology. New York (Barnes and Noble), S. 219–288.

Blumer, H. (1984) [1969]: Symbolic Interactionism. Perspective and Method. Berkeley (University of California Press).

Brand, K.-W. (1982): Neue soziale Bewegungen. Entstehung, Funktion und Perspektiven neuer Protestpotentiale. Eine Zwischenbilanz. Opladen (Westdeutscher Verlag).

Brand, K. W. (1998): Neue Soziale Bewegungen: Europäische Erklärungskonzepte. In: Forschungsjournal Neue Soziale Bewegungen 11, S. 63–79.

Bude, H. (1995): Das Altern einer Generation. Die Jahrgänge 1938-1948. Frankfurt/M. (Suhrkamp).

Chamberlayne, P./Bornat, J./Wengraf, T. (Hg.)(2000): The Turn to Biographical Methods in Social Science. London (Routledge).

Cohen, J. L. (1985): Strategy or Identity: New Theoretical Paradigms and Contemporary Social Movements. In: Social Research 52, S. 663–716.

Connell, R. W. (1987): Gender and Power. Society, the Person and Politics. Stanford, CA: (Stanford University Press).

Degen, C. (2000): Politikvorstellung und Biografie. Die Bürgerbewegung Neues Forum auf der Suche nach der kommunikativen Demokratie. Opladen (Leske+Budrich).

Della Porta, D. (1992): Life Histories in the Analysis of Social Movement Activists. In: Diani, M./Eyermann, R. (Hg.): Studying Social Movements. Newbury Park (Sage), S. 168–193.

Eder, K. (1982): Was ist neu in den neuen sozialen Bewegungen? In:Matthes, J. (Hg.): Krise der Arbeitsgesellschaft. Verhandlungen des 21. Deutschen Soziologentages in Bamberg 1982. Frankfurt/New York (Campus), S. 401–411.

21

Eder, K. (1985): The New Social Movements. Moral Crusades, Political Pressure Groups, or Social Movements? In: Social Research 52, S. 869–890.

Evans, S. (1979): Personal Politics: The Roots of Women's Liberation in the Civil Rights Movement and the New Left. New York (Alfred A. Knopf).

Fantasia, R. (1988): Cultures of Solidarity. Berkeley (University of California Press)

Ferree, M.M./Martin, P.Y. (1995): Doing the Work of the Movement: Feminist Organizations. In: Ferree, M.M./Martin, P.Y. (Hg.): Feminist Organizations. Harvest of the New Women's Movement. Philadelphia (Temple University Press), S. 3–23.

Ferree, M.M./Miller, F.D. (1985): Mobilization and Meaning: Toward an Integration of Social Psychological and Resource Perspectives on Social Movements. In: Sociological Inquiry 55, S. 38–61.

Ferree, M.M./Roth, S. (1998): Gender, Class, and the Interaction Between Social Movements: A Strike of West Berlin Day Care Workers. In: Gender and Society 12, S. 626–648.

Findeis, H./Pollack, D./Schilling, M. (1994): Die Entzauberung des Politischen. Was ist aus den alternativen Gruppen der DDR geworden? Leipzig (Evangelische Verlagsanstalt).

Fischer-Rosenthal, W. (1995): Biographische Methoden in der Soziologie. In: Flick, U. u.a. (Hg.): Handbuch qualitativer Sozialforschung. München: Psychologische Verlags-Union, S. 253–256.

Flam, H. (1998): Mosaic of Fear: Poland and East Germany Before 1989. Boulder (Columbia University Press).

Freeman, J. (1973): The Origins of the Women's Liberation Movement. In: American Journal of Sociology 78, S. 792–811.

Giddens, A. (1984): The Constitution of Society. Cambridge (Polity Press).

Glaser, B./Strauss, A. (1967): The Discovery of Grounded Theory. Chicago (Aldine)

Goodwin, J. (1997): The Libidinal Constitution of a High-Risk Social Movement: Affectual Ties and Solidarity in the HUK Revolution. In: American Sociological Review 62, S. 53–69.

Hampele-Ulrich, A. (2000): Der Unabhängige Frauenverband. Ein frauenpolitisches Experiment im deutschen Vereinigungsprozeß. Berlin (Berliner Debatte Initial).

Höschele-Frank, C. (1990): Biographie und Politik. Identitätsbildungs- und Politisierungsprozesse von Frauen in den neuen sozialen Bewegungen. Dissertation. Philipps-Universität Marburg.

Hürtgen, R. (1997): FrauenWende – WendeFrauen. Frauen in den ersten betrieblichen Interessenvertretungen der neuen Bundesländer. Münster (Westfälisches Dampfboot).

Jaspers, J. M. (1997): The Art of Moral Protest. Culture, Biography, and the Creativity in Social Movements. Chicago (University of Chicago Press).

Joas, H. (1992): Die Kreativität des Handelns. Frankfurt/M. (Suhrkamp).

Johnston, H. (1995): A Methodology for Frame Analysis: From Discourse to Cognitive Schemata. In: Johnston, H./Klandermans, B. (Hg.): Social Movements and Culture. Minneapolis (University of Minnesota Press), S. 217–224.

Klandermans, B. (1994): Transient Identities? Membership Patterns in the Dutch Peace Movement. In: Larana, E./Johnston, H./Gusfield, J.R. (Hg.): New Social Movements. From Ideology to Identity. Philadelphia (Temple University Press), S. 185–208.

Klandermans, B. (1997): The Social Psychology of Protest. Cambridge (Blackwell).

Kohli, M. (1981): Biography, Account, Text, Method. In: Bertaux, D. (Hg.): Biography and Society: The Life History Approach in the Social Sciences. London (Sage), S. 61–75.

Kornhauser, W. (1959): The Politics of Mass Society. Glencoe (The Free Press).

Krüger, H. H./Marotzki, W. (1999): Handbuch erziehungswissenschaftliche Biographieforschung. Opladen (Leske+Budrich).

Lang, K./Lang, G.E. (1961): Collective Dynamics. New York (Crowell).

Larana, E./Johnston, H./Gusfield, J.R. (Hg.)(1994): New Social Movements. From Ideology to Identity. Philadelphia (Temple University Press).

LeBon, G. (1912): Psychologie der Massen. Leipzig (W. Klinkhardt).

Mayer, M./Roth, R. (1995): New Social Movements and the Transformation to Post-Fordist Society. In: Darnovsky, M./Epstein, B./Flacks, R. (Hg.): Cultural Politics and Social Movements. Philadelphia (Temple University Press), S. 299–319.

McAdam, D. (1982): Political Process and the Development of Black Insurgency, 1930-1970. Chicago (University of Chicago Press).

McAdam, D. (1988): Freedom Summer. New York (Oxford University Press).

McAdam, D. (1989): The Biographical Consequences of Activism. In: American Sociological Review 54, S. 744–760.

McAdam, D. (1992): Gender as a Mediator of the Activist Experience: The Case of Freedom Summer. In: American Journal of Sociology 97, S. 1211–1240.

McCarthy, J./Zald, M. (1977): Resource Mobilization and Social Movements: A Partial Theory. In: American Journal of Sociology 82, S. 1212–1241.

Melucci, A. (1989): Nomads of the Present. Social Movements and Individual Needs. In: Contemporary Society. Philadelphia (Temple University Press).

Miethe, I. (1999): Frauen in der DDR-Opposition. Lebens- und kollektivgeschichtliche Verläufe in einer Frauenfriedensgruppe. Opladen (Leske und Budrich).

Mohr, A. (1990): Die Rolle der Persönlichkeit in politischen Institutionen. Biographische Ansätze in der Politikwissenschaft. In: BIOS 3(2), S. 225–236.

Moore, K. (1993): Doing Good While Doing Science. The Origins and Consequences of Public Interest Science Organizations in America, 1945-1990. University of Arizona (unveröffentlichte Dissertation).

Moore, K. (1996): Organizing Integrity: American Science and the Creation of Public Interest Organizations, 1955-1975. In: American Journal of Sociology 101, S. 1592–1627.

Nepstad, S.E./Smith, C. (1999): Rethinking Recruitment to High-Risk/Cost Activistm. The Case of Nicaragua Exchange. In: Mobilization 4, S. 25–40.

Parsons, T. u.a. (1961): Theories of Society. Vol. 1, New York (Free Press).

Patzelt, W. (1995): Politikwissenschaft. In: Flick, U. u.a. (Hg.): Handbuch qualitativer Sozialforschung. München: Psychologische Verlags-Union, S. 53–55.

Raschke, J. (1991): Zum Begriff der sozialen Bewegung, In: Roth, R./Rucht, D. (Hg.): Neue Soziale Bewegungen in der Bundesrepublik Deutschland. Bonn (Bundesentrale), S. 31–39.

Roth, S. (1997): Political Socialization, Bridging Organization, Social Movement Interaction. The Coalition of Labor Union Women, 1974-1996. Storrs: University of Connecticut, Ph.D. thesis.

23

Roth, S.(2000): Developing Working-Class Feminism: A Biographical Approach to Social Movement Participation. In: Stryker, S./Timothy J./Owens, T./White, W. (Hg.): Identity and Social Movements. Minneapolis (University of Minnesota Press), S. 300–323.

Rucht, D. (1995): Kollektive Identität: Konzeptionelle Überlegungen zu einem Desiderat der Bewegungsforschung. In: Forschungsjournal NSB 8(1), S.9–23.

Smelser, N. (1962): Theory of Collective Behavior. New York (The Free Press)

Snow, D. A. /Benford, R.D. (1992): Master Frames and Cycles of Protest. In: Morris, A.D./McClurg Mueller, C. (Hg.): Frontiers in Social Movement Theory. New Haven/London (Yale University Press), S. 133–155.

Snow, D. A./Davis, P.W. (1995): The Chicago Approach to Collective Behavior. In: Fine, G.A. (Hg.): A Second Chicago School? The Development of a Postwar American Sociology. Chicago (University of Chicago Press), S. 188–220.

Snow, D. A./Oliver, P.A (1995): Social Movements and Collective Behavior. Social Psychological Dimensions and Considerations. In: Cook, K.S./Fine, G.A./House, J.S. (Hg.): Sociological Perspectives on Social Psychology. Boston (Allyn & Bacon), S. 571–599.

Snow, D.A./Rochford Jr., E.B./Worden, S.K./Benford, R.D. (1986): Frame Alignment Processes, Micromobilization, and Movement Participation. In: American Sociological Review 51, S. 464–481.

Strauss, A. (1959): Mirrors and Masks. The Search for Identity. Glencoe, IL (The Free Press).

Szompka, P. (1991): Society in Action: The Theory of Social Becoming. Chicago (University of Chicago Press).

Tarrow, S. (1994): Power in Movement. Social Movements, Collective Action, and Politics. Cambridge (Cambridge University Press).

Taylor, V. (1995): Watching the Vibes: Bringing Emotions into the Study of Feminist Organizations. In: Ferree, M.M./Martin, P.Y. (Hg.): Feminist Organizations. Harvest of the New Women's Movement. Philadelphia (Temple University Press), S. 223–233.

Taylor, V. (1996): Rock-A-By-Baby. Feminism, Self-help, and Postpartum Depression. New York (Routledge).

Tilly, C. (1978): From Mobilization to Revolution. Reading, Mass (Addison-Wesley).

Touraine, A. 1981 [1973]. The Voice and the Eye: An Analysis of Social Movements. New York (Cambridge University Press).

Touraine, A. (1977): The Self-Production of Society. Chicago (University of Chicago Press).

Turner, R. (1969): The Theme of Contemporary Social Movements. In: British Journal of Sociology 20, S. 390–405.

Turner, R./Killian, L. (1987): Collective Behavior. Englewood Cliffs (Prentice Hall).

Whalen, J./Flacks, R. (1989): Beyond the Barricades. The Sixties Generation Grows Up. Philadelphia (Temple University Press).

Whittier, N. (1995): Feminist Generations: The Persistence of the Radical Women's Movement. Philadelphia: (Temple University Press).

BIOGRAFIE UND TRANSFORMATION

Was bringt die Biografieforschung der Transformationsforschung?

Wolfram Fischer-Rosenthal

Der Titel dieses Beitrags suggeriert eine Bringe-Struktur und weckt Erwartungen. Je nachdem will entweder jemand lässig zurückgelehnt etwas bekommen, oder jemand will missionarisch eifrig etwas bringen; in jedem Fall ist die in der Frage gemeinte Kommunikation asymmetrisch angelegt. Es erinnert mich an die Frage: Was bringt der Weihnachtsmann? Die Antwort hängt dann einmal davon ab, ob man brav war, oder ob man zum zweiten überhaupt an den Weihnachtsmann glaubt. Also, im Unterschied zum Weihnachtsmann scheint es die Biografieforschung tatsächlich zu geben (vgl. Kohli 1981; Fuchs 1984; Fischer/Kohli 1987; Fischer-Rosenthal 1995a), und ob sie etwas bringt, hängt auch nicht vom Wohlverhalten der Rezipienten ab. Allerdings, wenn man in der Wissenschaft was geschenkt bekommt, denkt man eher an Danaer-Präsente, und die bescheren bekanntlich nur kurze Freude. Es geht dort oder hier eher so zu wie im richtigen Leben: Von einer Disziplin oder Subdisziplin wird etwas Neues entdeckt oder entwickelt und dann (vgl. Fleck 1980) – ja, was dann?

Wollen es etwa die anderen auch haben und bestellen entsprechende Lieferungen? Sind sie neidisch und sind der Meinung sie haben es immer sowieso auch schon so gemacht? Sind sie im Prinzip interessiert, denken aber, dass es nicht in die momentane Marktsituation passt? Wenn sie sich angesprochen fühlen, es aber lieber in der eigenen Firma machen wollen, dann erfinden sie vielleicht das ganze noch einmal von vorne. Das wäre die stolze Variante, die schon öfter zur Neuerfindung des Rades geführt hat. Die ökonomischere Variante ist der Einkauf eines Fachmanns von der anderen Firma, den man dann besser unter Kontrolle hat.

Oder aber schließlich – das Neue irritiert und man fängt an, sich in den eigenen Kreisen einen neuen Kopf zu machen und entwickelt eine neue Forschungspraxis. Ich glaube, das letzte Modell ist das erfolgversprechendste: Man versucht selber herauszufinden, was einen „irritiert" – und ich meine dies im Sinne systemischer Irritation und reagiert produktiv darauf (vgl. Luhmann 1990).

Auf den Fall der Transformationsforschung und den Sammelband hier angewandt: Die Transformationsforschung fragt, was sie von der Biografieforschung hat – oder will, und dann wird man sehen. Ich denke das Angebots- und Bringe-Modell ist zu einseitig, es läuft eben nicht nach dem Motto: Die Biografieforschung sagt, hier seht mal, was wir für ein schönes Werkzeug haben, darauf habt ihr doch schon lange gewartet, das ist genau das richtige für euch. Vielmehr, wenn man schon miteinander redet, sei es in direkter Interaktion, sei es im Medium des schriftlichen Austauschs, dann könnte es im günstigen Fall auch eine Wechselwirkung geben. Die eingangs gestellt Frage lautet dann auch: Was bringt die Transformationsforschung der Biografieforschung?

Nachdem jetzt so die Symmetrie wiederhergestellt ist und verwischt wurde, wer hier gibt und wer hier nimmt, können wir nun unsere Erwartungen etwas erweitern und auf einen wechselseitigen Lernprozess hoffen.

Ich will in diesem Beitrag einige Stichpunkte zur Biografieforschung vortragen. Es bleibt abzuwarten was der somit begonnene Dialog der Biografieforschung einerseits und der Transformationsforschung andererseits bringt.

Ich gehe jetzt im Sinne einer provokanten Zuspitzung so vor, dass ich einige gängige Vorurteile aufnehme und sie benutze, um (m)eine soziologische Perspektive der biografischen Forschung dagegen zu stellen und daran thesenhaft zu profilieren.

---

1. Vorurteil:
Biografieforschung interessiert sich für das einzelne Individuum, ist deshalb eine psychologische Teildisziplin. Sie setzt das „Subjekt" erneut gegenüber der dominant gewordenen Sphäre der „Objekte und des Objektiven" ins Recht.

Wie jedes Vorurteil hat auch dieses einen Anhaltspunkt, aber das Entscheidende wird dabei verfehlt. Richtig ist, dass die materiale Basis der soziologischen Biografieforschung auto-biografische Zeugnisse von Erfahrungen sind, die dieser Biograf oder diese Biografin gemacht haben. (Übrigens kommt auch die quantitativ vorgehende empirische Sozialforschung meistens nicht darum herum, Individuen ihre Fragebögen vorzulegen.) Dass man individuelle Erfahrung zum Ausgangspunkt nimmt, ist also noch kein hinreichendes Indiz für eine Wissensproduktion, die etwa nur für diese Person Bedeutung hätte. Etwa dass man sie „durchleuchte", analysiere, um weitere instrumentelle Prozesse wie etwa Sanktionen oder eine Therapie zu optimieren.

Die gegenwärtig betriebenen Spielarten der Biografieforschung interessieren sich für gesellschaftliche Vorgänge und Zustände, und sie wählen dabei das Fenster der Einzelerfahrung. Diese Einzelerfahrung ist immer konkret und besonders, sonst gäbe es sie nicht. Sie ist jedoch immer auch Erfahrung der Gesellschaft als etwas allgemein Vorgegebenem, sonst würde das, was erlebt würde gar keinen Sinn machen. Streng genommen kann ohne den gesellschaftlich produzierten Sinnrahmen gar nichts erlebt, und hinsichtlich der Frage „sinnvoll oder nicht?" außerhalb dieses Rahmens keine Entscheidung getroffen werden.

Soziologische Biografieforschung fragt allgemein nach Gesellschaft in der Konkretheit ihrer Erfahrungen. Damit ist sie immer interessiert an beidem: dem Individuum und der Gesellschaft. Sie weiß sich hier in Kontinuität zu den soziologischen Klassikern, die immer versucht haben, beide Aspekte in ihren soziologischen Theorien zu vereinigen (vgl. auch Luhmann 1989).

Methodologisch gesprochen: Allgemeines und Besonderes werden nicht als Widersprüche verstanden, für deren eine Seite man sich zu entscheiden habe, sondern als Momente eines Prozesses des sozialen Zusammenlebens, die in der sozialen Realität immer beide aufeinander bezogen sind. In diesem Sinne wird auch die frühmoderne kartesische Leitdifferenz von Innen – Außen, Subjekt und Objekt etc. nicht zugrundegelegt und etwa ein Kampf zwischen Subjekt und Objekt unterstellt, bei dem man die eine oder andere Seite – derzeit etwa die des Subjekts zu stärken habe. Die Biografieforschung ist keine neue – soziologische – Subjekttheorie. Die Biografieforschung braucht das Subjekt und seine begrifflichen Derivate (wie z.B. Identität) nicht als theoretische Konstrukte (vgl. Fischer-Rosenthal 1999b, 2000a, 2000b; ferner Alheit 1996). Ihr zentrales Konstrukt ist die Selbstbeschreibung der Gesellschaftserfahrung im Zeitmaß des Lebens. Sie hat sich selbst „Biografie" genannt.

Damit wird auch die Kontraposition zur „Objektwelt" – etwa der Welt der „unpersönlichen Systeme" hinfällig. Erfahrungs- und Systemebene sind nicht nur vereinbar miteinander, sondern notwendig aufeinander bezogen.

Die jetzt begonnene Argumentation hat eine Reihe von weiteren Implikationen, die ich in den folgenden Thesen bzw. der Vorurteilskritik nur stichpunktartig entfalten kann.

---

2. Vorurteil:

Biografische Orientierung ist eine notwendige Leistung für den einzelnen Akteur, spielt aber innerhalb gesellschaftlicher Funktionssysteme, die nicht primär interaktionsstrukturiert sind, keine Rolle.

Vielleicht wären auch Skeptiker von biografischen Analysen bereit zuzugeben, dass Kontinuitätserwartungen und Krisenbearbeitung mittels biografisch erworbener Strukturen erfolgen. Entsprechende Analysen wären also in der Lage die Entstehung und gegebenenfalls auf das Scheitern von solchen Orientierungen zu ermitteln.

Doch wie steht es mit sozialen Strukturen „überpersonaler" Art, ist hier nicht eine erfahrungs- und interaktionsbezogene biografische Analyse wenig nützlich?

Die Antwort hängt davon ab, ob man solche Strukturen als kommunikative Prozesse anzusehen bereit ist oder nicht. Da es sich um gesellschaftliche und nicht etwa chemische oder biologische oder physikalische Prozesse handelt, sind alle Strukturierungen in den gesellschaftlichen Teilsystemen, die wir (vgl. Luhmann 1984, 1997) als funktionale Teilsysteme betrachten können, kommunikations- und sinnbasiert, auch wenn sie Medien (wie z.B. Geld) zur Interaktionsvereinfachung entwickelt haben. Es spricht daher schon theoretisch einiges dafür, biografische Dimensionen, die offenbar Interaktionen von Akteuren strukturieren oder mit-strukturieren, als Bestandteil einer Rekonstruktion funktionaler Teilsysteme wie Recht, Wirtschaft, Politik, Wissenschaft und Bildung, Krankenbehandlung etc. anzusetzen. Empirische Überprüfungen bestätigen diese Annahme. Seit dem Anbruch der gesellschaftlichen Moderne d.h. seit dem 15.-16 Jahrhundert, finden sich zunehmend biografische Anforderungsstrukturen, die von Institutionen und Organisationen, in weiten Bereichen der beruflichen Karriereformung, beim „entry" und „exit", eingesetzt werden. Sie dienen der Konstitution von Mitgliedschaft formaler Organisationen und versuchen die durch Individuen und die Organisationsstruktur gegebenen gesteigerten Kontingenzen handhabbar und erwartbar zu halten. Mit dem Auftreten vermehrter Wahlmöglichkeiten und funktionaler Verflechtungen von Individuen in die Gesellschaft verlieren haben die topologischen Zuordnungen (nach Stand, Schicht, regionaler Zugehörigkeit) der einzelnen ihren Orientierungswert verloren. Orientierungssicherheiten für die Organisationen wie für die Individuen werden über biografische Vorgaben und Anforderungen abzusichern versucht. Ja, die vielbeschworene Individualisierung konstituiert sich erst in diesem Prozess. Organisations- und Institutionsanalyse kann genau genommen gar nicht ohne Berücksichtigung biografischer Formulare und ihrer interaktiven Praxen auskommen, wenn sie nicht einen wesentlichen Bestandteil funktionaler Differenzierung vernachlässigen will.

---

3. Vorurteil:
Biografieforschung gehört in den Bereich der Mikrosoziologie, makrosoziologische Fragen sind von ihr nicht zu bearbeiten.

Die Differenzierung und Fraktionierung der Soziologie in themen- und methodenbezogenen Teilbereiche hat vor einigen Jahren die Unterscheidung von Mikro- und Makrosoziologie eingeführt. Es ist eine Unterscheidung, die von den Makrosoziologen eingeführt wurde, um ihren eigenen Bereich zu markieren und den soziologischen Analysen, die sich anders als sie selbst darstellen, einen Platz zuzuweisen, der die eigene Legitimität nicht berührt. Aus der Sicht der so per Gebietszuweisung geschaffenen Mikrosoziologie ist die neue Arbeitsteilung fraglich (vgl. ausführlich Fischer-Rosenthal 1990). Was „makro" und „mikro" ist, lässt sich keineswegs an den Phänomenen selbst ablesen – Interaktion etwa mikro, das Wirtschaftssystem makro, sondern alles hängt von der Definition des Sozialen und damit des gesellschaftlichen Rahmenkonzepts ab.

Für Georg Simmel ist Gesellschaft überall dort, wo Interaktion möglich ist – also es gibt kein mikro oder makro, allenfalls verschiedene empirische Einstiege in soziale Strukturierungen (vgl. Simmel 1992, S. 19ff.). Ein zweifellos als Makrosoziologe einzustufender Soziologie wie Jürgen Habermas hat an die zentrale Stelle seiner Gesellschaftstheorie die Theorie kommunikativen Handelns (Habermas 1981) gesetzt und selbst der Erzsystemiker Niklas Luhmann lässt keinen Zweifel, dass Gesellschaft aus nichts anderem als Kommunikation (Luhmann 1997, S. 70 et pass.) besteht.

Eine besondere Form der kommunikativen Erfahrungsauslegung und Ordnungskonstitution sind biografische Kommunikationen. Biografische Strukturierungen sind somit immer beiden Bereichen, denen der Mikro- und Makrosoziologie zuzuordnen. Sie liegen letztlich vor – oder hinter dieser Unterscheidung und brauchen sie nicht zu benutzen, um Aussagen über die Gesellschaft machen zu können. Biografische Strukturierung hebt die Unterscheidung von sozialen Makro- oder Mikrostrukturen auf. Positiv gesprochen heißt das, alle Soziologie, die Makroanalysen betreiben will, kann auch biografische Rekonstruktionen betreiben, ohne ihr Ziel methodisch zu untergraben.

Oder etwas strenger: Sollte sich die Bewegungsforschung der Mikrosoziologie, die Transformationsforschung der Makrosoziologie zuordnen wollen, würde dies aus der hier vertretenen Position keinen Unterschied machen, weil die Unterscheidung bereits eingeholt ist. Diese theoretische Aussage bestätigt sich, wenn man Untersuchungen zur Transformation in der ehemaligen DDR und Osteuropa in Betracht zieht, die biografische Rekonstruktionen vorlegen: Sie sind sowohl „mikro" wie „makro", sowohl gelungene Beispiele von Transformations- wie von Biografieforschung (vgl. Völter 1996; Miethe 1999; Delow 2000; Rosenthal 2000).

---

4. Vorurteil:
Struktur und Prozess sind verschiedenartige Ebenen im Bereich des Sozialen. Biografien sind daher interaktional-prozessuale Vorgänge aber keine sozialen Strukturen.

Ich bin jetzt im methodologischen Kernbereich angekommen. Er betrifft das Strukturkonzept. Die jüngere soziologische Theoriediskussion hat sich von einem Strukturbegriff verabschiedet, der aus der Unterscheidung von Struktur und Prozess lebte (vgl. Luhmann 1984; Oevermann 1991). Letzteres bezeichnete dabei Vorgänge und Veränderungen, ersteres statische Gegebenheiten. So konnte man von „sozialem Wandel" sprechen, der zur Auflösung von Sozialstrukturen führte, die ihrerseits mit statistischen Aggregaten und Maßen bezeichnet wurden.

Geordnete Prozesse des Lebendigen, dazu gehören biologische aber auch soziale Prozesse, lassen sich besser das heißt mit weniger Widersprüchen beschreiben, wenn man einen anderen Strukturbegriff zugrunde legt. Dieser Strukturbegriff wird selber als zeitliche Gegebenheit verstanden, die immer und zu allen Punkten der Betrachtung ein Prozess ist – und zwar genauer ein Prozess der Selbststeuerung ist. Struktur und Prozess sind somit keine sich gegenüberstehende oder komplementären Begriffe, sondern sie sind dasselbe. Es sind im Bereich des Lebendigen bzw. der sozialen Systeme keine Strukturen auffindbar, die nicht immer auch zugleich Prozesse, also zeitlich erstreckte geordnete Abfolgen von Ereignissen und Anschlussereignissen rekursiver, also wiederholbarer Art darstellen. Dass dabei nicht alle möglichen Ereignisse eintreten, sondern nur einige Anschlussereignisse möglich und noch weniger tatsächlich eintreten, genau das macht die Struktur aus. In diesem Sinne heißt wissenschaftliche Analyse sozialer Strukturen dann nichts anderes als Rekonstruktion von Anschlussmöglichkeiten und tatsächlich eingetretenen Anschlüssen. An jeder Stelle der Prozessbetrachtung steht somit immer die praktische Frage im Vordergrund: Handelt es sich hier um eine Strukturreproduktion oder eine Strukturtransformation. Geht es weiter oder hört es auf, geht es weiter wie bisher, oder hat sich was geändert, bzw. wird sich etwas ändern?

Eine solche sequentiell-rekonstruktive Betrachtungsweise ist mittlerweile handwerklich-technisch gut ausgeprägt und verfügbar für die Analyse von biografischen Dokumenten, vor allem von gesprochenen biografischen Selbstdarstellungen, etwa in biografisch-narrativen Interviews (vgl. Rosenthal 1995; Fischer-Rosenthal 1996; Fischer-Rosenthal/Rosenthal 1997a, 1997b). Die Wissensproduktion mittels dieser Fragen und der handwerklichen Einzeltechniken aus verschiedenen Teildisziplinen (z.B. strukturale

Hermeneutik, phänomenologische Wissenssoziologie, „grounded theory", Narrationsanalyse) will Wissen über soziale Strukturen herstellen, das die Akteure und Träger der Strukturen selber nicht explizit verfügbar haben. Sie benutzen bzw. entwickeln ihre Strukturen zwar selber, aber können sie nicht gleichzeitig in einer Beobachtungshaltung – quasi auch von der anderen Seite her – außer Kraft setzen.

Allerdings, auch die Rekonstruktion biografischer Strukturen erlaubt keine sicheren Voraussagen, sondern nur *wie es sein könnte*. Ob es dann so kommt, muss sich immer erst noch zeigen, denn es kann auch anders kommen, als erwartet. Strukturen sind Prozesse, die auch anders verlaufen können. Die tatsächlichen Wahlen und Anschlüsse können also nicht restlos aus der Struktur abgeleitet werden, der Ereignischarakter der Herstellung, Aufrechterhaltung und Änderung sozialer Ordnung, die zwar dank Strukturierung erwartbar aber doch kontigent bleibt, verbietet dies.

> 5. Vorurteil:
> Transformation von Gesellschaft (sozialer Wandel) ist ein von Zeit zu Zeit (und nicht zu häufig) sich episodisch ereignendes Geschehen, das klare gesellschaftsgeschichtliche Zäsuren schafft, die eine vorher/nachher Unterscheidung erlauben.

Aus dem bisher Gesagten folgt nun auch, dass Transformationen nicht die gelegentliche Ausnahme sind, sondern dass sie Alltag sind. Wenn jegliche soziale Strukturen im strengen Sinne Ereignisse sind, ist Transformation immer im kleinen und im Großen im Gange und nicht nur zu besonderen Zeiten. Transformation ist immer jetzt, und jetzt ist immer Transformation. Praxen und Semantiken der Konstruktion von Vorher und Nachher für künftige Zwecke wechselseitiger Ko-Orientierung (=Sozialität) sind daher gemeinsamer Gegenstand der soziologischen Biografieforschung wie der Bewegungs- und Transformationsforschung. Gegenwärtige Biografien haben im Kern den Charakter von Migrationsbiografien (vgl. Fischer-Rosenthal 1999a) und gegenwärtige Gesellschaften sind per se im Wandel begriffen.

Diese Betrachtung schließt eben nicht aus, sondern bedingt eben erst, dass in den Selbstbeschreibungen der Gesellschaften und der Individuen viele semantische, rituelle und kommunikationsfixierende Vorkehrungen getroffen werden, um im ewigen Fluss so etwas wie einen Halt herzustellen (z.B. durch Miteinander-Sprechen, wiederholt erzählte Geschichten, Schrift, Recht, Geschäftsordnungen, und allgemein institutionelle Vorkehrungen jeder Art, zu denen last but not least auch biografische Muster gehören. Soziologische Forschung allgemein, biografische Forschung im besonderen und Bewegungs- wie auch Transformationsforschung treffen sich m.E. an diesem Punkt.

Sie befassen sich in ihren Strukturrekonstruktionen immer mit der praktischen Erzeugung und semantischen Fixierung von gesellschaftlicher Wirklichkeit. Dabei steht immer auch die Frage zentral zur Debatte, wie das Vorher und das Nachher praktisch und in den Semantiken gelebt, das heißt angelegt und ausgelegt, also wieder aufgenommen und künftig verwendet wird.

Ob der Transformationsbegriff aus pragmatischen Gründen auf gesamtgesellschaftliche Veränderungen wie die weitläufigen politischen Systemwechsel in Europa und dem sog. Ostblock nach dem Ende der 1980er Jahre eingegrenzt werden sollte, ist allenfalls eine forschungstechnische Frage, um einen Anfang zu bekommen. Genauso wenig, wie man Gesellschaft als ganzes empirisch fassen kann, weil schon der Begriff selber in seiner Horizontqualität sich einer Definition konkreter Elemente entzieht, genauso schlecht kann man individuelles Handeln oder Erleben per se verstehen, ohne es auf genau diesen gesellschaftlichen Horizont mit seinen Kommunikations- und Sinnsetzungsmöglichkeiten zu beziehen. Wer über Gesellschaft sprechen will, muss auch über individuelles Handeln und Erleben sprechen, sonst entfällt der aktionale und ereignishafte Charakter des Sozialen. Wer über Individuen handelt kann dies nur, indem er auch die „Strukturen der Lebenswelt" (Schütz/Luckmann 1979/1984) als vorgegebene mit rekonstruiert, sonst unterliegt man dem Missverständnis, als habe das „Subjekt" ad hoc in einer angenommenen Ahistorizität ein unendliches Konstruktionspotential.

6. Vorurteil:
Biografische Wahlen sind jederzeit arbiträr möglich; die „Bastelbiografie" ist das beherrschende biografische Muster in unseren flexiblen Gegenwartsgesellschaften.

Aus dem eben gesagten folgt, eben nicht „anything goes". Nicht alles, was man (gesellschaftlich gesehen) wählen könnte, kann man (individuell) wählen, denn Wahlen erfordern Strukturtransformationen von biografisch gewachsener Möglichkeiten, d.h. von „Effektoren" und „Inhibitoren" des Handelns und Erlebens. Das entsprechende Konstrukt der „Bastelbiografie" (Hitzler/Honer 1994) ist allenfalls ein theoretisch interessantes Konzept, das zu bestimmten Interessen eines Modernitätsdiskurses passt. Es kann nicht zum Regelmuster der Gegenwartsgesellschaften erhoben werden, solange weder Theorie noch Empirie der Strukturgenerierung dafür genügend Hinweise geben.

Wenn dies so einfach wäre, hätten Individuen in Gesellschaften im Umbruch keine Probleme, sich umzustellen. Dies ist jedoch offensichtlich nicht der Fall, wie nicht nur die Alltagsbeobachtung, sondern auch einige Untersuchungen zur DDR (vgl. Fischer-Rosenthal/Alheit 1995; Fischer-Rosenthal 1995b; Miethe 1999; Delow 2000) zur Sowjetunion (Rosenthal 2000) belegen.

Auch die nach Meinung einiger Stimmen im deutschen öffentlichen und privaten Diskurs „leider" nicht enden wollende Diskussion um die Kontinuität oder Diskontinuität zum „Dritten Reich" (vgl. Rosenthal 1990; Rosenthal 1997) belegt, dass selbst gewünschte Diskontinuität eben nicht durch willentliche Wahlen und biografische Um-Konstruktionen herstellbar ist.

Wenn dies so einfach wäre, hätten auch Menschen, deren Wahlmöglichkeiten aufgrund von traumatischen Lebenserfahrungen der verschiedensten Art therapiebedürftig reduziert sind auf ein schwer viables Leben, allenfalls praktische Probleme der Umstellung auf ein besseres „fitting" (vgl. Fischer-Rosenthal 1992). Therapeuten und vor allem auch Familientherapeuten haben hier eine breite – und was die Therapieerfolge betrifft auch ernüchternde – Erfahrung über die Zähigkeit familien-biografisch aufgebauter Strukturen. Sie reichen hinein bis ins Leiblich-Körperliche (Fischer-Rosenthal

1999c) und können auch im interaktionellen setting von Einzel- oder Gruppentherapie nicht so einfach verändert werden, auch wenn diese Institutionen heute als mächtige „Biografiegeneratoren" (Hahn 1987; Willems 1999) auftreten.

Ich hoffe, dass meine parteiische Bearbeitung von Vorurteilen, die ich an dieser Stelle abbreche, zu einer heftigen Diskussion beitragen wird, die sowohl die Transformations- als auch den eigenen Garten der soziologischen Biografieforschung anreichern wird.

Literatur

Alheit, P. (1996): Changing Basic Rules of Biographical Construction. Modern Biographies at the End of the 20th Century. In: Weymann, A./Heinz, W. (Hg): Biography and Society. Interrelationships between Social Structure, Institutions and the Life Course. Weinheim (Deutscher Studienverlag), S. 111–128.

Delow, A. (2000): Leistungssport und Biographie. Münster (LIT Verlag).

Fischer-Rosenthal, W. (1990): Diesseits von Mikro und Makro. Phänomenologische Soziologie im Vorfeld einer forschungspolitischen Differenz. In: ÖZS 15(3), S. 21–34.

Fischer-Rosenthal, W. (1992): Über-Lebensgeschichte. Von Danny, der doch kein Priester wurde und Micki, der kein Jude war. In: Psychosozial 15(59/50), S. 17–26.

Fischer-Rosenthal, W. (1995a): Biographische Methoden in der Soziologie. In: Flick, U. u.a. (Hg.): Handbuch qualitative Sozialforschung. 2. Aufl., München (Psychologie Verlags Union), S. 253–256.

Fischer-Rosenthal, W. (1995b): Schweigen – Rechtfertigen – Umschreiben. Biographische Arbeit im Umgang mit deutschen Vergangenheiten. In: Ders./Alheit, P. (Hg.): S. 43–86.

Fischer-Rosenthal, W. (1996): Strukturale Analyse biographischer Texte. In: Brähler, E./Adler, C. (Hg.): Quantitative Einzelfallanalysen und qualitative Verfahren. Gießen (Psychosozial-Verlag), S. 147–209.

Fischer-Rosenthal, W. (1999a): Der zugeschnürte Arm und die abgewürgte Lebenswut. Zur Biographik eines Falles von Arbeitsunfähigkeit, Migration nach Deutschland und psychiatrischer Karriere. In: Apitzsch, U. (Hg.): Migration und Traditionsbildung, Opladen (Westdeutscher Verlag), S. 206–231.

Fischer-Rosenthal, W. (1999b): Melancholie der Identität und dezentrierte biographische Selbstbeschreibung. In: BIOS 12 (2), S. 143–168.

Fischer-Rosenthal, W. (1999c): Biographie und Leiblichkeit. Zur biographischen Arbeit und Artikulation des Körpers. In: Alheit, P./Dausien, B./Fischer-Rosenthal, W./Hanses, A./Keil, A. (Hg.): Biographie und Leib. Gießen (Psychosozial-Verlag), S. 15–43.

37

Fischer-Rosenthal, W. (2000a): Biographical work and biographical structuring in present-day societies. In: Bornat, J./Chamberlayne, P./Wengraf, T. (Hg.): The Turn to Biographical Methods in Social Science. London (Routledge), S. 109–125.

Fischer-Rosenthal, W. (2000b): Address Lost – How to Fix Lives. Biographical Structuring in European Modern Age. In: Breckner, R./Kalekin-Fishman, D./Miethe, I. (Hg.): Biographies and the Division of Europe. Reconstruction of Eastern European Biographies. Opladen (Leske + Budrich) (im Druck).

Fischer-Rosenthal, W./Alheit, P. (Hg) (1995): Biographien in Deutschland. Soziologische Rekonstruktionen gelebter Gesellschaftsgeschichte. Opladen/Wiesbaden (Westdeutscher Verlag).

Fischer, W./Kohli, M. (1987): Biographieforschung. In: Voges, W. (Hg): Methoden der Biographie- und Lebenslaufforschung. Opladen (Leske + Budrich), S. 25–49.

Fischer-Rosenthal, W./Rosenthal, G. (1997a): Narrationsanalyse biographischer Selbstpräsentationen. In: Hitzler, R./Honer, A. (Hg.): Sozialwissenschaftliche Hermeneutik. Opladen (Leske + Budrich), S. 133–164.

Fischer-Rosenthal, W./Rosenthal, G. (1997b): Warum Biographieanalyse und wie man sie macht. In: ZSE 17, S. 405–427.

Fleck, L. (1980): Entstehung und Entwicklung einer wissenschaftlichen Tatsache. Einführung in die Lehre vom Denkstil und Denkkollektiv. Frankfurt/M. (Suhrkamp).

Fuchs, W. (1984): Biographische Forschung. Opladen (Westdeutscher Verlag).

Habermas, J. (1981): Theorie des kommunikativen Handelns. 2 Bde. Frankfurt/M. (Suhrkamp).

Hahn, Alois (1987): Identität und Selbstthematisierung. In: Hahn, A./Kapp, V. (Hg.): Selbstthematisierung und Selbstzeugnis. Frankfurt/M. (Suhrkamp), S. 9–24.

Hitzler, R./Honer, A. (1994): Über subjektive Konsequenzen der Individualisierung. In: Beck, U./Beck-Gernsheim, E. (Hg.): Riskante Freiheiten. Frankfurt/M. (Suhrkamp), S. 307–314.

Kohli, M. (1981): Wie es zur „biographischen Methode" kam und was daraus geworden ist. In: ZfS 10, S. 273–293.

Luhmann, N. (1984): Soziale Systeme. Frankfurt/M. (Suhrkamp).

Luhmann, N. (1989): Individuum, Individualität, Individualismus. In: Luhmann, N.: Gesellschaftsstruktur und Semantik. Bd. 3. Frankfurt/M. (Suhrkamp), S. 149–258.

Luhmann, N. (1990): Die Wissenschaft der Gesellschaft. Frankfurt/M. (Suhrkamp).

Luhmann, N. (1997): Die Gesellschaft der Gesellschaft. 2 Bde. Frankfurt/M. (Suhrkamp).

Miethe, I. (1999): Frauen in der DDR-Opposition. Lebens- und kollektivgeschichtliche Verläufe in einer Frauenfriedensgruppe. Opladen (Leske + Budrich).

Oevermann, U. (1991): Genetischer Strukturalismus und das sozialwissenschaftliche Problem der Erklärung der Entstehung des Neuen. In: Müller-Doohm, S. (Hg): Jenseits der Utopie. Frankfurt/M. (Suhrkamp), S. 267–336.

Rosenthal, G. (Hg)(1990): „Als der Krieg kam, hatte ich mit Hitler nichts mehr zu tun". Zur Gegenwärtigkeit des „Dritten Reiches" in erzählten Lebensgeschichten. Opladen (Leske + Budrich).

Rosenthal, G. (1995): Erlebte und erzählte Lebensgeschichte. Frankfurt/New York (Campus).

Rosenthal, G. (Hg.)(1997): Der Holocaust im Leben von drei Generationen. Familien von Überlebenden der Shoah und von Nazi-Tätern. Gießen (Psychosozial-Verlag).

Rosenthal, G. (1999): Migration und Leben in multikulturellen Milieus: Nationale Zugehörigkeit zur Herstellung von familien- und lebensgeschichtlicher Kontinuität. In: Apitzsch, U. (Hg.): Migration und biographische Traditionsbildung. Opladen (Westdeutscher Verlag), S. 22–34.

Rosenthal, G. (2000): Social Transformation in the Context of Familial Experience. Biographical Consequences of a Denied Past in the Soviet Union. In: Breckner, R./Kalekin-Fishman, D./Miethe, I. (Hg.): Biographies and the Division of Europe. Reconstruction of Eastern European Biographies. Opladen (Leske + Budrich) (im Druck).

Schütz, A./Luckmann, Th. (1979/1984): Strukturen der Lebenswelt. Frankfurt/M. (Suhrkamp).

Simmel, G. (1992): Soziologie. GA Bd. 11. Frankfurt/M. (Suhrkamp).

Völter, B. (1996): Die „Generation ohne Alternative". Generationstheoretische Überlegungen am Beispiel der nach dem Mauerbau geborenen DDR-Jugend. In: Berliner Debatte Initial 7(6), S. 107–118.

Willems, H. (1999): Institutionelle Selbstthematisierungen und Identitätsbildungen im Modernisierungsprozeß. In: Willems, H./Hahn, A. (Hg.): Identität und Moderne. Frankfurt/M. (Suhrkamp), S. 62–101.

Biografie und Legitimität: Ergebnisse einer Gemeindestudie in Ostdeutschland

Cordia Schlegelmilch

Die Ungleichzeitigkeit der Entwicklung objektiver Lebensverhältnisse und ihrer subjektiven Wahrnehmung

Der deutsche Wiedervereinigungsprozess wurde nach einer Phase, in der auf beiden Seiten eine euphorische Stimmung überwog, schnell von Unzufriedenheit, Unstimmigkeiten und Missverständnissen zwischen Ost- und Westdeutschen begleitet. Vorliegende empirische Studien zeigen, dass im Verlauf der Transformation deutliche Widersprüche zwischen der Entwicklung der objektiven Lebensverhältnisse einerseits und subjektiven Einstellungen bzw. Wertorientierungen andererseits aufgetreten sind. Obwohl das Wohlstandsgefälle in den objektiven Lebensbedingungen weitgehend abgebaut ist und sich dies zum Teil in einer durchaus positiven Bewertung einzelner Lebensbereiche niederschlägt, fällt die allgemeine Lebenszufriedenheit bei den Ostdeutschen dennoch weit dahinter zurück. Andererseits müssen objektiv schwierige Lebensverhältnisse nicht unbedingt Resignation, Unzufriedenheit oder Apathie hervorrufen. Im Sinne der von Zapf vertretenen These einer nachholenden Modernisierung in Ostdeutschland bedeutet das, dass die Entwicklung der objektiven Lebensbedingungen dem institutionellen Umbau enger folgt als das subjektive Wohlbefinden (Statistisches Bundesamt (Hg.) 2000).

Nur wenige hatten 1989 mit diesen Diskrepanzen gerechnet. Und doch gab es – erinnert man sich – schon erstaunlich früh warnende Stimmen, wie die des für seine kontinuierliche Auseinandersetzung mit der Deutschen Frage bekannten Ralf Dahrendorf, der 1961 die Schwierigkeiten einer möglichen Wiedervereinigung antizipierte:

40

„Nimmt man (...) die Entwicklung in den beiden Teilen der deutschen Gesellschaft so ernst, wie sie genommen sein will, betrachtet man die Unterschiedlichkeit der Antworten auf die gemeinsamen Herausforderungen von 1945 und verlängert diese in die Zukunft, dann könnte die Wiedervereinigung Deutschlands eines Tages von innen her unmöglich werden." (Dahrendorf 1961, S. 320)

Zwar ist unbestritten, dass mit der Deutschen Einheit zwei Gesellschaftssysteme aufeinandertreffen, die neben erheblichen ökonomischen, politischen und sozialstrukturellen Differenzen vor allem unterschiedliche Lebensweisen, Wertorientierungen und Mentalitäten aufweisen, jedoch erfahren diese sozialisatorischen Prägungen in den wissenschaftlichen Analysen eine unterschiedliche Bewertung. Während die einen davon ausgehen, dass es vor allem die gegenwärtig sich schnell verändernden materiellen und sozialen Verhältnisse nach der Wende sind, die für Zufriedenheiten und Unzufriedenheiten verantwortlich sind (Situationsthese), ergeben sich für andere Zustimmung oder Kritik der Ostdeutschen zu den neuen Lebensverhältnissen und Systemwerten vor allem aus den Lebenserfahrungen und Werteorientierungen, die aus der Zeit der DDR stammen (Sozialisationsthese). Nicht in einer raschen Angleichung wirtschaftlicher und institutioneller Bedingungen liegt für diese Autoren daher das Problem, sondern in der „Ungleichzeitigkeit der Mentalitäten und Gesinnungen, die West- und Ostdeutschland prägen." (Lepenies 1992, S. 12) In diesem Spannungsfeld von ‚Situationsthese' versus ‚Sozialisationsthese' bewegen sich – grob vereinfacht – alle bisherigen Deutungen der Verarbeitungsformen des Transformationsprozesses (vgl. Pollack 1996).

Die Wurzen-Studie

Der plötzliche Wechsel eines ganzen Gesellschaftssystems bot sich als historischer Augenblick für eine Gemeindestudie geradezu an. Sie schien mir methodisch besonders gut geeignet, der Komplexität des Systemwechsels gerecht zu werden und die Dimensionen Raum und Zeit, System und individuelle Lebenswelt miteinander zu verbinden. Wurzen gehört zu den ältesten sächsischen Städten und verfügt durch die verkehrsgünstige Lage über eine

41

reiche industriegeschichtliche Tradition, die das Stadtbild bis heute deutlich prägt[1]. 1990 lebten hier rd. 18.000 Einwohner, im gleichnamigen Kreis waren es rd. 50.000. Die wirtschaftliche Situation der Stadt war zu DDR-Zeiten durch ein industrie-agrarisches Umfeld mit vielen kleineren Betrieben und wenigen Großbetrieben gekennzeichnet. Eine Analyse des Instituts für Arbeitsmarkt- und Berufsforschung (Rudolph 1990) ergab, dass Regionstypen mit einer gemischten regionalen Wirtschaftsstruktur in der DDR keine Ausnahme waren, auch wenn die sozialistische Wirtschaftspolitik auf industrielle Monostrukturen und Kombinate ausgerichtet war (z.B. Eisenhüttenstadt, Hoyerswerda).

Als ich mich mit finanzieller Unterstützung der Hamburger Stiftung zur Förderung von Wissenschaft und Kultur im August 1990 zu einer Gemeindestudie in Ostdeutschland entschloss, besaß ich abgesehen von gelegentlichen Besuchen Ostberlins oder dem Blick aus dem Auto- oder Zugfenster auf den Transitstrecken von und nach Westberlin, keine anschauliche Kenntnis von diesem Land. Obwohl 1952 in der DDR geboren, habe ich dort nur bis zum dritten Lebensjahr gelebt. 1955 gingen meine Eltern in den Westen, und so wurde ich „ein Kind der Bundesrepublik", für das Erinnerungen an die DDR aus dem Familienalltag – von wenigen Ausnahmen abgesehen – fast völlig ausgeblendet blieben. Erst die Öffnung der Mauer führte dazu, dass ich nicht nur die DDR-Geschichte, sondern auch einen Teil meiner eigenen Vergangenheit neu entdeckte. Mein Forschungsinteresse war zunächst nicht auf bestimmte theoriegeleitete Fragen und Hypothesen zugeschnitten, sondern breit und flexibel angelegt.

Übergreifendes Ziel der Studie war eine detaillierte Deskription und Rekonstruktion der Veränderungen einer kleinstädtischen Lebenswelt in Ostdeutschland nach der Wende. Dabei interessierten mich in erster Linie die Biografien der Bewohner: Wie verarbeiten sie den gegenwärtigen historischen Umbruch? Wie wird das eigene Leben rückblickend bewertet und was erwarten sie für die Zukunft? Soziologische „Lebensereignisforschung" kann zei-

---

1   Die Entscheidung, die Stadt Wurzen für eine Fallstudie auszuwählen, fiel im August 1990 nach einer fast dreiwöchigen Reise durch verschiedene Bezirke der ehemaligen DDR und erfolgte nach bestimmten Auswahlkriterien, die an dieser Stelle nicht ausführlich benannt werden können.

gen, wie Lebensläufe durch die Einwirkung von Lebensereignissen umstrukturiert oder zumindest neu justiert werden. Biografische Transformationen können sich sowohl darauf beschränken, vorhandene Muster zu reproduzieren oder auch neue Möglichkeiten entstehen lassen (vgl. z.B. Hoerning 1987; Bude 1987). Die subjektiven Verarbeitungs- und Bewältigungsstrategien sind abhängig von individuellen und strukturellen Ressourcen, auf die zum Zeitpunkt der Veränderung zurückgegriffen werden kann. Ein wichtiger Faktor dabei ist auch das Beziehungsnetz in einer Gemeinde. Welche Rolle spielen informelle Strukturen, Nachbarschaft, Freundschaften und andere soziale Netzwerke in einer Kommune? Eine Stadt ist Schauplatz individuellen und sozialen Lebens als auch wichtiger Einflussfaktor auf Lebensläufe und alltägliche soziale Beziehungen. Ich wollte die einzelbiografische Perspektive überschreiten und die unterschiedlichen, zum Teil kontroversen Einzelperspektiven auf das städtische Leben mit regionalhistorischen Daten zu einem Gesamtbild zusammenzuführen. Auf der Basis des biografischen und gemeindesoziologischen Ansatzes sollten weitere inhaltliche Schwerpunkte erst im Verlauf des Forschungsprozesses aus dem Material gewonnen werden. Der gemeindesoziologische und biografische Ansatz haben entscheidend zu einer Perspektive beigetragen, die nicht nur auf die Erfassung kurzfristiger Veränderungen abzielte. Sie führten stattdessen zu einer Reise in die Vergangenheit, in der biografische und soziale Kontinuitäten und ein eher langfristiger Wandel von Handlungen und Einstellungen selbst über krasse Systemwechsel hinweg in den Blick kamen.

Die Durchführung und Auswertung der ersten Interviews haben mich darin bestärkt, nicht nur die letzte Phase von Erosion und Zusammenbruch der DDR zu berücksichtigen, sondern historische Etappen, Lebenswege verschiedener Generationen, die Entwicklung sozialer Milieus und regionale Rahmenbedingungen zu rekonstruieren die weit in die DDR-Geschichte und davor zurückreichen (vgl. Mayer 1994). Um ein besseres Verständnis für den individuellen Bewältigungsprozess der Transformation durch die Bewohner Wurzens und dem transformationsbedingten Wandel des Alltagslebens einer ostdeutschen Kleinstadt zu gewinnen, schien es mir sinnvoll, mich zunächst mit den Bedingungen für Stabilität und Legitimität politischer Macht sowie den Motiven für Zustimmung oder Ablehnung durch die Menschen zu befassen. Die vergangenen Herrschafts- und Legitimationsstrategien in der DDR sind zudem entscheidende Einflussfaktoren auf Akzeptanz oder Kritik des neuen Systems (vgl. Huinink/Mayer u.a. 1995).

Das methodische Vorgehen verbindet qualitative Biografie- und Gemeindeforschung mit ethnographischen Methoden: Ich habe in der Kreisstadt Wurzen von September 1990 bis Ende 1991 gewohnt, am alltäglichen Leben teilgenommen und die Stadt auch danach bis Mitte 1996 immer wieder tage- und wochenweise besucht. Den größten Teil der insgesamt rd. 200 Erstinterviews führte ich in den ersten beiden Jahren meiner Forschungszeit durch. Die Auswahl der Personen erfolgte im Laufe des Forschungsprozesses (u.a. über das sog. Schneeballsystem). Ich wollte ein möglichst großes Spektrum von Personen mit unterschiedlichen Merkmalen wie Alter, soziale Herkunft, Familiensituation, frühere berufliche Position und derzeitige Berufssituation auswählen und einen Überblick über das soziale Netzwerk, z.B. über Funktionsträger, Personen mit Einfluss, „interne Machtstrukturen" etc. erhalten. Den Interviews lag kein Interviewleitfaden zugrunde. Sie dauerten zwischen einer dreiviertel Stunde bis zu vier Stunden und waren von wenigen Ausnahmen abgesehen biografisch angelegt: Ich bat um die Erzählung der bisherigen Lebensgeschichte und fragte erst im Anschluss daran zur Vertiefung nach weiteren oder klärenden Aspekten. Wichtig war mir, die jeweilige „Relevanzstruktur" des Gesprächspartners zu berücksichtigen. In einigen Fällen handelt es sich um kürzere Interviews, die nicht um die Biografie, sondern – vor allem im Verwaltungsbereich – nur um einzelne gesellschaftliche Problemfelder kreisen. Neben vielen Dokumenten und Materialien zur Stadtgeschichte, Hunderten von dokumentarischen Photos und rd. 30 Notizbüchern und dicken Schulheften bilden die biografischen Interviews den Kern meiner Studie. Die letzten Gespräche und Notizen stammen vom Mai 1996. Es handelt sich meist um Zweit- oder Drittinterviews, in denen rund 1/4 meiner Gesprächspartner noch ein letztes Mal Bilanz gezogen haben. Außerdem habe ich die Entwicklung von Stadtstrukturen und in gewissem Rahmen auch die Stadtgeschichte aufgearbeitet.

Die Wende in Wurzen

„So konnte es in der DDR nicht weitergehen", diesen Satz hörte ich, als ich im Spätsommer 1990 mit den biografischen Interviews begann, in allen Gesprächen, unabhängig von Parteizugehörigkeit, sozialem Status und Alter. Er deutete darauf hin, dass Veränderungen von der Mehrheit der Bevölkerung offenbar schon lange vor dem Herbst 1989 erwartet und für notwendig erachtet wurden. Einige Gesprächspartner sahen die Ereignisse von 1989 lediglich als „Kulminationspunkt von dem, was '46 begonnen hat" (so zum Beispiel ein selbständiger Autolackierer und Vorsitzender des Neuen Forums in Wurzen, Jg. 1951) oder als eine latente „gesellschaftliche Krise, die im Herbst 1989 nur sichtbar kulminierte" (Bereichsleiter der Volkshochschule und Ortschronist, Jg. 1943). Aber ist daraus zu schließen, dass bei der Mehrheit der Ostdeutschen der Wunsch nach einem einheitlichen Deutschland bestanden hatte? Die meisten meiner Interviewpartner sahen in der Wiedervereinigung lediglich die letzte Etappe eines Prozesses, der zunächst gar nicht aus dem Willen zur nationalen Einheit in Gang gekommen ist. „Ich habe die DDR, mein Land, nie wieder so geliebt, wie in diesen Oktobertagen" beschreibt eine Sozialdiakonin, Jg. 1953, damals Mitglied des Neuen Forums, ihre Gefühle. Die Aktionen bis zur Öffnung der innerdeutschen Grenzen hatten bei vielen Beteiligten zu einer solidarischen Aufbruchstimmung geführt, die an die längst verloren gegangene Utopie eines „Sozialismus mit menschlichem Antlitz" angeknüpft hat (vgl. zum Prozess der Wende in der Wende Schlegelmilch 1995a). Von einer dominierenden Westorientierung aufgrund von „Westverwandtschaft" oder Besuchsreisen konnte bei meinen Interviewpartnern keine Rede sein. Dies musste den ausgiebigen Konsum westlicher Fernsehsender nicht ausschließen, aber für viele Wurzener war die Wirtschafts- und Gesellschaftsordnung der Bundesrepublik Deutschland keine gesellschaftliche Alternative. Selbst bei einem möglichen Vergleich mit dem Westen kamen viele eher mit der Frage zurück, warum es denn im Osten nicht gelänge, aus eigener Kraft einen vergleichbaren Lebensstandard zu erreichen.

Das Wendegeschehen in Wurzen zeigte ein ganz ähnliches Grundmuster wie die Leipziger Ereignisse. Dies ist zu einem Teil durch den Einfluss der Medien, aber auch durch die Nähe Wurzens zu Leipzig zu erklären. Eine we-

45

sentliche Differenz zwischen Großstadt und Kleinstadt liegt in meinem Fallbeispiel vor allem darin, dass sich in Wurzen alles zeitversetzt abspielte. Zudem war im Vergleich zu den sehr unterschiedlich geprägten vielfältigen Bürgerbewegungen, die sich in den Großstädten organisiert hatten, das Spektrum der Wendeakteure in Wurzen wesentlich kleiner, bestimmte Gruppierungen fehlen ganz (z.b. Leute aus dem linksintellektuellen Milieu). Am Beispiel Wurzen kann man erkennen, dass der Anstoß zu gesellschaftlichen Veränderungen nicht nur von einer einzigen sozialen Gruppe (z.b. nur von Intellektuellen bzw. nur von Experten) erfolgte, sondern, was die soziale und berufliche Herkunft betrifft, sehr unterschiedliche Bevölkerungsschichten beteiligt waren. Eine Schätzung der sozialstrukturellen Zusammensetzung der Wendeakteure geht davon aus, dass es 1988 in der DDR rd. 150 bis 300 oppositionelle Gruppen gegeben haben soll. Die Mehrzahl der Mitglieder sei zwischen 25 und 40 Jahren alt gewesen, der Anteil der Hoch- und Fachhochschulabsolventen hoch. Immerhin rd. 12 % sollen ohne festes Arbeitsverhältnis gelebt haben (vgl. Mitter/Wolle 1990). Im Vergleich dazu ist für Wurzen neben einem späten Beginn der Einmischung durch die Bürger eine geringere Vielfalt der politischen Gruppierungen charakteristisch (vgl. Schlegelmilch 1995a). Die ersten Protagonisten der Wende waren hier häufig älter: zwischen 35 und 50 Jahre alt. Sie waren vielfach parteilos oder in den beiden Blockparteien LDPD und NDPD organisiert. Aktiv am Wendegeschehen beteiligt waren außerdem Selbständige aus dem privaten Handwerk oder privaten Dienstleistungsunternehmen (z.b. ein Schornsteinfegermeister, ein Fuhrunternehmer, ein KFZ-Lackierer). Zuerst aufgetreten sind außerdem Leute, die aus dem Bereich der Volkshochschule kamen, der technischen Intelligenz in den Betrieben angehörten oder die in der kirchlich getragenen Sozialarbeit engagiert waren. Viele von ihnen gehörten zu dem Personenkreis in der DDR, der sich freiwillig oder gezwungenermaßen mit Positionen unterhalb der höheren Leitungsebenen arrangiert hatte und über gewisse Freiräume bzw. eine gewisse Unabhängigkeit verfügte (z.b. Leute aus dem traditionellen Handwerkermilieu). Sie hatten gerade aufgrund ihrer marginalen Stellung gesellschaftliche, berufliche, kulturelle Freiräume, die Moore in seiner Analyse von Ursachen von Unterordnung und Widerstand gerade als Vorbedingung für gesellschaftliche Veränderungen sieht (vgl. Moore 1987).

46

Doch mit der Maueröffnung und der zunehmenden Kenntnis über das Ausmaß der wirtschaftlichen Probleme schienen plötzlich Ziele, die DDR zu verändern, unrealistisch und allein gesamtdeutsche Strukturen trag- und überlebensfähig zu sein. Die in den letzten Jahren der DDR deutlich gestiegene Abwanderungswelle signalisierte insofern eine Veränderung, als ein zunehmender Teil, vor allem von Leuten jüngeren und mittleren Alters, die Hoffnung auf eine positive Veränderung der DDR aufgegeben hatte. Es deutet aber vieles darauf hin, dass sie dem Staat eher aus Enttäuschung über fehlende Einfluss- und Kritikmöglichkeiten, Selbstbestimmung, Reiseeinschränkungen oder verbaute Entwicklungschancen den Rücken kehrten und eine reine Konsum- oder Westorientierung nicht dominierte. Es ist daher auf Basis meiner Gespräche jenen Analysen zuzustimmen, die die Deutsche Einheit in der Kategorie des „historischen Zufalls und der von ihm ausgelösten Kettenreaktion" fassen (vgl. Lepenies 1992; Offe 1993, S. 296).

Traditionen und gesellschaftliche Differenzierungen in der DDR

Schon in den ersten Interviews, die ich im Spätsommer 1990 geführt habe, zeigte sich, dass sich über alle Schichten, Alters- und Berufsgruppen sowie politischen Unterschiede und gegenwärtige Entwicklungswege hinweg die meisten Interviewpartner in einer Hinsicht darin einig waren: Die sozialen Beziehungen in der DDR, besonders in kleineren Städten und auf dem Land, seien menschlicher, wärmer und unkomplizierter gewesen als heute. Man hätte mehr Zeit und mehr Verständnis füreinander gehabt und es hätte vor allem eine größere Hilfsbereitschaft unter den Menschen gegeben. Wir waren wie „eine große Familie" oder „es war wie eine verschworene Gemeinschaft" hörte ich oft. Diese Gemeinschaftlichkeit sei, so wird immer wieder betont, weniger unter staatlichem Zwang erfolgt und habe in der Regel nichts mit der politisch verordneten Ideologie zu tun gehabt. Es seien überwiegend rein menschliche Züge des Umgangs miteinander gewesen bzw. Lebensformen, die weit vor der Gründung der DDR, vor allem in Kleinstädten und auf dem Lande existiert und weitergelebt hätten. Die Erinnerung an den ehemals besseren Zusammenhalt schließt nicht aus, dass eine Reihe von Leuten betont, dass es lediglich die Mangelwirtschaft gewesen sei, die die Menschen zusammengeschweißt hätte und dass der Zusammenhalt in den letzten Jahren der DDR abgenommen und die Bespitzelung zugenommen hätte. Dennoch sind es ausgesprochen wenige Gesprächspartner, die im nachhinein in den gelebten Gemeinschaftsformen ausschließlich staatlichen Zwang sehen, der jede Form von Individualität unterdrückt hätte. Selbst eine Unzufriedenheit mit der alten Gesellschaft hat den subjektiven positiven Bezug auf ein Gemeinschaftsideal bis heute bei den meisten nicht wesentlich schwächen können. Der Transformationsprozess wird daher vor allem als Gemeinschaftsverlust erfahren (vgl. Lepenies 1992; Schlegelmilch 1995).

Die Angst vor dem Zerfall von Gemeinschaftlichkeit und Zusammengehörigkeitsgefühl drückt, so meine These, viel mehr aus als nur Nostalgie oder ideologische Indoktrination. Sie spiegelt einen Teil vergangener kollektiver Lebensverhältnisse in der DDR wider, selbst wenn die staatlich propagierte Einmütigkeit und Geschlossenheit in der Realität ohne Zweifel so nie existiert hat und die reale Intensität von Gemeinschaft rückblickend übertrieben wird. Der Gemeinschaftsbezug ist zugleich aber auch Ausdruck sehr viel älterer Lebensformen und Werte, die sich in der DDR erhalten konnten. Andererseits sind Gemeinschaftssehnsüchte selten zufällig, sondern stets Ausdruck von Krisen, Konflikten oder raschen sozialen Veränderungen, denen durch politische Strategien der Re-Vergemeinschaftung und dem Festhalten am Altvertrauten begegnet werden soll (vgl. auch Vobruba 1994).

Zu dieser Orientierung an einem Gemeinschaftsideal passt eine nach wie vor mehrheitlich vorhandene Orientierung an gesellschaftlicher Überschaubarkeit und Ordnung sowie der Wunsch nach einer politischen, ja fast charismatischen Führungsfigur, die einer unparteiischen Verfolgung des Gemeinwohls verpflichtet sein sollte und politische Verantwortung und Führung übernimmt.

Häufig war in den Gesprächen zudem von ausgeprägter Bodenständigkeit, Heimatgefühlen und einer engen Verbundenheit mit dem sozialen Umfeld die Rede, die, ebenfalls wie das Gemeinschaftsdenken, unabhängig von der Gesellschaftsordnung gesehen wird (Schlegelmilch 1998).

Die Frage nach der sozialen Ordnung der DDR und ihrem Transformationsprozess seit 1989 ist in der Forschung meist an die wenigen großstädtischen Zentren gebunden, vor allem an Berlin als politische, wirtschaftliche und kulturelle Zentrale des Systems und Zentrum „der Bewegung" im Sinne der Opposition. Aber auch eine Kleinstadt wie Wurzen muss als Teil des Systems gesehen werden. Die Gespräche zeigten deutlich, dass in der DDR von einer Nivellierung regionaler Lebensbedingungen nicht die Rede sein konnte und sogar erhebliche regionale Differenzen bestanden haben, die auf der Ebene von Stadt-Land-Unterschieden, aber auch als wirtschaftliche und soziale Unterschiede zwischen Städten und Regionen analysiert werden können. Sie waren einerseits Ausdruck unterschiedlicher regionaler Kulturen, Traditionen und Identitäten, die nach 1949 nicht verschwanden, sondern – wenn auch in anderen Ausdrucksformen – in der DDR weiterlebten und Lebensläufe prägten (vgl. Kocka 1994; Kaelble u.a. 1994). Sie waren andererseits Resultat einer Wirtschaftspolitik, die in den Bezirken und Kreisen unterschiedliche wirtschaftspolitische und damit auch sozialpolitische Schwerpunkte gesetzt hat – man denke nur an den Wohnungsbau. Wenn im Westen daher davon gesprochen wird, dass die Ostdeutschen alte regionale Kulturen wiederentdecken oder anfangen, sich wieder „als Sachsen" zu fühlen, auch als „Sinnstütze, um sich mit der neuen gesellschaftlichen Situation besser identifizieren und arrangieren zu können" (Bude 1996), ist das insofern falsch, als Rückgriffe auf Traditionen und regionale Identitäten nie völlig verschwunden, sondern lediglich nur verdeckter möglich waren. Regionalspezifische Kulturen und Besonderheiten haben daher 1990 die Übernahme westdeutscher Strukturen im Sinne retardierender oder beschleunigender Momente nicht unwesentlich beeinflusst. Die Geschichte zeigt immer wieder, dass gerade örtliche Lebenszusammenhänge in Zeiten großer gesellschaftlicher Umbrüche Halt geben können.

Die Biografien machten bald deutlich, dass von einer, aus westlicher Sicht vermeintlich homogenen Gesellschaft in der DDR nicht die Rede sein konnte. Die politische Zugehörigkeit spielte für die Unterschiede in den Lebensverhältnissen, Verhaltens- und Denkweisen zwar eine Rolle, sie war jedoch selbst in einem so von Politik beherrschten Staat wie der DDR bei weitem nicht immer die dominierende Größe. Selbst in den Reihen der Funktionäre gab es zwar viele Unterschiede im Verhältnis zur offiziellen politischen Linie. Bestimmte Einstellungen und Werte, die einen ganz unpolitischen Hintergrund haben, wie ein humanitäres Berufsethos, ja selbst Bestandteile von Religiosität, ließen sich jedoch partiell bzw. in bestimmten Phasen des Regimes mit der sozialistischen Ideologie verbinden. Mitmachen oder Ablehnung, Gehen oder Bleiben konnten ganz unterschiedliche lebensgeschichtliche Erfahrungs- und Sinnzusammenhänge zugrunde liegen. Zu sehen waren sowohl Spannungen von Akzeptanz und Ablehnung innerhalb einer Person als auch, wie sehr beides im Zeitverlauf gewechselt haben konnte.

Da sich die Formen politischer Macht, die ökonomischen Verhältnisse und die Lebensbedingungen in der DDR im Zeitverlauf immer wieder stark verändert haben, haben sie auch einzelne Generationen unterschiedlich Form geprägt (vgl. Mannheim 1965, zuerst 1928/29). Ältere Generationen argumentieren bereits vor dem Erfahrungshintergrund der Weimarer Republik, des Dritten Reichs und des Zweiten Weltkriegs. Der so häufig geäußerte Satz: „Die Wende hätte für mich zehn Jahre eher kommen müssen", war typisch dafür, wie relevant zudem das Lebensalter für die Verarbeitung historischer Wendepunkte ist (vgl. Niethammer 1991; Kohli 1994; Zwahr 1994).

Auffällige Unterschiede ergaben sich schließlich aus der Zugehörigkeit meiner Interviewpartner zu verschiedenen beruflichen Milieus und Wirtschaftssektoren. Die Veränderung der Eigentumsverhältnisse, Entnazifizierung, die Förderung der Arbeiterklasse und Schaffung einer neuen Intelligenz und Führungsschicht, zahlreiche Eingriffe in die Berufsstrukturen und veränderte Zulassungsbedingungen (z.B. in den Bereichen Recht, Bildung etc.), all das bewirkte neben völlig neuen Strukturen und Positionen im Sozialgefüge erhebliche sozialstrukturelle Umschichtungen, die für einzelne Personen bis hin zu ganzen Berufsgruppen mit Gewinnen oder Verlusten verbunden waren. Neue teils politisch gewollte, teils unbeabsichtigte – Ungleichheiten entstanden. Dennoch haben die staatlichen Umgestaltungen nicht zum völligen Verschwinden traditioneller Milieus und Mentalitäten geführt. Die politischen und wirtschaftlichen Umstrukturierungsmaßnahmen, die vor allem bürgerliche Gruppen und die Ausbildungs- und Zukunftschancen deren Kinder betrafen, begünstigten bis zum Bau der Mauer zwar eine massenhafte Abwanderung dieser Schichten, von einem so gut wie geschlossenen Weggang des Wirtschafts- und Bildungsbürgertums kann dennoch keine Rede sein. Zum Teil orientierte sich staatliche Politik sogar an Teilbereichen des klassischen bürgerlichen Erbes und hatte sich seit Mitte der 80er Jahre aus wirtschaftlichen

Gründen gegenüber kleineren Formen der Privatwirtschaft geöffnet. Politische Ziele der Angleichung der Lebensverhältnisse und sozialen Homogenisierung stießen stets auf Grenzen, die auch von der SED nicht geleugnet werden konnten. Stadt-Land-Unterschiede, unterschiedliche Formen der Arbeit, die noch verbliebenen unterschiedlichen Eigentumsverhältnisse, eine rückständige bzw. ausbleibende Modernisierung der Industrie waren einige von vielen Gründen, warum sich bestimmte traditionelle Lebensformen und Mentalitäten erhalten konnten. In diesem Sinne existierten in der DDR verschiedene Subkulturen mit Handlungsmöglichkeiten, die weder in Kategorien politischen Widerstands noch in die des passiven Rückzugs passen, sondern tatsächlich mit dem vielzitierten Begriff des „Eigensinns" noch am ehesten getroffen werden können (vgl. Kern/Land 1991; Marz 1992; Woderich 1992). Ich habe mich bei der Gliederung und Interpretation meines Materials daher auch nicht ausschließlich an sozialstrukturellen Kriterien oder an Klassenmodellen (Solga 1995) orientiert, sondern an solchen Ansätzen, die Personengruppen mit ähnlicher Soziallage identifizieren und davon ausgehend nach den damit verbundenen typischen Lebenschancen und Mentalitäten fragen (vgl. Vester u.a. 1995). Die sozialen Teilgruppen werden durch einzelne biografische Fallstudien vertieft, die im Sinne einer Binnendifferenzierung ein möglichst kontrastreiches Spektrum abdecken sollen. Eine genaue Rekonstruktion der vergangenen gesellschaftlichen Verhältnisse, Überzeugungen und Verhaltensformen der Ostdeutschen zeigt, dass sie in ihrem Ideologiebezug und ihrer Konsumorientierung sehr verschieden waren und sich daher auch in unterschiedlicher Weise mit den neuen Verhältnissen auseinandersetzen. Die unterschiedlichen Entwicklungen der Lebensläufe und Wertungen bei den Ostdeutschen seit der Wende sind in einigen Untersuchungen zu Typologien verdichtet worden. (vgl. z.B. die Piktogramme bzw. Typologien bei Hilmer/Müller-Hilmer 1993; Gensicke 1999) Sie folgen keinem vorhersagbaren Muster, z.B. als Ergebnis der faktischen Lebensumstände bzw. sozialstruktureller Merkmale (Statistisches Bundesamt (Hg.) 2000) und sind wesentlich geprägt von unterschiedlichen biografischen Erfahrungen und Wertvorstellungen aus verschiedenen historischen Phasen. Aus diesem Grund berücksichtigt der in meiner Gemeindestudie gewählte biografische Forschungsansatz den lebensgeschichtlichen Kontext und die Entstehungsbedingungen von Handlungsorientierungen in besonderem Maße.

51

Kontinuität und Wandel im Systemwechsel

Ebenso wie mit dem Systemwechsel nach Ende des Zweiten Weltkriegs nicht von einem umfassenden Neuanfang in der DDR gesprochen werden kann, ist es falsch, nach 1989 ausschließlich auf die Brüche und die Neuartigkeit sozialer Strukturen und Positionen zu achten. Mit dem plötzlich eingetretenen abrupten Systemwechsel sind nicht alle Bezugspunkte der gewohnten und identitätsstiftenden Milieuzusammenhänge zerbrochen (vgl. Kleßmann/Wagner 1993, S. 30), bestimmte Milieus und sozialstrukturelle Teilgruppen können unter bestimmten Bedingungen nach der Wende wieder aufleben und sich entfalten (vgl. Schlegelmilch 1997). Die Problemstellung heute hat daher zu berücksichtigen, inwieweit Ressourcen nicht neu erworben, sondern lediglich reaktiviert werden müssen und unter welchen gesellschaftlichen Rahmenbedingungen dies gefördert oder behindert wird. Andererseits muss eine Konservierung von Traditionen nicht bedeuten, dass diese nach der Wende auch tatsächlich fortleben können oder dass sie besondere „Startvorteile" im Sinne von ökonomischen oder emotionalen Anschlussmöglichkeiten bedeuten. Das, was sich innerhalb der DDR-Strukturen durch Stillegung wirtschaftlicher Dynamik noch an Altem erhalten hat, wird möglicherweise heute mehr denn je dramatischen Veränderungen ausgesetzt. Die vorhandenen Mentalitäten kollidieren dann jedoch weniger aufgrund einer sozialistischen Prägung, sondern mehr aufgrund von zeitlichen Modernisierungsverzügen mit dem westlichen Wirtschafts- und Gesellschaftssystem. Mit Hilfe von Milieu- und Mentalitätsansätzen (vgl. Vester u.a. 1995), so lässt sich resümieren, können lebensweltliche Anschlussstellen nach Systemwechseln untersucht werden, ohne einem Dualismus von Bruch oder Kontinuität zu verfallen. Sie bilden im Rahmen meines theoretischen Bezugsrahmens daher einen wichtigen Bestandteil, der sich erst im Laufe des Forschungsprozesses herauskristallisiert hat.

Meine Ergebnisse zeigten bald, wie falsch es ist, ein bestimmtes DDR-Bild oder einzelne historische Entwicklungsphasen, vor allem die Jahre seit 1985, verabsolutieren zu wollen. Aus dem Blickwinkel des überraschenden Zusammenbruchs der DDR-Gesellschaft wird meist allzu leicht vergessen, dass in Ost und West im Laufe der Geschichte zunehmend mehr von der Dauerhaftigkeit der DDR ausgegangen wurde als von ihrer Instabilität oder gar ihrem ra-

schen Ende (vgl. Joas/Kohli 1993, S. 9). Das überraschende Ende der DDR
legte es zwar nahe, in der Transformationsforschung in erster Linie auf Veränderungen und Brüche zu achten. Aus meinen Interviews ergaben sich jedoch
auffallend viele Hinweise auf vielschichtige positive Bindungen an den DDR-
Staat und eine Reihe lebensgeschichtlicher Kontinuitäten, die ganz offenbar
nicht nur dem äußeren Zwang und der „Geschlossenheit des Systems" (vgl.
Pollack 1990) geschuldet waren. Das schloss nicht aus, dass das mit dem
Mauerbau gegebene Gefühl der „Unvermeidlichkeit des Bestehenden" (Henrich 1990, S. 169) der faktischen Zustimmung der Menschen zu Heimat und
Staat von vornherein den Beigeschmack eines „erzwungenen Konsenses" geben konnte, selbst wenn dies von den Menschen selbst nicht so empfunden
werden mochte. Doch unabhängig davon gab es vielfältige Formen einer
funktionierenden sozialen Integration, die erst in späteren Phasen des Systems
erodierte. Und so mag es zwar keine innere Anerkennung der DDR im Sinne
eines sozialistischen deutschen Nationalbewusstseins gegeben haben, aber ein
in den Jahren gewachsener Stolz auf das eigene Leben. Erklärungen dafür liegen auf der Hand: Das Verfahren in der Gemeindestudie baute auf den Erfahrungen und Sichtweisen der bis zuletzt Gebliebenen auf. Eine Befragung der
Ausgereisten wäre vermutlich anders ausgefallen. Damit will ich nicht die
enorme Zahl derer, die die DDR verlassen haben, abschwächen noch die gesellschaftliche und wirtschaftliche Einengung einzelner Schichten durch den
Staat in Abrede stellen. Wohl aber will ich darauf hinweisen, dass der Teil
derer, die nicht wegen, sondern trotz des veränderten Gesellschaftssystems
blieben, bei der Betrachtung der DDR und ihrer Transformation nicht vernachlässigt werden darf. Zurückgeblieben waren nicht nur die, die sich mit
dem Staat identifizieren konnten oder diejenigen, die das Risiko für den Neuanfang im Westen scheuten, sondern auch solche, die glaubten, sich auf klein-
stem gemeinsamen Nenner mit Staat und Gesellschaft arrangieren zu können,
die an Haus, Familie und Freunden hingen, die beruflich profitieren, in verschiedener Weise persönliche Freiheiten bzw. Freiräume hatten u.v.m. (vgl.
hierzu auch den Beitrag von Helena Flam in diesem Band).

Normative und nicht-normative Gehorsamsmotive –
ein Ansatz der Herrschaftssoziologie

Bisherige Analysen spiegeln die verschiedenen Dualismen, von denen die DDR geprägt war, gerade nicht in ihrer spannungsvollen Ambivalenz wider (vgl. hierzu auch den zusammenfassenden Überblick über die Transformationsforschung bei Mayer 1994 oder Pollack 1996). Sie unterscheiden sich vor allem in der Auffassung, in welchem Verhältnis sie äußere Zwänge und innere Repression einerseits, positive Anreize, subjektive Handlungsspielräume, Loyalität und Legitimität andererseits zueinander setzen. Je nach Gewichtung lassen sie sich a) eher dem Totalitarismuskonzept zuordnen, orientieren sich b) an organisationssoziologischen bzw. systemtheoretischen Ansätzen (Pollack 1990) oder verstehen die DDR-Herrschaft c) als autoritäre Diktatur, die – sei es gewollt oder ungewollt – wohlfahrtstaatliche, paternalistische oder auch sog. ,neo-traditionalistische' Züge aufwies und vielfältige Möglichkeiten informeller Vorteilsnahme bot (vgl. Meyer 1989; Meuschel 1992). Auch wenn in allen drei Theorierichtungen Elemente gesellschaftlicher Stabilität, Differenzierungsprozesse und gewisse Handlungsspielräume für die Subjekte nicht bestritten werden, so bestehen über Qualität, Bedeutung und die Dynamik, die diese entfalten konnten, sehr konträre Auffassungen. Während das Modell eines totalitären Staates die Menschen bis auf eine kleine Machtelite weitgehend zu Opfern oder passiven Mitläufern macht und systemtheoretische Überlegungen das komplexe Zusammenwirken systeminterner und -externer Faktoren für die lange Stabilität der DDR heranziehen, nehmen Konzepte des diktatorischen Wohlfahrtsstaates oder des sozialistischen Paternalismus weit mehr die positiven Anreize des Systems und die aktiven, ,eigensinnigen' Verhaltensweisen, Erfahrungen und Motive der Menschen in den Blick. Gleichwohl sind auch in dieser letzten Forschungstradition Analysen dazu, wie die Ostdeutschen die Restriktionen, Zumutungen aber auch Vorteile und spezifischen Angebote wahrgenommen und genutzt haben, noch rar.

Im Verlauf meiner Untersuchung hat sich immer mehr herausgestellt, dass herrschaftssoziologische Ansätze, die sich mit den Bedingungen von Stabilität und Legitimität sozialer Ordnungen und politischer Macht befassen, nützliche analytische Begriffe liefern, um einerseits verschiedene Strategien und Basiselemente der Herrschaftssicherung zu unterscheiden und andererseits unterschiedliche Motive zu erkennen, aufgrund derer Einzelne sich der Herrschaft fügen. Auf dieser Basis habe ich versucht, den (auch im Zeitverlauf) unterschiedlich ausgeprägten Legitimitätsglauben, Loyalität, biografische Arrangements und das Ausmaß der (Un-)Zufriedenheit im Selbstverständnis der DDR-Bürger unter den sich historisch verändernden Bedingungen zu rekonstruieren. Von besonderem Interesse sind Ansätze, die sich mit der subjektiven Perspektive von Legitimität und Loyalität befassen, dem Verhältnis von empfundenem Zwang und positiven Anreizen sowie zwischen normativen und nicht-normativen Gehorsamsmotiven (Baumann 1993). Die Annahme, dass rein materielle und zweckrationale Motive der Fügsamkeit einen relativ labilen Bestand der Herrschaft bedeuten, also eine lediglich leistungsgebundene Herrschaft instabiler ist als eine zusätzlich normativ gestützte, wird im Anschluss an Max Weber von vielen Autoren geteilt (vgl Hondrich 1973; Lenski 1977, Moore 1987; Westle 1994). Das Verhältnis, in dem negative und positive Sanktionen zueinander stehen, ist insofern von Bedeutung, als davon die Stabilität einer Herrschaftsform abhängig gemacht wird. Eine Herrschaft, die überwiegend auf erzwungener oder resignativer Anpassung der Bürger beruht, gilt im allgemeinen als äußerst brüchige und zudem aufwändige Strategie. Machttheoretisch legen die vorhandenen theoretischen Überlegungen daher nahe, dass jedes Herrschaftssystem, das – wie es auch im Fall der DDR geschah – mit Hilfe äußerer und innerer Gewalt an die Macht kommt, Gewalt in normativ gestützte Autorität zu transformieren sucht. Der Verzicht auf Zwang deutet auf Legitimität:

„Obwohl Gewalt das wirksamste Mittel ist, um in einer Gesellschaft an die Macht zu kommen, und obwohl sie die Grundlage jedes Systems von Ungleichheit bleibt, ist sie keineswegs das wirksamste Mittel zur Erhaltung und Nutzung einer Machtposition und zur Erreichung des größtmöglichen Gewinns daraus. Deshalb ist es, gleich welche Ziele ein neues Regime auch verfolgen muss, nach der Zerschlagung der organisierten Opposition unbedingt von Vorteil, zunehmend von anderen Kontrollmitteln und -instrumenten Gebrauch zu machen und die Gewalt in den Hintergrund treten zu lassen, um nur in Fällen des Versagens anderer Techniken auf sie zurückzugreifen (...) Wenn die Bevölkerung nur aus Furcht vor physischer Gewaltanwendung gehorcht, fließt ein großer Teil von Zeit, Energie und Vermögen der Elite in die Anstrengung, die Unterdrückten unter Kontrolle zu halten und die Produzenten von den Produkten ihrer Arbeit zu trennen. Ja, noch schlimmer, selbst das

Ansehen, das normalerweise einen hohen Rang in der Skala der menschlichen Werte einnimmt, bleibt denen, die allein mittels Gewalt herrschen, versagt." (Lenski 1977, S. 80 ff.)

Um von Seiten der Bevölkerung Zustimmung zu Herrschaft und Politik zu erhalten, machen Regierungen außerdem Konzessionen und Angebote (z.B. materielle Gratifikationen, Ehrungen, Teilhabe an Macht und Einflug durch berufliche Aufstiege, Privilegien für staatstreue Bürger, sozialpolitische Maßnahmen etc.). Dies, so Lenski, gilt für ideologisch motivierte Eliten in besonderem Maße:

„Wenn Visionen und Ideale (...) jemals Wirklichkeit werden sollen, dann bedarf es in erster Linie der freiwilligen Kooperation des Volkes; sie lässt sich nicht mit Gewalt erreichen. Gewalt ist bestenfalls Mittel zum Zweck. Der Zweck, die Errichtung einer neuen Gesellschaftsordnung, wird niemals ganz erreicht, wenn die Mehrzahl der Gesellschaftsmitglieder sie nicht als die ihre anerkennt." (Lenski 1977, S. 81)

Einige Ergebnisse der Wurzen-Studie

Die Stabilität der sozialen Ordnung und Herrschaft in der DDR beruhte, abgesehen von äußerem Zwang, sowohl auf der Zustimmung zu bestimmten Werten als auch auf nicht-normativen Motiven (z.B. materielle und soziale Leistungen, informelle Strukturen, affektuelle Bindungen etc.). Es gab gerade unter den Älteren, der sog. Aufbaugeneration, viele politisch Überzeugte. Darunter verstehe ich jene Gesprächspartner, die von sich sagen, dass sie aufgrund der sozialistischen Traditionen ihres Elternhauses von der Richtigkeit der damaligen Politik überzeugt waren oder die, die sich aufgrund bestimmter lebensgeschichtlicher Schlüsselerlebnisse (auch Vorbilder in Bildung und Ausbildung) politisch engagiert haben. Zu ihnen können auch „konvertierte" NS-Anhänger gehören, die aufgrund von Kriegserlebnissen und Antifa-Schulungen zu bekennenden Kommunisten wurden.

Der Staatssozialismus in der DDR, so meine sich entwickelnde Grundthese, war zudem der politische Versuch, Gesellschaft in allen Bereichen nach den Ordnungsprinzipien von Gemeinschaft zu gestalten. Ein solcher gemeinschaftsbezogener Gesellschaftsentwurf war mit einem paternalistischen Herrschaftsmodus verbunden und verfügte über ein hohes moralisches legitimatorisches Potential für spezifische Autoritätsverhältnisse (Sennett 1985; Meyer 1989; Vobruba 1994). Aber es gab auch – wie bereits erwähnt – andere, politisch nicht intendierte Strukturelemente der DDR-Gesellschaft, die traditionelle, z. B. gemeinschaftliche Lebensformen bewahren und zu Loyalität und Legitimität eines Gesellschaftssystems beitragen konnten. Eine wichtige Basis für die gesellschaftliche Stabilität, ja sogar teilweise Legitimität waren über lange Zeit hinweg aber auch sozialer und beruflicher Aufstieg für Bevölkerungsschichten, die solche Möglichkeiten bisher nicht hatten, ökonomische Grundversorgung und soziale Sicherheit, die bei politischer Anpassung gegeben war, Stolz auf das Erreichte, sowie Bindungen an den Ort und die dort lebenden Verwandten, Freunde und Bekannten. Politische Disziplin und Gehorsam erfolgen oft auch aus Dankbarkeit, dem Gefühl von Verpflichtung, der Macht der Gewohnheit, aber auch aus Angst, Ohnmacht, befürchteten Nachteilen oder Gewalt.

Anhand der Biografie von Frieda Sternberg, 1920 in Ostpreußen geboren, Kandidatin des ZK der SED und Vorsitzende einer der erfolgreichsten LPG's in der DDR, lässt sich z.B. eindrucksvoll erkennen, wie sehr sich trotz hohen politischen Engagements bestimmte Traditionen und Mentalitäten des Vorkriegsdeutschland erhalten konnten. Dazu gehören z.B. die Orientierung an gemeinschaftlichen Sozialverhältnissen, materieller Bescheidenheit, einem hohen Arbeitsethos, vor allem was körperlich schwere Arbeit betrifft, aber auch der Wunsch, sich auf eine überlegene Autorität stützen zu können und – nur scheinbar dazu als Kontrast – der Bezug auf alte Ideale der Arbeiterbewegung (vgl. Schlegelmilch 1996).

Betrachtet man das Milieu ehemaliger mittelständischer Betriebsinhaber im Kreis Wurzen, so zeigt sich, dass unabhängig von der ökonomischen Basis und sogar nach Enteignungen milieuspezifische soziale, habituelle und kulturelle Distinktionen fortleben und an die nächste Generation weitergegeben werden konnten (Schlegelmilch 1997). Die zentrale Planung des Wirtschaftssystems setzte entsprechend ideologischer Leitlinien und wirtschaftlicher Erfordernisse deutliche wirtschaftspolitische Schwerpunkte, die einzelne Wirtschaftssektoren sowie Berufs- und Statusgruppen in unterschiedlicher Härte und auch zu ganz unterschiedlichen Zeitpunkten betrafen. Das bedeutete insgesamt, dass es bis 1972, aber auch danach im Zuge neuer wirtschaftspolitischer Liberalisierungstendenzen, stets ein Nebeneinander unterschiedlicher Eigentumsformen gab, denen jeweils unterschiedliche wirtschaftliche und politische Abhängigkeitsverhältnisse und Handlungsspielräume der Betroffenen entsprochen haben. Während in einigen Bereichen ein kompletter Elitenaustausch stattgefunden hat, wurde in anderen Bereichen, z.B. bei kleinen mittelständischen Betrieben, das Leitungspersonal nur schrittweise gegen neue „Kader" ausgetauscht, weil man z.b. das Wissen der alten Führungskräfte noch brauchte. Alteigentümer haben im Gespräch mit mir immer wieder auf eigene unternehmerische und persönliche Verhandlungs- und Handlungsspielräume gegenüber den Repräsentanten des wirtschaftlichen und politischen Systems verwiesen, die sie – wenn auch in unterschiedlichem Ausmaß – bis zuletzt nutzen konnten. Sie betonen in diesem Kontext ebenfalls, dass die ökonomischen und beruflichen Veränderungen in der DDR nicht das völlige Aus einer beruflichen Karriere und auch nicht die völlige Veränderung ihres Selbstverständnisses bedeutet hätten. Sie sind stolz auf Familientradition, Bodenständigkeit sowie ihr bisheriges Durchhaltevermögen unter einst schwierigen wirtschaftlichen und politischen Bedingungen. Noch lange Zeit verstanden sie sich in der DDR als letzte gewinnorientierte Impulsgeber im sozialistischen Wirtschaftssystem. Gerade deshalb fühlen sie sich heute trotz vieler Schwierigkeiten und Hindernisse den Anforderungen einer sich entwickelnden Marktwirtschaft gewachsen. Die DDR-Statistik ließ diese Durchmischung alter und neuer Milieus nicht erkennen. Sie zeigte sich lediglich in sehr feinen Unterschieden in den sozialkulturellen Standards und zum Teil „erbittert" ablaufender Distinktionsstrategien bzw. symbolischer Konkurrenzen (vgl. Engler 1992, S. 73).

Auf meiner ersten Reise durch die DDR im Spätsommer 1990 fiel mir eine ganze Reihe von Jahrgängen einer regionalen Heimatzeitschrift *Der Rundblick* in die Hände, die weit über die Grenzen Sachsens hinaus bekannt war. Die ersten Hefte stammten schon aus den 50er Jahren. Dazwischen lagen andere *Rundblick*-Publikationen wie heimatkundliche Lexika, Wanderhefte, Jahreskalender und Ortsfestschriften. Damals geriet mein Bild von einer alles dominierenden kulturellen Massenarbeit und dem Bezirk Leipzig als industriellem Ballungsgebiet mit seinen berüchtigten umweltbelastenden Großproduktionen in den Bereichen Chemie und Braunkohle ins Wanken. Der langjährige Chefredakteur, ein Geographielehrer (Jg. 1930), beschreibt, wie er Kompromisse einging, um sich journalistische Freiheiten leisten zu können. Er hatte seinem Selbstverständnis nach in vieler Hinsicht den Staat und seine Ziele aber auch akzeptiert. An den Veranstaltungen des *Rundblick* konnte jeder teilnehmen. Regionale Identität entstand so vor allem aus der sinnlichen Erfahrung heraus, nicht durch eine politisch-moralische Beeinflussung. „Kulturarbeit bestand für uns ja darin" erklärt er mir,

„dass wir eigentlich eine ganz wunderbare Gemeinschaft waren mit vielen, vielen Bürgern und die Veranstaltungen und die Feste, die wir gefeiert haben, das waren ja Dinge, die wir mit ehrlicher Überzeugung immer für uns gemacht haben. Das waren wirkliche Heimatfeste, keine Parteifeste." (vgl. Schlegelmilch 1998)

Fazit

Nur auf der Basis der Berücksichtigung solcher verschiedenen, hier nur exemplarisch genannter Kohäsions- und Stabilitäts- und Legitimitätsfaktoren der DDR-Gesellschaft können auch die Gründe bzw. der zeitliche Ablauf ihres Zerfalls bzw. für eine misslungene erneute Legitimationsbeschaffung genauer analysiert und bewertet werden. Fragen, die den systemimmanenten sozialen Differenzierungen, individuellen und kollektiven Handlungsspielräumen, Kohäsionsfaktoren, der Legitimität und Stabilität der sozialen Ordnung in der DDR aus der Sicht der Menschen nachgehen, dürfen nicht mit einer nachträglichen Rechtfertigung des Systems verwechselt werden. Die verschiedenen Prägungen und Erfahrungen bedeuteten zum einen ein unterschiedliches Verhältnis zu Staat und Partei in der Vergangenheit, zum anderen markieren sie unterschiedliche individuelle Ausgangspunkte und Problemlagen im Transformationsprozess selbst. Sie bilden eine wichtige Voraussetzung dafür, um jetzige Formen von Akzeptanz oder Unzufriedenheit der Ostdeutschen mit den gesamtdeutschen Verhältnissen beurteilen und verstehen zu können. Die häufige Reduktion der DDR auf einen rein totalitären Staat und ihre Beschreibung als reine Herrschaftsgeschichte berücksichtigt nicht, dass damit eine prekäre In Eins Setzung von SED-Regime und den in ihm gelebten Biografien erfolgt (vgl. Dönhoff u.a. 1992). Die

Alltagserfahrungen der Menschen in der DDR differieren zu den mit dem Etikett Diktatur transportierten Assoziationen, die ausschließlich Zwang, Repression und entmündigte Bürger sehen. Während die ehemaligen DDR-Bürger nicht berücksichtigen, dass sie mit dem Urteil: „Es war doch nicht alles schlecht", verständlicherweise mehr ihr eigenes Leben als den SED-Staat rechtfertigen, verstehen die Westdeutschen nicht, so Wolf Lepenies, dass auch eine Diktatur „zur Ausbildung zutiefst unpolitischer und daher für den einzelnen hoch legitimer Lebensstile führt, von denen er sich überstürzt nur auf die Gefahr des Identitätsverlustes hin distanzieren kann." (Lepenies 1992, S. 27)

Literatur

Baumann, P. (1993): Die Motive des Gehorsams bei Max Weber: eine Rekonstruktion. In: Zeitschrift für Soziologie 22(5), S. 355–370.

Bertels, L. (Hg.)(1994): Gesellschaft, Stadt und Lebensläufe im Umbruch. Bad Bentheim (Gildehaus-Verlag Metta Metten).

Bude, H. (1987): Deutsche Karrieren. Lebenskonstruktion sozialer Aufsteiger aus der Flackhelfer-Generation. Frankfurt/M. (Suhrkamp).

Bude, H. (1996): Dynamische Gelegenheitssuche und deffensive Einfädler. In: Berliner Debatte – INITIAL 2., S. 3–10.

Dahrendorf, R. (1961): Gesellschaft und Freiheit. Zur soziologischen Analyse der Gegenwart. München (Piper).

Dönhoff, M. u.a. (1992): Weil das Land sich ändern muß. Ein Manifest. Reinbek bei Hamburg (Rowohlt).

Engler, W. (1992): Die zivilisatorische Lücke. Versuch über den Staatssozialismus. Frankfurt/M. (Suhrkamp).

Fischer, A./G. Heydemann (Hg.)(1995): Die politische „Wende" 1989/90 in Sachsen. Weimar/Köln/Wien (Böhlau).

Friedeburg, L. v. (Hg.)(1967): Jugend in der modernen Gesellschaft. Köln/Berlin (Kiepenheuer & Witsch) (1. Auflage 1965).

Gensicke, Th. (1999): Deutschland am Ausgang der neunziger Jahre – Lebensgefühl und Werte. In: Klages/Gensicke 1999, S. 21–51.

Gensior, S. (Hg.)(1995): Vergesellschaftung und Frauenerwerbsarbeit. Ost-West-Vergleiche. Berlin (edition sigma).

Henrich, R. (1990): Der vormundschaftliche Staat. Leipzig und Weimar (Kiepenheuer).

Hilmer, R./R. Müller-Hilmer (1993): Es wächst zusammen. In: Die ZEIT, Nr. 40, 1. Okt. 1993, S. 17–21.

Hoerning, E. M. (1987): Lebensereignisse: Übergänge im Lebenslauf. In: Voges, W. (Hg.): Methoden der Biographie- und Lebenslaufforschung. Opladen: Leske + Budrich, S. 231–259.

Hondrich, K. O. (1973): Theorie der Herrschaft. Frankfurt/M. (Suhrkamp).

Huinink, J./K.-U. Mayer u.a. (1995): Kollektiv und Eigensinn. Lebensverläufe in der DDR und danach. Berlin (Akademie).

Joas, H./M. Kohli (Hg.)(1993): Der Zusammenbruch der DDR. Frankfurt/M. (Suhrkamp).

Joas, H./M. Kohli (1993): Der Zusammenbruch der DDR: Fragen und Thesen, In: Joas/Kohli (Hg.): S. 7–28.

Kaelble, H./J. Kocka/H. Zwahr (Hg.)(1994): Sozialgeschichte der DDR. Stuttgart (Klett-Cotta).

Kern, H./R. Land (1991): Der „Wasserkopf" oben und die „Taugenichtse" unten. In: Frankfurter Rundschau vom 13.2.1991, Dokumentation, S. 37–38.

Klages, H./Th. Gensicke 1999: Wertewandel und bürgerschaftliches Engagement an der Schwelle zum 21. Jahrhundert. Speyer (Forschungsinstitut für öffentliche Verwaltung).

Kleßmann, Ch./G. Wagner (Hg.)(1993): Das gespaltene Land. Leben in Deutschland 1945 - 1990. Texte und Dokumente zur Sozialgeschichte. München (C.H. Beck'sche Verlagsbuchhandlung).

Kocka, J. (1994): Ein deutscher Sonderweg. Überlegungen zur Sozialgeschichte der DDR. In: Aus Politik und Zeitgeschichte. B 40/94, S. 34–45.

Kohli, M. (1994): Die DDR als Arbeitsgesellschaft? Arbeit, Lebenslauf und Differenzierung. In: Kaelble/Kocka/Zwahr (Hg.): S. 31–61.

Lenski, G. (1977): Macht und Privileg. Eine Theorie der sozialen Schichtung. Frankfurt/M. (Suhrkamp).

Lepenies, W. (1992): Folgen einer unerhörten Begebenheit. Die Deutschen nach der Vereinigung. Berlin (Siedler).

Mannheim, K. (1965, zuerst 1928/29) Das Problem der Generationen. In: Friedeburg (Hg.): S. 23–48.

Marz, L. (1992): Dispositionskosten des Transformationsprozesses. Werden mentale Orientierungsnöte zum wirtschaftlichen Problem? In: Aus Politik und Zeitgeschichte. B 24/92, S. 3–14.

Mayer, K.-U. (1994): Wiedervereinigung, soziale Kontrolle und Generationen. Elemente einer Transformationstheorie. In: Bertels (Hg.): S. 49–66.

Meuschel, S. (1992): Legitimation und Parteiherrschaft in der DDR. Frankfurt/M. (Suhrkamp).

Meyer, G. (1989): Sozialistischer Paternalismus. Strategien konservativen Systemmanagements am Beispiel der Deutschen Demokratischen Republik. In: Politische Vierteljahresschrift SH 20, S. 426–448.

Mitter, A./Wolle, S. (Hg.)(1990): „Ich liebe euch doch alle" ... Befehle und Lageberichte des MfS: Januar - November 1989. Berlin (BasisDruck).

Moore, B. (1987): Ungerechtigkeit. Die sozialen Ursachen von Unterordnung und Widerstand. Frankfurt/M. (Suhrkamp).

Niethammer, L. u.a. (1991): Die volkseigene Erfahrung. Eine Archäologie des Lebens in der Industrieprovinz der DDR. 30 biographische Eröffnungen. Berlin (Rowohlt).

61

Offe, C. (1993): Wohlstand, Nation, Republik. Aspekte des deutschen Sonderweges vom Sozialismus zum Kapitalismus. In: Joas/Kohli (Hg.): S. 282–301.

Pollack, D. (1990): Das Ende der Organisationsgesellschaft. In: Zeitschrift für Soziologie 19(4), S. 292–307.

Pollack, D. (1996): Sozialstruktureller Wandel, Institutionentransfer und die Langsamkeit der Individuen. Untersuchungen zu den ostdeutschen Transformationsprozessen in der Kölner Zeitschrift für Soziologie und Sozialpsychologie, der Zeitschrift für Soziologie und der Sozialen Welt. In: Soziologische Revue 19(4), S. 412–429.

Rudolph, H. (1990): Beschäftigungsstrukturen in der DDR vor der Wende. Eine Typisierung von Kreisen und Arbeitsämtern. In: Mitteilungen aus der Arbeitsmarkt- und Berufsforschung 4, S. 474–503.

Schlegelmilch, C. (1995): Zwischen Kollektiv und Individualisierung – Gemeinschaftserfahrungen im Umbruch. In: Gensior (Hg.): S. 27–50.

Schlegelmilch, C. (1995a): Die politische Wende in der DDR am Beispiel der sächsischen Stadt Wurzen. In: Fischer/Heydemann (Hg.): S. 117–146.

Schlegelmilch, C. (1996): Lebenswege in Deutschland. Die Prägekraft historischer Räume. In: Berliner Debatte – INITIAL 2, S. 47–61.

Schlegelmilch, C. (1997): Zu Tradition und Aufbauethos des 'neuen' alten Mittelstandes in Wurzen. In: BISS Public. Wissenschaftliche Mitteilungen aus dem Brandenburg-Berliner Institut für Sozialwissenschaftliche Studien, H. 23/24, S. 115-140.

Schlegelmilch, C. (1998): „Fanatiker der Heimat". Der RUNDBLICK – eine ungewöhnliche Heimatzeitschrift. In: Deutschland Archiv 31 (6), S. 899-907.

Sennett, R. (1985): Autorität. Frankfurt/M. (Fischer) (zuerst 1980).

Solga, H. (1995): Auf dem Weg in eine klassenlose Gesellschaft? Klassenlagen und Mobilität zwischen Generationen in der DDR. Berlin (Akademie).

Statistisches Bundesamt (Hg.) in Zusammenarbeit mit dem Wissenschaftszentrums Berlin für Sozialforschung und dem Zentrum für Umfragen, Methoden und Analysen, Mannheim (2000): Datenreport 1999. Bonn (Bundeszentrale).

Vester, M./M. Hofmann/I. Zierke (Hg.)(1995): Soziale Milieus in Ostdeutschland. Gesellschaftliche Strukturen zwischen Zerfall und Neubildung. Köln (Bund).

Vobruba, G. (1994): Gemeinschaft ohne Moral. Theorie und Empirie moralfreier Gemeinschafts-Konstruktionen. Wien (Passagen).

Voges, W. (Hg.)(1987). Methoden der Biographie- und Lebenslaufforschung. Opladen: Leske + Budrich.

Westle, B. (1994): Demokratie und Sozialismus. Politische Ordnungsvorstellungen im vereinten Deutschland zwischen Ideologie, Protest und Nostalgie. In: Kölner Zeitschrift für Soziologie und Sozialpsychologie 46(4), S. 571–596.

Woderich, R. (1992): Mentalitäten zwischen Anpassung und Eigensinn. In: Deutschland Archiv 25(3), S. 21–32.

Chinesische Perspektiven: Politische Biografien zwischen Massenbewegung und marktwirtschaftlicher Reform

Nora Sausmikat

Einleitung

In diesem Artikel stelle ich die Vorteile der Einführung der Biografieforschung in die Sinologie hinsichtlich der Erfassung gesellschaftlicher Prozesse und gesellschaftlichen Wandels im Gegenwartschina dar. Die hier präsentierten Ergebnisse sind Teile einer empirischen Untersuchung, die die kulturrevolutionäre Massenmigration, die „Hinauf-auf-die-Berge-hinab-in-die-Dörfer"-Bewegung untersuchte. Diese Bewegung umfasste ca. 14–17 Millionen städtische Jugendliche und damit ein Zehntel der damaligen Stadtbevölkerung. Der Fokus meiner Forschung liegt auf den langfristigen Folgen der sog. „Großen proletarischen Kulturrevolution" (1966-69/76) (im Folgenden KR) der VR China auf die gegenwärtige soziale Identität, den sozialen Status und die Selbstwahrnehmung ehemaliger Teilnehmerinnen dieser Bewegung (vgl. Sausmikat 1998, 2000).

1994 wurde ich auf den Trend aufmerksam, spezifisch weibliche Memoiren von ehemals umgesiedelten Frauen zu veröffentlichen. In Serien der nationalen Frauenzeitschriften wie z.B. „Chinas Frauen" (*Zhongguo funü*) oder „Frauenforschung" (*Nüxing yanjiu*) oder durch Monographien wie die „Autobiografischen Erzählungen von 50 landangesiedelten Frauen" (vgl. Liu Zhonglu et.al. 1995) wurde die Tragik der Bewegung besonders an Frauenschicksalen veranschaulicht.

Anhand von zwei Fallbeispielen zeige ich auf, wie sich Staatsgeschichte mit individuellen Lebensgeschichten verbindet und die individuelle Lebensgeschichte mit der kollektiven verschmilzt. Damit wird gleichzeitig die dialogische Interaktion in der Narration zwischen Staat, Gesellschaft und Individuum beleuchtet.

Historischer Kontext und Generationenzusammenhang

Viele der von mir untersuchten ehemaligen RevolutionärInnen sind innerhalb des politischen und gesellschaftlichen Transformationsprozesses der 80er und 90er Jahre in politische und wirtschaftliche Führungs- und Spitzenpositionen aufgestiegen. Die meisten von ihnen waren sowohl in die Rotgardisten-Bewegung als auch in die Massenmigration auf das Land involviert. Diese kann grob in drei Phasen eingeteilt werden: So gab es in der ersten Phase zwischen 1966 und 1968 sowohl erzwungene Migrationen z.B. die Deportation von über 80.000 sog. „Klassenfeinden" aus der Stadt Beijing 1966 als auch die ersten freiwilligen Ansiedlungen von städtischen Studenten und Schülern[1], die sich an Modellen aus der prä-kulturrevolutionären Zeit orientierten und teilweise zum Zwecke der Mobilisierung selbst zu Modellen avancierten. Bei der zweiten Phase handelte es sich um die Zeit der fanatisch und idealistisch inspirierten Massenmigration zwischen 1968 und 1969. Die dritte Phase dauerte von 1969-1978. Auch nach dem Tode Maos war es noch eine patriotische Pflicht, mindestens ein Kind aus der Familie auf dem Land anzusiedeln.

Die seit ca. 1993/94 in Fernsehserien und Taschenbüchern vorherrschende Repräsentation der Zhiqing-Generation als „Dritte Generation der Revolutionäre", die für die Modernisierung des Landes gekämpft hätten, verdreht die historischen Tatsachen, da die damalige Massenmigration vorrangig ideologisch und nicht ökonomisch motiviert war und die Umerziehung der städtischen Jugendlichen zu bäuerlichen Kommunisten (Maoisten) zum Ziel hatte. Darüber hinaus wird die oben erwähnte Zwangsdeportation der soge-

---

1 Es gab auch schon in den 50er und Anfang der 60er Jahre Umsiedlungen von Jugendlichen auf das Land, dies waren aber Ausnahmen und i.d.R. Jugendliche mit sogenanntem „ländlichem Hintergrund", d.h. Jugendliche, die nicht in der Stadt geboren wurden.

nannten „Klassenfeinde" verschwiegen. Während der erneuten Diskussion über die KR nach dem Tiananmen-Vorfall 1989 blieb es ein Tabu, die rebellischen Aspekte der Massenbewegungen zu betonen (vgl. Dittmer 1996/97; Chan 1992; Schwarcz 1996, 1998; Gao 1994, 1995). Statt dessen wurden besonders nach der Hundertjahrfeier zu Maos Geburtstag 1993 die patriotischen und revolutionären Eigenschaften der Zhiqing-Generation (hierzu zählen im engeren Sinne die Geburtsjahrgänge 1948-1952, auch „Laosanjie", die Schulabgänger der „Drei Klassen" 66-69) betont (vgl. Sausmikat 1998, S. 305-310). Damit wurde diese Personengruppe als innenpolitische Stabilisierungsgröße funktionalisiert.

Die offizielle Neubewertung der KR nach dem Tiananmen-Massaker produzierte ein dichotomes Bild der Landangesiedelten durch die künstliche Teilung der Ansiedlung vor bzw. nach 1968 – erstere galten als heroisch-patriotisch, da die Landansiedlung bis dahin noch nicht ausschließlich obligatorisch war; letztere als gemaßregelte Rotgardisten. Zwischen 1991 und 1993 gab es ein Vakuum über die Richtlinien der Vergangenheitsaufarbeitung, nach der Feier zu Maos hunderstem Geburtstag Ende 1993 publizierte man schließlich affirmative und patriotische Essays zur Landansiedlungsbewegung, die die moralische Reifung der ehemaligen Teilnehmer betonten. Die durch ihre revolutionären Erfahrungen legitimierte Gruppe der Zhiqing wurde zu neuen Erziehern der nach dem Tiananmen-Vorfall für die scheinbar nach moralischer Führung suchenden Jugend.

Viele der inzwischen erfolgreichen Geschäftsmänner und -frauen betonen heute gerne den kausalen Zusammenhang zwischen ihrer entbehrungsreichen Zeit resp. ihrer patriotisch-aufopfernden Haltung und ihrem heutigen Erfolg. Die dominante und affirmierende Deutung der eigenen Lebensgeschichte war also die der erfolgreichen UnternehmerInnen, PolitikerInnen oder KaderInnen, die ihre Positionen mit ihrer sozialistischen Einstellung und Ethik legitimierten. Diese Deutung ermöglicht eine unproblematische Kontinuität zwischen zwei verschiedenen Gesellschaftsformen und stellt den gesellschaftlichen Transformationsprozess als sozialevolutionären Fortschritt dar. Eine andere Porträtierung der Zhiqing findet sich in den von den Generationsverbänden eigens hierfür publizierten Zeitschriften und bezieht sich auf weniger erfolgreiche Frauen, die jedoch ihre Arbeit gewissenhaft, aufopferungsvoll und duldsam ausführen. Diese Pflichtbeflissenheit wird als positives Überbleibsel der KR der heutigen marktwirtschaftlich ausgerichteten Welt gegenübergestellt.

Diese ehemals landangesiedelten Frauen verbindet ein Generationszusammenhang, der sich wiederum in unterschiedliche Kolletividentitäten auffächert. Diese Kollektividentitäten leiten sich aus ähnlichen Schicksalen ab. In den meisten Fällen waren die damals 15-20jährigen Mädchen in verschiedenen, politisch antagonistischen Rotgardistengruppierungen aktiv und diese Zugehörigkeit bestimmte in manchen Fällen auch das weitere Schicksal der Frauen in den 89er Jahren. Heute wird diese Unterschiedlichkeit durch die homogenisierende Oberbezeichnung „RotgardistInnen" systematisch aus der Perzeption der Öffentlichkeit verdrängt.

Ein weiteres wichtiges Kriterium, welches von außen auf die Lebensgeschichten einwirkt, ist das gemeinsame Stigma, welches diesen Frauen anhaftet. Insbesondere nach dem missglückten Putschversuch Lin Biaos 1971 und seinem darauf folgenden Tod und dem Beginn des ersten Rückkehrersturms wurden v.a. die Frauen mit problematischem Klassenhintergrund Opfer von gewaltsamen Übergriffen, Erpressungen, Vergewaltigungen und Zwangsheiraten (vgl. Liu Xiaomeng 1995, S. 57–65). Die Schicksale der jungen Frauen wurden in den 90er Jahren über Fernsehserien zu einem landesweit diskutiertem Thema. In den Serien werden die Frauen vornehmlich als Opfer männlicher sexueller Gewalt dargestellt, die hilflos und verzweifelt z.b. ihre Kinder bei der Rückkehr in die Städte verkauft oder verschenkt haben (vgl. Ye Xin 1995).

Die „Potenzierung" und „Depotenzierung", die Heinz Bude (1987, S. 32) z.b. anhand der Verbundenheit der Lebensläufe der Flakhelfer-Generation mit der Zeitgeschichte feststellte, findet sich ganz ähnlich auch bei der Zhiqing-Generation. Nach dem Sturz der sog. Viererbande 1976 erodierte die revolutionäre Ideologie und die Rückkehrflut in die Städte entwertete die Heldentaten der Frauen und Männer der Zhiqing-Generation. Sie wurden als Angehörige der sog. „verlorenen Generation" bezeichnet (oder „verspäteten Generation", vgl. Chen Yanping 1989, S. 41). Dies bedeutete für die Betroffenen eine Stigmatisierung als Frauen mit „moralischen Defekten", die nicht fähig waren, fachliches Wissen in die mit dem Einzug der Marktwirtschaft propagierten „Vier Modernisierungen" einzubringen. Ihr revolutionärer Enthusiasmus der Vergangenheit galt nunmehr als Naivität, sich für politische Experimente missbraucht haben zu lassen. Darüber hinaus fehlte es ihnen an Erfahrung, sich in den wiederbelebten Tugenden einer Hausfrau und Mutter zu üben.

In den Städten erfuhren die Zhiqing Statusverlust und soziale Isolation, der Begriff „Zhiqing" wurde Anfang der 80er Jahre zu einem Schimpfwort für geschlechtlich nicht weiter differenzierte verwahrloste kriminelle Elemente. Einige Interviewpartnerinnen beschrieben die Rückkehrprozeduren als einen „zweiten Kampf" um einen Platz in der Gesellschaft und als weitaus schwieriger und traumatischer als die Migration auf das Land. Die mit der Konsolidierung der Wirtschaft reich gewordenen Zhiqing konnten aber v.a. in den 90er Jahren das Image der wenig angesehenen Angehörigen dieser Generation entscheidend aufbessern.

Methodische Überlegungen und Herangehensweise

Die Oral history erfreut sich in Sinologenkreisen durchaus der Beliebtheit. Auch in der V.R. China benutzte man z.B. in den 60er Jahren zur Aufarbeitung der Boxerbewegung[2] Quellen der „Oral history".[3] Biografieforschung hingegen wurde bisher nur als „Erforschung einer Biographie" im Sinne einer Nachzeichnung von Lebensläufen einzelner chinesischer Berühmtheiten oder als Zitatenquelle subjektiver Sichtweisen auf bestimmte gesellschaftlicher Themen betrieben. Die erzählte Lebensgeschichte als Gegenstand der Untersuchung und die Analyse der Konstituenten einer Lebensgeschichte blieben bisher unerforscht.

In der westlichen Forschung über die Kulturrevolution spielen Zeitzeugenberichte seit den 80er Jahren eine große Rolle (vgl. Bernstein 1977;

---

2 Die sogenannte „Boxerbewegung" war eine Revolte gegen ausländische Missionare Ende des 19. Jahrhunderts.

3 Vgl. Dabringhaus (1992); Cohen (1997). In Kursen zur chinesischen Oral history wird die „Tradition" dieser Forschungsmethode auf die vorchristliche Zeit (*yuangu shi*) zurückgeführt.

Chan/Rosen/Unger 1983; Scharping 1981; Thurston 1984; Chan 1985; Feng Jicai 1987; Barmé/Minford 1988; White 1989; Yeh 1984). Australische, amerikanische und deutsche sinologische Untersuchungen zur KR, die mit Interviews arbeiten, thematisieren ihren Umgang mit Interviewmaterialien und die Erhebungsmethoden oft nicht oder nur sehr unzureichend. Äußerungen von Zeitzeugen werden selten in einen erzähltheoretischen, prozesshaften und kommunikativen Kontext eingebettet. Das heißt, dass die latenten Bedeutungsinhalte und Steuerungsmechanismen einer Erzählung den manifesten Bedeutungen untergeordnet werden. Die Konstitutionsbedingungen der Erzählungen standen bei meinen Erhebungen in China gerade aufgrund der starken Tabuisierung des Zeitabschnittes der KR im Zentrum der Betrachtung.

SinologInnen und HistorikerInnen sind immer mit der Frage konfrontiert, wie „geschichtswissenschaftlich verwertbar" diese „Quellen" sind. Thurston (1984/85, S. 602 f.) problematisierte die „Wahrheitsfindung" bei der Verwendung oraler Quellen für die KR-Forschung und validierte die Aussagen ihrer InterviewpartnerInnen, indem sie hervorhob, dass viele zu einer Ausländerin wie ihr mehr Vertrauen hätten als zu ihren eigenen Landsleuten (vgl. für eine andere Sicht Voronkov in diesem Band). Pye (1986, S. 604 f.) wiederum wies darauf hin, dass das westliche Misstrauen gegenüber den Äußerungen über erlittene Qualen in der KR nur aufgrund der Vorannahme zustande gekommen sei, die Informanten seien aufgrund ihres Status als Flüchtlinge in Hongkong nicht „objektiv" genug. Darüber hinaus hätte die von der Zentralregierung verordnete öffentliche Zurschaustellung der Leiden („Speaking out of Bitternis") westliche Beobachter an der Echtheit der Aussagen zweifeln lassen. Dennoch, so Pye (ebd., S. 605), würden diese Umstände keine Gegenbeweise für das erlittene Unrecht darstellen. Bisher standen also viele WissenschaftlerInnen vor der Frage, wie die Konstitutionsbedingungen dieser Texte und ihre Abhängigkeit von Ideologien, persönlichen, kulturellen und politischen Umständen mit berücksichtigt[4].

Ich halte es jedoch für einen Fehler, lebensgeschichtliche Zeugnisse immer noch ausschließlich als eine zusätzliche Informationsquelle für die Ge-

---

4 Zur ausführlichen Diskussion im Kontext Chinas vgl. Sausmikat 2000.

schichtsschreibung zu betrachten (Watson 1994; Gao 1995). Der Wert lebensgeschichtlicher Aussagen über eine rein zeitgeschichtliche Quelle hinaus wird innerhalb der Sinologie bislang noch kaum in Betracht gezogen. Für die Prozesse gesellschaftlichen Wandels spielt der individuelle Sinnbildungsprozess eine entscheidende Rolle. Dieser muss im Fall der Zhiqing-Frauen im Spannungsfeld des Generationszusammenhanges, des offiziellen Diskurses und der interkulturellen Interviewsituation betrachtet werden.

Im Abstand von zwei Jahren führte ich themenzentrierte Interviews mit zwanzig Frauen dieser Kohorte durch. In der Regel überließ ich es den Frauen selbst, den Ort für die Interviews zu bestimmen. Davon versprach ich mir die Herstellung größtmöglicher Gelöstheit. Erst im Verlauf der Untersuchung machte ich die Erfahrung, dass ich mit offenlebensgeschichtlichen Interviews mehr über das Thema erfahren hätte, als mit themenzentrierten Interviews[5]. So waren z.B. Erlebnisse vor dem Beginn der KR entscheidend, welcher Fraktion sie sich schließlich anschlossen und wie sie im Nachhinein darüber denken. Die themenzentrierte Fragestellung verhinderte die sofortige Eröffnung eines lebensgeschichtlichen Zeitrahmens, der für viele meiner Interviewpartnerinnen eine dominante Strukturierungsfunktion übernahm. Meine Eingangsfrage stimulierte in erster Linie die stereotypen in der Öffentlichkeit ritualisierten Erzählfolien über den heroischen Aufbruch:

„Kannst du dich noch daran erinnern, wie es damals war, als du Beijing verlassen hast. Bitte schilder mir doch einmal, wie alles anfing. Welche Schule hast du besucht? Kannst du dich noch an konkrete Situationen erinnern – wer hat dich verabschiedet, warst du alleine?"

Ich konnte mit dieser Frage dennoch, trotz der einschränkenden Formulierung narrativ ausgestaltete Erzählungen mit z.T. hohen indexikalischem Gehalt stimulieren. In die Erzählungen flossen sowohl Elemente der stereotypisierten Zeitgeschichte über den Aufbruch der Massen auf das Land als auch lebensgeschichtlich konkrete Erfahrungen und individuelle Sinnkonstruktionen mit ein. Ein wichtiger Grund hierfür war, dass ich mit der oben zitierten Eingangsfrage zunächst Abgrenzungsbedürfnisse stimulierte.

---

5 Zu ähnlichen Erfahrungen kam auch Ingrid Miethe in ihrer Untersuchung (vgl. Miethe 2000).

Viele der Frauen begannen ihre Erzählung mit den Worten „Bei mir war es nicht so wie bei den anderen" oder „Meine Geschichte ist etwas anders". Wer „die Anderen" waren und was nun so anders war, musste ich erst herausfinden. Das dies eine sehr schwierige Aufgabe war, ahnte ich vorher nicht. Denn das „Anders sein" stellte sich äußerst vielfältig dar und es war schwer zu erkennen, wogegen sich diese Frauen abgrenzen wollten. Auch die detailgetreue Rekonstruktion von institutionalisierten Tabus bei der staatlich gelenkten Vergangenheitsaufarbeitung half mir nur bedingt weiter. Erst mit Hilfe einer spezifischen Analysemethode gelang es mir herauszufinden, dass mit der Einleitung „Ich war ganz anders" die Brücke zu einem lebensgeschichtlichen Rahmen geschlagen wurde, der nötig war, um die eigene Geschichte zu erzählen.

Die oben ausgeführte Problematik im Umgang mit einer stigmatisierten bzw. heroisierten Generation macht es notwendig, die Kontextabhängigkeit der Aussagen zu explizieren bzw. zu rekonstruieren, um individuelle Sinngebungsprozesse, die die Anordnung der Lebensgeschichte steuern, von stereotypen Sinnbildungen abheben, unterscheiden bzw. erkennen zu können. Dafür schien mir die von Gabriele Rosenthal (1995), in Anlehnung an die Arbeiten von Schütze, Oevermann und Wolfram Fischer (1982) entwikkelte Methode der hermeneutischen Einzelfallrekonstruktion sehr gut geeignet.

Interkulturelle Interviewsituation

Die Interpretation von Wirklichkeit und die Modifizierung von Handlung (hier auch des Sprechens) sind wechselseitige Vorgänge, in denen durch eigene und fremde „Erfahrensaufschichtung" ein „Bezugsschema" herstellt wird (vgl. Schütz/Luckmann 1988, S. 28f.). Diese Erkenntnis ist besonders in interkulturellen Interviewsituationen bedeutsam, denn natürlich unterliegen diese „Bezugsschemata" auch den oben genannten Einflüssen, wie das folgende Beispiel noch einmal verdeutlichen soll.

So fragten mich viele meiner Interviewpartnerinnen nicht (wie vielleicht zu erwarten gewesen wäre), warum ich mich als „weiße" Frau für ihr Leben interessiere, sondern warum ich mich als „jüngere" Frau für ihr „älteres" Leben interessiere. Hintergrund hierfür sind sowohl der eigene biografische Erfahrungshintergrund, als auch traditionelle soziale Hierarchieorientierungen und das auch in anderen Forschungskontexten relevante hegemoniale Verhältnis zwischen sog. „Erster" und „Dritter" Welt (fast alle feministisch ausgerichteten Arbeiten sprechen von dem „verzerrten Blick" durch die hegemoniale Übermacht der weißen Forscherinnen, vgl. Schultz 1989; Mohanty 1988). Besonders für die Frauen, für die der Abschluss einer Ausbildung und der Aufbau einer eigenen Familie durch die historischen Zeitumstände mit großen Schwierigkeiten verbunden war, muss es absurd gewirkt haben, dass eine gerade dreißigjährige junge Deutsche mit Baby sozialwissenschaftliche Forschungen in China durchführen will und kann.

Ein anderer Grund für die dominante Wahrnehmung der Interviewerin als zu „Belehrende" ist die unbewusste Einbettung in einen selbstreferentiellen Bezug: viele dieser Frauen sind Mütter und sehen es als ihre Aufgabe an, ihren Kindern ihre Lebensgeschichte als Lehrgut mit auf den Weg zu geben (vgl. Guo Dong 1996). So befand ich mich also einerseits in der Rolle einer Sozialforscherin, anderseits in der eines zu belehrenden Kindes. Ein weiterer Faktor der Beeinflussung der „freien" oder „gleichwertigen" Kommunikation war die politische Brisanz, die der gesamte Themenbereich der KR hatte. Dies erforderte besonders sensible Techniken der Befragung, aber auch des Deutens und Verstehens, um die subjektiven Einstellungen und logischen Schlussfolgerungen der Forscherin als auch die Ängste und sozialen Zwänge der Interviewpartnerinnen nicht zu übersehen (vgl. Schöninger 1998, S. 62f.; Nadig1986). In der von Nadig betriebenen Ethnopsychoanalyse werden Probleme wie Ängste und Gegenübertragungen der Forschenden selbst thematisiert und auf die zentrale Bedeutung von kultur- und gesellschaftsbedingten Deutungs- und Verstehensmustern und Vorurteilen hingewiesen.

So war es in meinem Fall zwar ein Vorteil, dass ich immer durch andere Vertraute aus der Umgebung eingeführt wurde, doch die Nähe zu staatlichen Institutionen wie der der Universität ließ das Misstrauen aufkommen, wozu meine Recherchen denn dienen könnten. Es war daher nicht verwunderlich, dass den lebensgeschichtlichen Interviews oft längere Treffen informeller Art vorangingen, um eine gewisse Vertrautheit herstellen zu können (vgl. auch Voronkov in diesem Band) und mich aus der Rolle eines zu belehrendes Kindes emanzipieren zu können. Die Bewusstmachung von diskursiven Grenzen, Ängsten oder Repräsentationsabsichten war begleitet von einer Bewusstmachung eigener Vorurteile und Deutungsschemata der Forscherin als Außenstehende. Andererseits wirkte sich mein „Fremdsein" auch positiv aus. Viele meiner Interviewpartnerinnen meinten, gerade mir als „Außenstehende" Dinge erzählen zu können, die sie bisher nicht zur Sprache bringen konnten. Oft erstaunte mich die emotionale Vertrautheit schon nach kurzer Zeit, mit der manche Frauen unter Tränen ihr Schicksal schilderten und ihren Gefühlen freien Lauf ließen.

Welche Sinnstiftungen finden wir nun in den erzählten Lebensgeschichten? Zwei Beispiele sollen der Demonstration von wichtigen alternativen Deutungsmustern und Sinngebungen neben den dominanten, nach außen getragenen und besonders für Ausländer ersichtlichen Sinngebungsprozessen dienen.

Frau Deng – Rückzug aus dem Kollektiv

Im ersten Fall handelt es sich um die 1950 geborene Xiao Deng. Ich führte mit Frau Deng zwei Interviews im Abstand von zwei Jahren. Nach mehreren informalen Treffen führte ich das erste Interview bei ihr zu Hause. Ihre Tochter war in den ersten 20 Minuten des Gesprächs anwesend, dann waren wir alleine und sie erzählte offen und sehr emotional. Während des gesamten zweiten Gesprächs war ihr Ehemann in der Wohnung. Das zweite Gespräch war bedeutend verkrampfter und Frau Deng wartete auf Fragen, die sie nur sehr knapp beantwortete. Die Verschlossenheit beim zweiten Interview ergab sich zu einem großen Teil vermutlich aus der Anwesenheit des Ehemannes. Es spielte aber auch ihr ganz spezifisches Schicksal und das sehr emotionale erste Treffen eine Rolle. Frau Deng brach schon kurz nach Beginn des ersten Gespräches und kurz nach der Verabschiedung der Tochter in Tränen aus und schilderte mir ihre Situation zum Zeitpunkt der Landansiedlung.

Frau Deng gehört zu einer Gruppe, die 1966 zwangsdeportiert wurde und deren Geschichte bis heute ein Tabu ist. Diese Gruppe gehört nicht in das öffentlich propagierte Bild der heroischen Landansiedlerinnen. Sie erlitt starke Traumata vor und mit der Landansiedlung. Kurz vor der Deportation wurden sog. Kampfsitzungen gegen die damals 16jährige abgehalten, ihr wurde der sog. „Yin-Yang" Haarschnitt, eine Rasur in der Form des symbolischen Zeichens, unter Gewaltanwendung zugefügt und ihrer Mutter ein Schild, welches sie als sog. „Konterrevolutionärin" auswies, umgehängt. Auffällig ist, wie stark sie Details ihres Äußeren beschreibt und wie sie, unter Tränen, in einem stark literarisch geprägten Stil ihre Erinnerung an den Tag der Abreise aus Beijing schildert:

„Im Sommer des unvergesslichen Jahres 1966 trug ich ein weißes Kleid, meines aber war damals mit Lehmflecken und Blutspuren übersäht. Meine Zöpfe, die mir bis zu den Knien reichten und viel Bewunderung und Neid hervorgerufen hatten, wurden mir abgeschnitten, so dass das Haar mir wirr und unordentlich vom Kopf stand. Ich sah aus wie ein Gespenst. Und das wurde mir, einem noch nicht einmal achtzehnjährigen (sic.) jungen Mädchen, angetan. Vor lauter Scham wagte ich nicht, den Kopf zu heben. Ich hatte meine menschliche Würde verloren. Mutter hing das Schild, Konterrevolutionärin um den Hals und zitternd und bebend standen wir in einer Ecke des Bahnhofs. Der ganze Bahnhof war vom Lärm der Beschimpfungen der ‚Revolutionäre', dem blutrünstigen Knallen von Peitschen und dem verzweifelten Stöhnen der ‚Konterrevolutionäre' erfüllt. In der Umgebung schrien sie die Parolen der revolutionären Massen wie ‚Büßt eure Blutschuld'. So sind wir in den erbarmungslosen Zug eingestiegen."

Der Umstand, dass Frau Deng nicht, wie viele andere, durch subtile Zwangsmaßnahmen, sondern durch offene Gewaltanwendung zum Verlassen der Stadt getrieben wurde, verleiht ihr das (zweifelhafte) Privileg, sich als Opfer der Umstände präsentieren zu können, während andere sich mit dem Eigenanteil an der Migrationsentscheidung auseinandersetzen müssen. Frau Deng war ein Opfer – aus ihrer Perspektive gibt es nichts Heroisches von der Landansiedlung zu berichten. Sie erzählt von der „Austreibung aus der Stadt", der harten Arbeit, von ihrer pflegebedürftigen Mutter und den unmenschlichen Lebensbedingungen der sog. „schwarzen Kategorien" auf dem Land. 1971 heiratete sie aus Verzweiflung, gebar 1972 ihre Tochter und konnte 1973 nach Beijing zurückkehren, doch erst 1976 durch die

Scheidung von dem Bauern und einer erneuten Heirat eine legale Aufenthaltserlaubnis für die Stadt erwirken. Insgesamt heiratete Frau Deng dreimal und wurde deswegen stark diskriminiert.

Ihre Heirat 1971 mit einem an Tuberkulose leidenden Bauern nach ihrem missglückten Fluchtversuch begründet sie damit, dass sie ihre Jungfräulichkeit nicht durch eine Vergewaltigung verlieren wollte. Dieser Erzählstrang weicht erheblich von allgemein gängigen Erzählungen ab, die eine Heirat mit einem Bauern aus der verzweifelten Hoffnung heraus begründen, damit den Klassenstatus verbessern zu können.

Die Erzählung von Frau Deng ist eine Aneinanderreihung von Enttäuschungen. Dennoch erzählt sie in einem sehr distanziertem, eher literarischen Stil, so z.B. die Heiratsszene:

„So kam es, dass ich meine Arbeitskleidung gegen ein rotes Kleid meiner Mutter tauschte und zu einem ‚neuen Mädchen' wurde. Der Kader sagte: Es ist lange her, dass wir hier ein Mädchen im Hochzeitsgewand gesehen haben. Dieses Rot gleicht den Pfirsichblüten – warum also lachst du nicht auch wie die Pfirsichblüten? Ich lächelte, doch die Tränen konnte ich nicht verbergen. Auf dem erdenen Kang liegend dachte ich an das Frühlingsfest in jenem Jahr (1966), als ich mit meiner einzig wahren Liebe (in Peking), den Fotoapparat tragend, in den Sommerpalast gegangen bin, um die Pfirsichblüten zu fotografieren."

Diese Literarisierung ihrer Erfahrungen produziert einerseits eine emotionale Distanzierung, andererseits eine Dramatisierung. Diesen Stil behält Frau Deng das insgesamt zweistündige Gespräch bis auf einige Ausnahmen bei – sie nimmt auch oft verschriftlichte Erinnerungen zur Hilfe und liest sie mir vor. Ihre offen negative Haltung zur kulturrevolutionären Massenbewegung bricht mit den gesellschaftlichen Tabus.

Vor allem aber unterscheidet sich ihre Erzählung durch die Entpolitisierung und Privatisierung der Erinnerung. Frau Deng sucht keinerlei narrative Anschlüsse an die Stereotype der Heldengeschichten dieser Generation. Sie schildert ihre Bemühungen, das Leben in dem Lehmhaus „so angenehm wie möglich" zu gestalten. Schon zu Beginn unseres Gespräch wies sie mich darauf hin, dass sie ein Mensch sei, der die „schönen Dinge" liebt. Auch ihre Erfahrungen, aufgrund ihrer Schönheit besonders auf dem Land unter den dortigen Kadern gelitten zu haben, werden nicht verborgen. Sie hebt aber auch die damalige Anerkennung ihrer „femininen Eigenschaften" durch ihre Mitschülerinnen hervor – eine Anerkennung, die ihr wieder ein Gefühl von Menschlichkeit gegeben hätten. Sie kleide sich heute „anständig" und achte sehr auf „freundliche Farben" in ihrer Wohnung. Sie zeigte mir wie zum Beweis für ihre besonders gut ausgeprägte Ader für alles Schöne einen Zeitungsartikel, der sie als ein positives Beispiel für die Erfüllung weiblicher Rollenerwartung und des Ideals einer modernen Frau porträtierte. Ich fand in dieser übersteigerten Betonung des „schönen Heute" und ihrer eigenen Feminität einen Mechanismus bestätigt, den auch Schwarcz (1998, S. 49) oder Rosenthal (1995, S. 173ff.) beschrieben – die Heilung tiefer Wunden durch die Bejahung des gegenwärtigen Lebens.

Problematisch dabei ist allerdings, dass ca. zwei Jahre vor diesem Gespräch eine Propagandalawine das Land überzog, in der dazu aufgerufen wurde, „durch das Beklagen der Leiden des Gestern das Heute zu loben" (yiku sitian) bzw. „Der Jugend nicht hinterher zu trauern" (qingchun wuhui). Frau Deng war durchaus bereit, die Vergangenheit gegen das Heute auszutauschen – sie hat alle Fotos aus der Zeit vernichtet. Vor diesem Hintergrund begann ich an der emotionalen Erzählung und der betont entpolitisierten Erinnerung zu zweifeln.

Frau Deng hat in ihrer Erzählung aus ihrem Leben eine rein private Angelegenheit gemacht – jegliche Anbindung an das Kollektiv, und sei es auch nur an die „Konterrevolutionäre", wurde vermieden. Auch Beschreibungen ihres beruflichen oder sozialen Lebens fehlen. Politisch habe sie sich nie engagieren können, da sie zu den sog. „schwarzen Kategorien" gehört habe. Der Rückzug hinter die alles erklärende Formel „ich gehörte zu den schwarzen Kategorien" eröffnet den Rahmen für ein vollständig fremdbestimmtes Leben. Damit umgeht Frau Deng evt. politische Empfindlichkeiten und gibt die Verantwortung für zehn Jahre ihres Lebens in die Hand des Staates.

Frau Deng hatte gar keine Möglichkeit, sich mit den unter den marktwirtschaftlichen Bedingungen entwickelten neuen Parametern des erfolgreichen, „heroischen" Lebens der ehemaligen Zhiqing zu identifizieren – denn diese waren ganz eng an den spezifischen Aufbruch auf das Land geknüpft. Sie entwickelte ihre ganz eigenen Sinnkategorien für Erfolg. Sie knüpfte an neue feminine Ideale, die mit der marktwirtschaftlichen Transformation Bedeutung gewannen, an und hat sich damit den Raum für eine unabhängige Identität fern der homogenisierenden Kollektive schaffen können. Darüber hinaus konnte sie sich auch vor Stigmatisierung als moralisch minderwertige und naive Ex-Revolutionärin schützen.

Frau Bao – „Konsequente Revolutionärin"

Im Falle von Frau Bao (Jg. 1948) haben wir es auch mit der Tochter einer Konterrevolutionärin und einem mittleren Kader zu tun. Frau Bao wirkt sehr männlich und burschikos, sie begrüßt mich begeistert und freut sich sichtlich auf das Interview. Wir trafen uns in ihrem Büro.

Ihrer Schilderung zufolge entschied sich Frau Bao „freiwillig" zur Landansiedlung. Sie wurde nach ca. einem Jahr auf dem Land als Konterrevolutionärin verurteilt und musste mit den anderen politischen Häftlingen mehrere Jahre Schwerstarbeit leisten. In den 70er Jahren erhielt sie nach ihrer Rehabilitierung einen leitenden Kaderposten und kehrte erst 1979 als eine der letzten aus der nördlichen Steppe in die Stadt zurück. Hier begann sie mit ihrem Studium, heiratete, gebar eine Tochter und arbeitet heute in einer Im- und Exportfirma.

Frau Baos Erzählung beginnt mit einer ausführlichen Schilderung ihres Entscheidungsprozesses – sie schildert ihr Leben als ein eigenverantwortliches und selbstbestimmtes Wesen – trotzdem auch sie wie Frau Deng den sog. „Schwarzen Kategorien" angehörte. Im Gegensatz zu Frau Deng beschreibt Frau Bao Mutterschaft und Ehe kaum und behandelt diese Erfahrungen als „Nebenprodukte" ihres Lebens. Sie hob die Relevanz der richtigen revolutionären Einstellung für ihr eigenes Leben als auch für das aller anderen hervor. In diesem Zusammenhang fiel auch hier der Satz „Ich bin da anders als die Anderen". Der Dreh- und Angelpunkt bleibt in dieser Lebensgeschichte das „richtige" revolutionäre Bewusstsein, welches sich vor dem Hintergrund ihrer Erlebnisse vor der KR entwickelte.

Die Selbstdarstellung von Frau Bao ist weder die eines Opfers noch die einer Heldin. Im Gegensatz zu Frau Deng ist sie recht unzufrieden mit ihrer heutigen Position (sie wäre lieber Soziologin)- und dies führt zu einer kritischen Evaluation ihrer doch selbst getroffenen Entscheidung gegen die Universität.

Dennoch bewegt sich Frau Bao in den Bahnen des dominanten Diskurses und besonders im ersten Gespräch rekurriert sie auf viele der auch in den veröffentlichten Memoiren benutzten Stereotypen. Auch in den Heldengeschichten im öffentlichen Diskurs spielt das Bewusstsein als zentrale Kategorie der Persönlichkeiten eine wichtige Rolle. Frau Bao hebt die idealistisch geprägte Erziehung ihrer Generation hervor, ordnet sich also gleich zu Anfang kollektiven Porträts unter. Des weiteren werden von ihr vor allem die Erlebnisse geschildert, in denen sie zwischen „Gut" und „Böse" entscheiden musste. So sind viele Schilderungen Rekonstruktionen von Argumentationen und Auseinandersetzungen, zwischen ihr und ihrem Vater (der gegen die Landansiedlung war), zwischen ihr und den Bauern (die ihrer Ansicht nach nicht die „korrekte Linie" verfolgten), zwischen ihr und ihren Peinigern (die ihr das Wort im Munde herum drehten). Ihr späterer Aufstieg zur Kaderin sei letztlich der Beweis dafür, dass sie ein guter Mensch sei. Sowohl der spätere Tod ihres Peinigers als auch die Zuwendung, die sie von den Bauern während ihrer Zwangsarbeit erfuhr, gaben ihr am Ende Recht:

„Also, deswegen wusste ich später dann, dass wir....wir, dass wir nicht wirklich böse waren. Wir waren absolut keine schlechten Menschen. Die Menschen, die das auch bemerkten, waren diejenigen, die sich für dich einsetzten. Ja! (...) Aufgrund dieser Erfahrung wussten wir, dass die einfachen Bauern warmherzige Menschen waren. Sie wussten genau, wie man eine Linie ziehen'[6] musste – Gute Menschen sind eben gute Menschen, diese Menschen konnten klar erkennen, dass du nicht schlecht bist."

Die Entwertung der „ideologischen" Parameter mit dem Beginn der Marktwirtschaft unter Deng Xiaoping hat sie jedoch in ihren Grundüberzeugungen erschüttert. Ihre Erinnerung wird daher sehr stark von der Orientierung an „Werten" geprägt, die während der Transformation Chinas in den 80er und 90er Jahren mehr und mehr verloren gegangen sind. In der Rückschau hat das „richtige Bewusstsein" Frau Bao geholfen zu überleben und ist bis heute

---

6   „Eine Linie ziehen" wurde zur revolutionären Pflicht eines jeden Einzelnen und bedeutete die Distanzierung und öffentliche Anklage und Beschimpfung von Verwandten, die als sog. Klassenfeinde bezeichnet wurden.

ein wichtiger Teil ihres Selbstbewusstseins. Die Bestätigung als „guter Mensch" bleibt bis heute für sie ein zentrales Erlebnis und zeigt, wie wichtig es für sie immer noch ist, sich dies auch fortwährend selbst zu vergewissern. Sie identifiziert sich mit einem Kollektiv ehemaliger Revolutionäre, deren Heldentaten heute moralisch katalysatorische Wirkung erzielen sollen. Erst der in den 90er Jahren entflammte Laosanjie-Kult, der wieder die ideologischen Grundüberzeugungen zur Grundlage eines wahren Revolutionärs erhob, schuf den Raum für Frau Bao, stolz auf ihre damalige fanatische Überzeugung sein zu können und ihre positive Identifikation mit ihrer eigenen Vergangenheit offen darstellen zu können.

In dieser biografischen Erzählung können wir die Vermeidungsstrategien erkennen, weder als hilfloses Opfer noch als kriminalisierte Rotgardistin betrachtet zu werden. Die Beziehung zu ihrer (konterrevolutionären) Mutter und die Linie, die sie zwangsläufig zu ihr ziehen musste, wollte sie sich als „wahre Revolutionärin" beweisen, strukturieren latent die Lebensgeschichte. Sie thematisiert im Interview nicht die Kritik an ihrer Mutter und den Einfluss der Massen (-bewegung) auf ihren eigenen Aktivismus. Trotz ihrer politischen Argumentationen streift Frau Bao ihr eigenes Engagement bei den Rotgardisten und den städtischen Klassenkampf nur beiläufig. Der Beweis ihrer moralische Reinheit bildet die narrative sinnbildende Kraft, die die Auslassungen und die Erinnerung bestimmen. So wird die Nähe von ihrem Vater zu hohen Politikern genauso verschwiegen wie die erneute Verurteilung ihrer Mutter 1966 und der Zwang, sich von dieser zu distanzieren.

Die historische Sinnbildungsleistung von Frau Bao demonstriert, wie strukturierend der politisierte öffentliche Diskurs auf die Lebensgeschichte einwirken kann. Die ontologische Dimension einer im öffentlichen Diskurs eingesetzten zentralen Kategorie wie der des „Bewusstseins" führt in dieser Lebensgeschichte zur Modifizierung der Erinnerung. In der Detailanalyse können wir feststellen, welche Schwierigkeiten auftreten, wenn die Kollektividentität spezifische Erinnerungen „an den Rand" drängt.

Fallvergleich

Was wird im Vergleich dieser beiden rekonstruierten Einzelfälle deutlich? Es ist äußerst schwierig, das eigene Leben als bedeutungsvoll zu evaluieren, wenn der Transformationsprozess alle bisherigen zentralen Werte zerstörte. Frauen wie Frau Bao versuchen durch die Kritik an der heutigen Moral und dem positiven Gegenbild der Vergangenheit die Menschen ihrer Generation als Träger eines tief verwurzelten Altruismus darzustellen.

Frau Deng dagegen entzieht sich jeglicher Einordnung in ein Kollektiv und möchte für sich entpolitisierte, feminine Werte in Anspruch nehmen. Auch diese Werte knüpfen an einen öffentlichen Diskurs an – an den des modernen, marktwirtschaftlichen Chinas. Beide Strategien versuchen die „biografischen Schäden" oder „biografischen Brüche" zu heilen und einen Anschluss an die Gegenwartsgesellschaft herzustellen. Als Element der Sinnstiftung wird das Gegenwartschina in die Vergangenheit durch die Thematisierung gesellschaftlicher Werte, kollektiver oder individueller integriert.

Frau Bao stellt sich als „gute und wahre Revolutionärin" und als „ehrliche einfache Bürgerin" dar. Damit knüpft sie zwar an kollektive Stereotype zu ihrer Generation an, unterscheidet sich aber in einem anderen, ganz wesentlichen Punkt von Frau Deng. Während Frau Bao kollektive Erzählfolien für ihre Reflexion heranzieht, zieht sich Frau Deng auf einen ganz privaten Standpunkt zurück. Der Grund hierfür liegt in der unterschiedlichen Fallspezifik, der unterschiedlichen Möglichkeit, auf öffentliche Stereotype einzugehen und auf die unterschiedliche Relevanz der interkulturellen Interviewsituation. Der Rückzug ins Private heute bedeutet bei Frau Deng gleichzeitig die Kontrastierung mit ihrem vergangenen Leben als Mitglied einer Gruppe, die kollektiv verurteilt wurde. Ihr selbstbestimmtes Leben fängt sozusagen erst mit den Freiheiten der Reform an. Zwar wurde Frau Deng als Frau in der Vergangenheit in eine Opferrolle gedrängt, doch emanzipierte sie sich aus dieser über eine positive Identifikation mit ihrem Geschlecht.

Frau Baos selbstbestimmtes Leben ist in der Vergangenheit verortet, in ihrer eigenständigen, heroischen Entscheidung für ein Leben auf dem Land.

Sie blickt mit einer kollektiven Brille auf ihr Leben, da sie das Kollektiv heute zum Überleben braucht.

Schlussfolgerung

Welchen Beitrag kann die Biografieforschung für die Erfassung gesellschaftlichen Wandels in der Disziplin Sinologie leisten und welche Lücken kann sie füllen? Bei der Untersuchung von Lebensgeschichten aus der VR China müssen wir zur Kenntnis nehmen, dass die wirtschaftliche Reform in den 80er und 90er Jahren mit einer zunehmenden Individualisierung Hand in Hand ging. Es entstand mehr Handlungsspielraum und damit auch die Möglichkeit zur Wahl eines Lebensweges. Der Prozess der sich wandelnden Lebenspläne, den Marek Prawda (1996) für Polen beschrieben hat, findet sich ähnlich auch in China. Diese neue Entscheidungsfreiheit hat gemeinsam mit dem öffentlichen Diskurs zu völlig neuen, den Transformationsbedingungen angepassten Deutungsmustern von Leben und „sinnvollem Leben" geführt. Die Einsicht in diese Dynamik kann durch die erzählten Lebensgeschichten erreicht werden.

Die Dynamik der Ausdifferenzierung der Gesellschaft hat den Frauen der untersuchten Generation die Möglichkeit geboten, unterschiedliche Erklärungen für ihr Leben zu finden. So ist es nun möglich geworden, einem vorerst fremdbestimmten Leben die Note einer Selbstbestimmung in der Gegenwart hinzuzufügen und damit gleichzeitig einem tabuisierten Teil der Geschichte Gesicht zu verleihen. Der Rückgriff auf öffentliche Stereotypen findet, so hat dieser kurze Artikel denke ich gezeigt, zum Schutze einer positiven Identifikation mit der persönlichen Vergangenheit statt. Das Streben nach gesellschaftlicher Anerkennung ist allen interviewten Frauen gemeinsam gewesen – doch die Parameter der Anerkennung unterscheiden sich stark. Diese hängen sowohl von der spezifischen Evaluierung der Lebenserfahrung als auch von der darauf fußenden Definition eines „erfolgreichen Lebens" ab.

Die verschieden Porträts der Generation wirken Stereotypen und Homogenisierungstendenzen entgegen. Die öffentliche Diskussion über die politische Bedeutung und die Charakteristika dieser Generation und der daraufhin in Erscheinung getretene Laosanjie-Kult in den 90er Jahren war sowohl Ausdruck einer patriotisch motivierten Verpflichtung gegenüber der inneren Stabilität Chinas in einer Transformationsgesellschaft als auch eines Selbstschutzes einer Generation. Inwieweit das Kollektiv, eine gesellschaftliche Gruppe oder aber das Einzelwesen konstituierend für die Lebensgeschichte wurde, hing sehr stark von den Möglichkeiten der vorhandenen Sinnstiftungen ab.

Die unterschiedliche Adaption oder Ablehnung von Sinnstiftungen modifizieren diese Lebensgeschichten. Ich denke, ich habe gezeigt, wie notwendig es ist, die konkreten Entstehungskontexte der erzählten Lebensgeschichte zu berücksichtigen. So gehören sowohl die Fallspezifik, der öffentliche Diskurs als auch die interkulturelle Interviewsituation zu den Konstituenten der Lebensgeschichte. Gerade die Reflexionen von Mitgliedern einer so stark stereotypisierten Generation können Aufschluss darüber geben, welchen Einfluss gesellschaftliche Transformationsprozesse auf individuelle Sinnstiftungsprozesse haben.

Literatur

Barmé, G.; Minford J. (Hg.)(1989): Seeds of Fire: Chinese Voices of Conscience. New York (Noonday Press).

Barthes, R. (1978): Über mich selbst. München (Matthes & Seitz).

Bernstein, Th. (1977): Up to the Mountains Down to the Villages: The Transfer of Youth from Urban to Rural China. New Haven (Yale University Press).

Bude, H. (1987): Deutsche Karrieren: Lebenskonstruktionen sozialer Aufsteiger aus der Flakhelfer-Generation. Frankfurt/M. (Suhrkamp).

Chan, A. (1985): Children of Mao: Personality Development and Political Activism in the Red Guard Generation. Seattle (University of Washington Press).

Chan, A. (1992): Dispelling Misconceptions about the Red Guard Movement: The Necessity to Re-examine Cultural Revolution Factionalism and Periodization. In: Journal of Contemporary China 1(1), S.61–85.

Chan, A.; Rosen, S.; Unger, J. (1983): Students and Class Warfare: The Social Roots of the Red Guard Conflict in Guangzhou. In: The China Quarterly 83, S. 397–446.

Chen Yanping (1989): Ershi nian de huigu yu zhanwang (Looking back and in the future after twenty years). In: Shehui kexue yu shehui diaocha. No. 6, S. 41–46.

Cohen, P. A. (1997): Imagining the Red Lanterns. In: Berliner China-Hefte Nr.12, S.83–97.

Coupland, N. (et.al.) (Hg.)(1993): Discourse and Lifespan Identity. London.

Dabringhaus, S. (1992): Mündliche Quellen zur chinesischen Volkskultur. Der Boxer-Aufstand (1898-1901) als Thema für Oral history. In: BIOS, Heft 2, S.173–183.

Dittmer, L. (1996): Reconstructing China's Cultural Revolution. In: China Information. Vol. XI. Nos. 2/3, S.1–20.

Feng Jicai (1987): Yibai ge ren de shinian (100 Einzelschicksale). In: Jiushi Niandai Nr. 3, S. 94–117.

Fischer, W. (1982): Time and Chronic Illness. A Study on Social Constitution of Temporality. Berkeley (Habil.).

Gao, C.F. M. (1994): Maoist Discourse and a Critique of the Present Assessment of the Cultural Revolution. In: Bulletin of Concerned Asian Scholars 26(3), S. 13–32.

Gao, C.F. M. (1995): Review Essay: Memoirs and Interpretation of the Cultural Revolution. In: Bulletin of Concerned Asian Scholars 27(1), S.49–57.

Guo Dong (1996): Miandui chadui de rizi (Reflexionen über die Zeit auf dem Land). In: Wenyi Bao 29.März.

Liu Xiaomeng. (1995): Xiaxiang nü zhiqing hunyin pouxi (An Analysis of Marriages of Female Urban Educated Youths). In: Ershiyi Shiji (The twenty-first century) No. 30, S.57–65.

Liu Xiaomeng; Ding Yizhuang; Shi Weiming; He Gang (1995): Zhongguo zhiqing shidian (Encyclopedia of Chinese Urban Educated Youth). Chengdu (Sichuan Renmin Chubanshe).

Liu Zhonglu et.al. (Hg.)(1995): Zhiqing fangcheng shi – Wushige Beijing nü zhiqingde zishu (Urban Educated Youth, a Result of History – Accounts in their Own Words from 50 Female Urban Educated Youths from Beijing). Beijing (Beijing Daxue Chubanshe).

Miethe, I. (2000): Zur Strukturkongruenz biogaphischer Interviews am Beispiel des Vergleichs themenzentrierter und lebensgeschichtlicher Interviews. Vortag gehalten auf der gemeinsamen Tagung der AG Erziehungswissenschaftliche Biographieforschung der DGfE und der Sektion Biografieforschung der DGS, 10.-12.2.2000, Halle.

Mohanty, Ch. T. (1988): Aus westlicher Sicht: Feministische Theorie und koloniale Diskurse. In: beiträge zur feministischen theorie und praxis 11(23), S. 149–162.

Nadig, M. (1986): Die verborgene Kultur der Frau. Frankfurt/M. (Fischer).

Pye, L. W. (1986): Reassessing the Cultural Revolution. In: The China Quarterly No. 108, S.597–612.

Prawda, M. (1995): Der Wandel der Einstellungen, Erwartungen und Verhaltensweisen im polnischen Transformationsprozeß. In: Spieker (Hg.): Nach der Wende: Kirche und Gesellschaft in Polen und in Ostdeutschland. Sozialethische Probleme der Transformationsprozesse. München/Zürich (Ferdinand Schöningh), S. 321–334.

Prawda, M. (1996): Der Umgang mit dem Fremden. Das Beispiel Polen-eine Gesellschaft im Wandel. In: Prawda, Bliesener (Hg.): Vom Umgang mit dem Fremden. Weinheim (Beltz-Verlag), S. 167–189.

Rosen, S. (1981): The Role of the Sent-Down Youth in the Cultural Revolution: The Case of Guangzhou. China Research Monographs No. 19. Berkeley (Center for Chinese Studies, University of California).

Rosenthal, G. (1995): Erlebte und erzählte Lebensgeschichte. Gestalt und Struktur biographischer Selbstbeschreibungen. Frankfurt/New York (Campus).

Sausmikat (1996): Can western academic penetrate the scares of Chinese history? Western Zhiqing research. Collection of biograpies from female Zhiqing in China. In: China Studies (Honkong) 55, S. 111–124

Sausmikat, N. (1998): Female autobiographies from the Cultural Revolution: returned xiaxiang educated women in the 1990s. In: Pieke, F. (Hg.): Internal and International Migration: Chinese Perspectives. Richmond, Surrey (Curzon Press), S 297–314.

Sausmikat, N. (2000): Resisting Current Stereotypes: Collective Stigmata and Patterns of Individual Positioning in Autobiographical Accounts of former Rusticated Women. In: Woei Lien Chong (Hg.): Master narratives of the Cultural Revolution. (forthcoming).

Scharping, Th. (1981): Umsiedlungsprogramme für Chinas Jugend 1955-1980. Hamburg (Institut für Asienkunde).

Schütz, A.; Luckmann, Th. (1988): Strukturen der Lebenswelt. Bd. 1 und 2. Frankfurt/M. (Suhrkamp).

Schöninger, I. (1998): Strateginnen der Stärke. Eine Studie über afrikanische Entwicklungshelferinnen in Niger. Frankfurt/M. (Brandes & Aspel).

Schultz, D. (1989): Unterschiede zwischen Frauen – ein kritischer Blick auf den Umgang mit ,den Anderen' in der feministischen Forschung weißer Frauen. In: beiträge zur feministischen theorie und praxis Nr. 12(27), S. 45–57.

Schwarcz, V. (1996): The Burden of Memory: The Cultural Revolution and the Holocaust. In: China Information 11(1), S.1–13.

Schwarcz, V. (1998): Bridge Across Broken Time. Chinese and Jewish Cultural Memory. Yale (Yale University Press).

Thurston, A. F. (1984/1985): Victims of China's Cultural Revolution: The Invisible Wounds. Part I + II. In: Pacific Affairs 57(4), S. 599–621 und 58(1), S. 5–27.

Thurston, A. F. (1987): Enemies of the People: The Ordeal of Intellectuals in China's Great Cultural Revolution. Cambridge, Mass. (Harvard University Press).

Watson, R. S. (1994): Memory, History, and Opposition under State Socialism. Santa Fe (School of American Research Press).

White, L. T. (1989): Policies of Chaos: The Organizational Causes of Violence in China's Cultural Revolution. Princeton (Princeton University Press).

Yeh, Ming-Deh (1984): Student Movement in the Peoples Republic of China, 1957-79. PhD. Pittsburgh. UMI-Dissertation Information Service, University Microfilms International, A Bell & Howell Information Company, 300 N. Zeeb Rd., Ann Arbor, Michigan 48 106.

Yeh, Xin (1995): Nie zhai (Schuld und Sünde). Guizhou (Guizhou renmin chubanshe).

Rechtsextreme Handlungs- und Orientierungsmuster: Eine historische und lebensgeschichtliche Dimensionierung

Michaela Köttig

Einleitung

Im Rahmen eines Interviews äußert die 17jährige Alexandra, die sich der unorganisierten rechtsextremen Szene zurechnet, über ihr Rechtssein folgendes:

„Sicherlich gibt es keine perfekte Regierung, die hat es noch nie gegeben, weil die Interessen einfach zu unterschiedlich sind. Aber es ist in den letzten Jahrzehnten eindeutig viel verloren gegangen. Und ich bin der Meinung, jedes Land hat seine eigene Kultur seine eigene Identität und darf die auch ausleben. Also, Patrioten gibt es in jedem Land und jedes Volk ist irgendwo Patriot im Ganzen. Also, ab einem bestimmten Punkt denken sie dann nur noch für sich und für ihr Volk und würden das auch verteidigen. Und ich meine, wenn ich mir das angucke, wenn andre Länder jetzt Kulturprogramme liefern, Tänze, Gesänge, irgendwelche Malereien, sonst was, und der Deutsche hat die Bratwurst und sein Bier, das war irgendwann auch mal mehr. Und das sollte gefördert werden, einfach, weil wenn wir Deutschtum hören, da denken sie alle immer gleich, wir sind ewig Gestrige und Hitlerfanatiker, das ist gar nicht so. Wir können das nicht ändern was passiert ist, sind aber auch nicht bereit als jüngere Generation eine Schuld auf uns zu nehmen, die, also irgendwas auf sich zu nehmen, was wir gar nicht verschuldet haben. Wir können nichts dafür, dass ein Weltkrieg stattgefunden hat, also, sind wir auch nicht bereit da irgendwo die Schuld dafür zu tragen. Man kann doch nicht spätere Generationen für das verantwortlich machen was die Vorherigen irgendwann mal verbaut haben."

Wir können dieses Zitat als Teil einer politischen Agitationsrede verstehen, anhand derer sich die politische Einstellung von Alexandra herausarbeiten lässt. Diese Interviewsequenz zeigt, dass Alexandra den Nationalsozialismus nicht mit einfachen Parolen verteidigt, aber dennoch für eine deutsche Identität eintritt, die nationalistisch geprägt ist. Dieses Zitat allein genommen gibt jedoch keinen Aufschluss darüber, warum Alexandra sich aus der Fülle rechtsextremistischer Idiologeme gerade die Themen Identität und die Schuld später geborener Generationen herausgreift. Wie die Analyse des lebensgeschichtlichen Interviews[1] zeigt, sind diese Themen nicht zufällig gewählt, sondern sie sind mit der Biografie der jungen Frau eng verwoben – mit anderen Worten: Diese Themen sind familien- und lebensgeschichtlich konstituiert. Darüber hinaus zeigt dieser Fall, dass es sich dabei um unbearbeitete biografisch relevante Themen handelt, die mit politischen Ideologemen verknüpft werden.

Wollen wir rechtsextreme Handlungs- und Orientierungsmuster in ihrer Genese verstehen und erklären – so die zentrale These dieses Beitrages – so ist die Rekonstruktion der Biografie unerlässlich. Doch daran mangelt es den meisten sozialwissenschaftlichen Erklärungsansätzen. Wie ich im Folgenden aufzeigen werde, geben sich diese in der Regel mit der Analyse der politischen Einstellungen zufrieden und erklären rechtsextreme Einstellungen mit gesellschaftlichen Rahmenbedingungen wie verstärkten Individualisierungstendenzen, potentiell drohender Arbeitslosigkeit, generell unsicheren Zukunftshorizonten und Aus- und Abgrenzungsbestrebungen der Mehrheitsgesellschaft gegenüber Minderheiten. Politische Einstellungen werden dabei unabhängig von der jeweiligen Lebens- und Familiengeschichte erhoben und analysiert.

Biografie wird hier verstanden als Schnittstelle zwischen gesellschaftlichen Entwicklungen und lebensgeschichtlichen Prozessen, zwischen kollektiver Gesellschaftsgeschichte und individueller Lebensgeschichte (vgl. Fischer-Rosenthal 1995 sowie in diesem Band; Rosenthal 1995). In der Lebensgeschichte spiegeln sich sowohl die Auswirkungen gesellschaftlicher als auch individueller Transformationen. Mit der Analyse von Lebensgeschichten werden Erklärungen über individuelle Handlungs- und Orientierungsmuster und auch über gesellschaftliche Ursachen des Rechtsextremismus möglich.

---

1 Dieses Interview entstand im Rahmen meines Dissertationsprojektes zu Mädchen/jungen Frauen in der unorganisierten rechtsextremen Szene. Die Daten wurden mit Hilfe biografisch-narrativer Interviews (Schütze 1983) erhoben. Die Auswertung erfolgt nach Rosenthal (1995).

Zunächst einmal möchte ich in diesem Beitrag aufzeigen, wie eng verwoben die Familien- und Lebensgeschichte mit den rechtsextremen politischen Themen ist, die Alexandra vertritt. In einem weiteren Schritt werde ich sozialwissenschaftliche Erklärungsansätze für rechtsextreme Tendenzen bei Mädchen und Frauen und deren empirische Operationalisierung dahingehend diskutieren, welche Fragen jeweils offen bleiben und welche Defizite die Einstellungsforschung aufweist.

Alexandra

Alexandra wird 1981 in einer thüringischen Stadt als eineiiger Zwilling geboren. Als sie vier Monate alt ist, stirbt ihre Zwillingsschwester Silke. Die Umstände ihres Todes sind juristisch bis heute nicht endgültig geklärt. Fest steht, dass sich die Familie nach dem Tod von Silke auflöst. Die Mutter verlässt die Familie und es besteht bis heute kein Kontakt zu ihr. Der Vater zieht in eine andere Stadt. Alexandra wird bei den Großeltern väterlicherseits untergebracht. Da sich der Tod von Silke in einer vorbewussten Lebensphase ereignet, kann sie sich auch später nicht mehr daran erinnern. Wir können davon ausgehen, dass dies für Alexandra eine traumatische Erfahrung war, die auch heute noch Spuren in ihrem Leben hinterlässt, besonders dann, wenn sie als Säugling bei dem Tod ihrer Schwester anwesend war. Auf der bewussten Ebene jedoch bleibt Alexandra auf die Darstellungen ihrer Großeltern und ihres Vaters angewiesen. Diese erzählen ihr, dass ihre Zwillingsschwester von ihrer Mutter umgebracht worden, und diese anschließend nach Westdeutschland geflohen sei. Die Textstruktur legt die Vermutung nahe, dass Alexandra diese Erlebnisse bis heute nicht bearbeitet, d.h. sie bewusst erfasst und deren Bedeutung reflektiert und sich ihnen emotional genähert hat.

Zu beachten ist dabei, dass diese vermittelte Version nicht unbedingt dem entsprechen muss, was sich zugetragen hat. Dies wird zusätzlich fragwürdig wenn wir davon ausgehen, dass Alexandra nur die Perspektive des Vaters, nicht die der Mutter vermittelt wurde. In der Fallrekonstruktion von Alexandras Lebensgeschichte konnte jedoch kein Hinweis darauf gefunden werden, dass Alexandra die Darstellung ihrer Bezugspersonen bis zum Zeitpunkt des Interviews, also bis zu ihrem 17. Lebensjahr anzweifelt, so dass die vermutete Ermordung ihrer Zwillingsschwester für sie zur lebensgeschichtlichen Realität geworden ist.

Alexandra wächst bei ihren Großeltern väterlicherseits auf und sieht ihren Vater nur selten. Über die Familie väterlicherseits während der Zeit des Nationalsozialismus erfahren wir von des Großvaters Soldatenzeit bei der Marine. Er erzählt Alexandra von seinen Kriegserlebnissen, die mit den Themen Mord und Todesangst verbunden sind. Darüber hinaus wird in der Familie über die Eingebundenheit der Großmutter und des Großvaters in den NS-Staat nicht gesprochen. Die Nichtthematisierung der eigenen Beteiligung am Naziregime und die Thematisierung des eigenen Leidens im Krieg könnte im Sinne einer Reparaturstrategie, wie sie von Rosenthal (1990) herausgearbeitet wurde, verstanden werden. Es wird demnach durch die Thematisierung der Kriegszeit und dem damit verbundenen Leiden möglich, die eigene Verstrickung in den NS-Staat auszusparen. Die Nichtthematisierung der NS-Zeit deutet zudem darauf hin, dass die Großeltern entsprechend des antifaschistischen Diskurses (vgl. hierzu Miethe 1999; Nooke 1997) in der DDR keine sozial akzeptierten Erlebnisse erzählen konnten. Das in der DDR vorherrschende – ab 1974 sogar verfassungsrechtlich festgelegte – Verständnis ‚den Nazismus ausgerottet zu haben‘ (Artikel 6 der Verfassung der DDR) trägt vermutlich ebenfalls dazu bei, dass das Thema Nationalsozialismus im familialen Dialog dieser Familie ausgespart wurde. Der Großvater vermittelt Alexandra in Bezug auf den Krieg zwei sich widersprechende Botschaften: Einerseits die Besonderheit und Intensität der Kameradschaft unter den Soldaten und andererseits die Gefahr der Ermordung die von Soldaten aus den eigenen Reihen ausgeht, falls einer die Sinnhaftigkeit des Krieges und der dahinterstehenden Ideologie hinterfragen würde. Beide Botschaften sind im Hinblick auf Alexandras Eingebundenheit in das rechte Milieu von besonderer Bedeutung und ich werde später ausführlicher darauf eingehen.

Der Großvater ist von Beruf Lehrer. Er gehört damit vermutlich zu der Gruppe der Neulehrer, die in der Nachkriegszeit in Schnellkursen ausgebildet wurden und zur Aufgabe hatten, die im Zuge der Entnazifizierung entlassenen NS-Lehrer zu ersetzen (Nooke 1997). Nooke konstatiert, dass es den Neulehrern kaum möglich war, die Erwartungen zu erfüllen, Multiplikatoren der antifaschistisch-demokratischen Umgestaltung von Schule und Gesellschaft zu sein da „die Schwierigkeiten bei der Umsetzung politischer Vorgaben auch auf die Sozialisation im Nationalsozialismus zurückzuführen" (Nooke 1997, S. 37) sind. Der Großvater konnte sich anscheinend in seinem Beruf etablieren und die pädagogischen und politischen Anforderungen erfüllen, denn er war bis zur politischen Wende 1989 als Lehrer berufstätig. Alexandras Großmutter leitet eine Kinderkombination. Beide sind somit professionell mit der Erziehung von Kindern beschäftigt, deren Umsetzung jedoch bei ihrem Sohn – Alexandras Vater – nicht erfolgreich ist, da er häufig arbeitslos und straffällig wurde. Er nahm also in der DDR-Gesellschaft eine Außenseiterfunktion ein.

Indem nun Alexandra bei ihren Großeltern aufwächst, delegieren diese ihre Erwartungen nun an die Enkelin. In der großelterlichen Familie ergibt sich dadurch eine Dynamik, die zunächst einmal zu einer Verschiebung des Generationengefüges führt, da Alexandra den Platz ihres Vaters einnimmt. Zudem ist die Entwicklung von Alexandra mit der ihres Vaters verknüpft, d.h. es wird darauf geachtet, dass Alexandra sich nicht in ähnlicher Weise wie ihr Vater oder ihre Mutter entwickelt. Der Anpassungsdruck auf Alexandra wird dadurch verstärkt, dass die Möglichkeit, von den Großeltern weggegeben zu werden, also entweder zum Vater oder in eine öffentliche Erziehungseinrichtung gegeben zu werden, im Raum steht.

Alexandra geht dann in den Kindergarten und anschließend in die Schule sowie zu den Pionieren. Scheinbar vollzieht sich damit der vorgezeichnete Weg, den die meisten Kinder in der DDR gegangen sind. Da ihre Großmutter jedoch die Leiterin der Kinderkombination ist und der Großvater zumindest im ersten Schuljahr an der Schule lehrt, in die sie geht, haben Kindergarten und Schule für sie gänzlich andere Bedingungen: Sie wird nicht von ihrer Bezugsperson getrennt und nimmt dort eine Außenseiterinnenrolle ein. Der besondere Status, den Alexandra in der Familie inne hat, setzt sich damit in der Kinderkombination und in der Schule fort und manifestiert sich dadurch für sie. Gleichzeitig ergibt sich für Alexandra durch diese Konstellation sowohl im Kindergarten als auch in der Schule kaum die Möglichkeit gegen die Institutionen bzw. die Vertreter/innen der Institutionen zu rebellieren. Sie passt sich an und ist erfolgreich, was besonders daran deutlich wird, dass ihr am Ende der ersten Klasse der Preis der besten Schülerin der Schule verliehen wird. Alexandra entspricht somit den Leistungsanforderungen, die vor allem ihr Großvater an sie formuliert. Bei den Pionieren wird sie mit den übergeordneten Werten und Zielen des DDR-Systems konfrontiert, die aber zu dieser Zeit (1988-1989) schon brüchig sind und die sie in ihrer Lebensrealität kaum wiederfinden. Zudem lernt Alexandra bei den Pionieren das erste Mal in ihrem Leben einen offiziellen Gruppenkontext kennen, der nicht durch die Großeltern bestimmt ist, was dazu führt, dass sie hier gegen die Pionierleiterin rebelliert und sich mit den Gruppenanforderungen nicht identifizieren kann .

Gegen Ende ihrer Kindergartenzeit erkrankt Alexandras Großmutter an Krebs. 1989, im Jahr der Wende, wird ihre Großmutter dann in ein Krankenhaus gebracht und stirbt kurze Zeit später. Der Tod der Großmutter bildet in der Biografie der damals 8jährigen Alexandra einen erheblichen Einschnitt und sie reagiert darauf mit einem Leistungseinbruch in der Schule. Vergegenwärtigen wir uns den bisherigen Lebensverlauf von Alexandra so müssen wir feststellen, dass mit der Krankheit und dem Tod der Großmutter ihre Lebensthemen Verlust, Trennung und Tod/bzw. Ermordung in dramatischer Weise reaktiviert und zur zentralen Lebensrealität werden. Sie verliert also nicht nur eine wichtige Bezugsperson, sondern der Tod bzw. die Ermordung der Schwester und das Verlassen-Werden durch die Mutter stehen in dieser Situation als kopräsent im Raum, was Gefühle der Ohnmacht, Unsicherheit und des Ausgeliefertseins ausgelöst haben muss. Diese erneute Konfrontation mit dem Tod führt bei Alexandra dazu, dass das Thema Tod bis in ihren kindlichen Lebensalltag hinein präsent ist. Ihr Lebensgefühl ist davon geprägt, dass sie einerseits selbst Angst davor hat zu sterben und andererseits versucht sie diese Angst – und damit auch den Tod als solchen – zu besiegen, indem sie versucht, in angstmachende Situationen hineinzugehen und sie durchzustehen.

Mit dem Tod der Großmutter sind zwei weitere Ereignisse zeitlich eng verbunden: die politische und gesellschaftliche Umbruchsituation in der DDR und das Ausscheiden des Großvaters aus dem Schuldienst. Der gesellschaftliche Umbruch wird von Alexandra im Interview nicht explizit thematisiert, was aber nicht bedeutet, dass dieser darum keine Auswirkungen auf Alexandras weiteres Leben hat (vgl. Rosenthal 2000). Wie wir im Folgenden sehen werden ist der weitere Verlauf ihres Lebens in der DDR nicht denkbar. Alexandra nimmt diese reflektierende Perspektive momentan jedoch noch nicht ein. Da das Geburtsjahr des Großvaters nicht bekannt ist, muss zudem offen bleiben, ob er aus dem Schuldienst entlassen wird oder seine Pensionierung aufgrund seines Lebensalters regulär ansteht. Damit einhergehend bleibt die Frage nach der Verstrickung des Großvaters in das DDR-System ebenfalls ungeklärt.

Nach den Tod der Großmutter lebt Alexandra sieben Jahren, also bis sie 15 Jahre alt ist, bei ihrem Großvater. Ihre Lebenssituation stabilisiert sich in dieser Zeit, was dadurch deutlich wird, dass sie mehrere Instrumente spielen lernt und nach der Grundschule zum Gymnasium wechselt. Der hohe Anpassungsdruck dem Alexandra ausgesetzt ist, führt dazu, dass sie in der Frühadoleszenz zunehmend gegen den Großvater rebelliert, schließlich vom dem Gymnasium zur Realschule wechselt und etwa Ende 1996 von ihrem Großvater wegläuft und sich in ein Heim einweisen lässt. Indem Alexandra den Großvater verlässt, wechselt sie die Seiten und ordnet sich denjenigen der Familie zu, die nicht angepasst sind und sich nicht geradlinig, im Sinne einer Normalbiografie entwickeln.

Alexandra lernt im Heim Markus kennen und geht mit ihm eine Liebesbeziehung ein. Mit ihm spielt sie in einer Band. Markus wird für Alexandra zur signifikanten Bezugsperson und diese ersetzt die Beziehung zum Großvater. Nachdem Markus und Alexandra aus dem Heim fortlaufen verbringen sie sechs Wochen auf der Straße und bei Freunden. Durch diesen Schritt differenziert Alexandra ihre neue Rolle als out-law aus. Sie übt sich in Handlungen, die dieser Rolle entsprechen, gleichzeitig wird ihre Beziehung zu Markus gefestigt. Nach sechs Wochen meldet sich Alexandra gemeinsam mit Markus beim Jugendamt zurück. Alexandra und Markus können erreichen, dass sie gemeinsam in einem anderen Heim untergebracht werden. Alexandra kann demnach unproblematisch die Beziehung zu Markus aufrecht erhalten, so dass ihr ihre wichtige Bezugsperson in der neuen Umgebung erhalten bleibt.

In der Folge geht Alexandra wieder regelmäßig zur Schule und schafft ihren Realschulabschluss mit einem Notendurchschnitt von 2,3. Hier findet sich eine Parallele zu ihrer Beziehung zum Großvater: im Rahmen einer festen Beziehungsstruktur steigert Alexandra ihre kognitive Leistungsfähigkeit. Die Liebesbeziehung zwischen Alexandra und Markus wird vermutlich in dieser Phase aufgelöst.

Es ist davon auszugehen, dass Alexandra während ihres Heimaufenthaltes gemeinsam mit Markus Kontakt zur rechten Szene entwickelt und beide dort zunehmend Bezugspunkte finden. Ihre Freundschaft wird durch ihre gemeinsamen Aktivitäten in der rechten Szene aufrecht erhalten und es entwickelt sich eine geschwisterliche Beziehung zwischen ihnen. Markus ist für Alexandra ein wichtiger Repräsentant der rechten Szene und sie treten dort immer gemeinsam auf.

Der in der rechten Szene propagierte Zusammenhalt und die Kameradschaft spielen für sie in ihrem Zugehörigkeitsgefühl eine wichtige Rolle und korrespondieren mit ihrem Bedürfnis nach Eingebundenheit in eine familiale Struktur. Außerdem kann ein Zusammenhang zwischen den Botschaften, die der Großvater Alexandra in Bezug auf seine Kriegserlebnisse vermittelt hat, gesehen werden. Eines ihrer Argumente für die rechte Szene ist deshalb das Gruppenerleben. Doch auch in der rechten Szene differenziert Alexandra einerseits in die Gruppenmitglieder, denen sie sich zuordnet und in die, von denen sie sich abgrenzt. Ebenfalls ist es ihr wichtig zu betonen, als Person anerkannt zu werden, ohne sich dafür überdurchschnittlich anzupassen. Hier wird ein Grundkonflikt von Alexandra deutlich, den sie auch schon in ihrer Kindheit bei ihrem Großvater hatte. Sie muss sich den an sie gestellten Anforderungen unterwerfen und wenn sie sich dagegen auflehnt führt dies zu Beziehungsproblemen.

Vermutlich steht der Beginn einer Kampfsportausbildung im Zusammenhang mit Alexandras zunehmender Eingebundenheit in die rechte Szene. Einerseits baut sie damit ihr Bedürfnis nach Unabhängigkeit – jetzt auch in Bezug auf körperliche Unabhängigkeit – und Selbstverantwortung noch weiter aus, andererseits kann darin auch der Versuch gesehen werden, ihren lebensgeschichtlichen Themen (Angst vor dem Tod – Angst ermordet zu werden) etwas entgegensetzen zu wollen. Allerdings ist dieser Schritt damit verbunden, dass sie ihre Rolle der Unterlegenen aufgibt und selbst zur Täterin wird, denn sie schlägt kurze Zeit später einen Kameraden so zusammen, dass er ins Krankenhaus eingewiesen werden muss. Es wird damit deutlich, dass sich einerseits ihre Rolle als out-law manifestiert, gleichzeitig korrespondiert dieses Handeln mit der Botschaft des Großvaters in Bezug auf dessen Kriegserlebnisse, das potentielle Gefahr auch von Personen aus den eigenen Reihen ausgeht. Indem Alexandra nun einen Kameraden niederschlägt, versucht sie ihre Position in der Gruppe zu stärken und die Gefahr selbst angegriffen zu werden zu verringern.

Nach der Schule beginnt Alexandra eine Ausbildung als Bürokauffrau bei dem Landesvorsitzenden einer rechtsextremen Partei. Für einen solchen Ausbildungsplatz kann sie nur in Frage kommen, wenn sie in der Szene bekannt ist, d.h. sie ist zu diesem Zeitpunkt schon so in die Szene einsozialisiert, dass sie Kontakt zu den wichtigen Funktionsträger/innen der Partei hat. Der Ausbildungsplatz befindet sich in einer anderen Stadt, so dass Alexandra nach kurzer Zeit von ihrem Heim eine Außenwohnung in der Stadt zur Verfügung gestellt bekommt. Sie zieht also allein in eine andere Stadt. Dieser Umzug ist zumindest mit einer räumlichen Trennung von Markus verbunden. Alexandra leidet in der neuen Wohnung an Schlafstörungen und sie schlägt erneut einen männlichen Jugendlichen zusammen. Beides deutet darauf hin, dass der Umzug bei ihr Probleme auslöst. Allerdings reagiert sie an dieser Stelle nicht – wie zu vermuten wäre – nach außen sichtbar mit einem Leistungseinbruch, sondern entsprechend ihrer neuen Rollendefinition, indem sie gewalttätig wird.

Der Umzug von Alexandra bedeutet auch, dass sie sich in der neuen Stadt fremd fühlt. Sie orientiert sich deshalb zunehmend an der Partei. Sie tritt in die Partei ein und macht schnell Karriere bis hin zur Parteisprecherin. Mit dieser Entwicklung wird sowohl ihre Rolle als Täterin ausgebaut, als auch ihrem Bedürfnis nach Macht, Eigenständigkeit und Durchsetzung Rechnung getragen. Die Mitglieder der rechtsextremen Partei übernehmen an dieser Stelle die Funktion sie aufzufangen, ihr eine soziale Rahmung zu geben und Ansprechpartner/in zu sein. Sie kann sich jedoch auch dort nicht mit der bloßen Mitgliedschaft zufrieden geben, sondern erkämpft sich – indem sie einen parteiinternen Aufstieg macht – eine Sonderposition.

Auch nach außen hin baut sie ihre Sonderstellung weiter aus, indem sie im Rahmen eines ganzseitigen Zeitungsartikels gemeinsam mit Markus als Sprecherin einer rechtsgerichteten Jugendgruppe vorgestellt wird. Dabei wird sie exponiert als diejenige präsentiert, die mit offiziellen Vertreter/innen des dortigen Stadtparlamentes wegen eines Jugendraumes für die Gruppe verhandelt. Kurze Zeit später ist sie im Fernsehen zu sehen. Sie sucht damit – im Gegensatz zu den meisten Mädchen und Frauen aus diesem Spektrum – offensiv die Öffentlichkeit. Etwa Ende November 1998 tritt sie jedoch aus der Partei aus, nachdem ihr Chef von eigenen Parteimitgliedern zum Rücktritt gedrängt worden war. Sie selbst begründet diesen Schritt damit, dass die Mitglieder der Partei stärker mit Grabenkämpfen beschäftigt sind und kaum inhaltliche Ziele verfolgen. Alexandra engagiert sich dann verstärkt in einer etwa 100 km entfernten Kameradschaft, in der sie auch bald als Sprecherin fungiert.

Kurze Zeit später – Ende Dezember 1998 – erfolgt dann in der Biografie von Alexandra erneut ein erheblicher Einschnitt. Ihr enger Freund Markus wird von einem Kameraden aus der rechten Szene getötet. Alexandra reagiert vordergründig entsprechend ihrer veränderten Selbstkonzeption als aktiv Handelnde auf den Tod von Markus, indem sie versucht herauszufinden, was tatsächlich passiert ist. Der Tod von Markus hat jedoch eine erheblich tiefgreifendere Bedeutung, da Alexandra zu Markus eine geschwisterliche Beziehung aufgebaut hat. Betten wir die Erfahrung Tod/Mord einer Schwester/eines Bruders in den biografischen Zusammenhang ein, so wird deutlich, dass der Tod von Markus eine Reaktivierung ihrer frühkindlichen traumatischen Erfahrung des Verlustes ihrer Schwester und des Todes ihrer Großmutter zur Folge hat.

Dies wird vor allem durch die begrifflichen Überschneidungen deutlich. So spricht sie in Bezug auf die Komplikationen bei ihrer eigenen Geburt davon, dass sie „hirntod" gewesen sei, ihre Schwester sei durch „massive Hirnblutungen" gestorben, die Großmutter sei bei ihrer Einweisung ins Krankenhaus „geistig abwesend" gewesen und bei Markus ist ebenfalls die Rede davon, dass sein Hirntod eingetreten ist bzw. dass er eine Kopfverletzung bei der Schlägerei davon trug, die zum Tod geführt habe. Markus ist zwei Monate vor dem Interviewtermin gestorben. Es ist also anzunehmen, dass die Schilderung des Todes der Schwester und der Großmutter im Interview durch das Bild des sterbenden Markus beeinflusst ist. Das Thema Tod bzw. Mord steht also noch zum Zeitpunkt des Interviews manifest im Raum und führt dazu, dass Alexandra ihre Lebensgeschichte nicht mehr weiter erzählen kann, sondern nach einigen Abbrüchen beginnt ihre politischen Orientierungsmuster abzuhandeln. Wenn wir das im Zusammenhang der gesamten Biografie sehen, so ist Alexandra zum Zeitpunkt des Interviews förmlich der Boden unter den Füßen weggezogen, da Markus für sie sowohl eine signifikante Bezugsperson war, als auch wichtigster Repräsentant der rechtsextremen Szene. Alexandra ist demnach in einer Situation, in der sie sich gänzlich neu orientieren muss.

Bevor ich näher auf Alexandras politische Orientierungsmuster eingehe möchte ich noch zwei Aspekte ansprechen, die ebenfalls mit dem Tod von Markus verbunden sind. Zunächst einmal verändert sich mit diesem Ereignis auch der Umgang von Alexandra mit dem Thema Tod bzw. Angst vor dem Tod. Sie steigert dabei ihre Vorstellung den Tod besiegen zu können dahingehend, dass sie nun davon ausgeht, den Tod für andere Menschen vorhersagen zu können. Dem Thema Tod bzw. der Angst vor dem Tod kann Alexandra somit nur noch in mystifizierender Form begegnen, da es ihr aufgrund der verschiedenen Erfahrungen in ihrem Leben unmöglich geworden ist, verlässliche Strategien zu entwickeln, diesen Themen zu begegnen.

Als weiterer Aspekt möchte ich noch einmal auf die Kriegserlebnisse des Großvaters zurückkommen. Alexandra deutet die Botschaft des Großvaters dahingehend, dass die Soldaten damals nicht desertiert sind, weil sie sonst damit rechnen mussten von ihren eigenen Leuten umgebracht zu werden. Hier zeigt sich eine Parallele zum Tod von Markus, der tatsächlich von einem Gesinnungsgenossen getötet wird. Es kann davon ausgegangen werden, dass Alexandra – spätestens nach diesem Erlebnis – die rechte Szene als Krieg nach außen als auch nach innen definiert, in der sowohl sie selbst als auch ihre Freunde potentiell getötet werden können. Daraus könnte folgen, dass die rechte Szene für sie zunehmend bedrohlich wird oder aber wenn die Metapher Krieg als lebensbedrohliche Situation verstanden wird sie noch intensiver einsteigt, um die Bedrohung zu besiegen.

Kehren wir nun zurück zum Interview und der Behandlung des Thema Rechts-Seins. In der Präsentation dieses Themas fällt auf, dass sie mit einer veränderten Darstellungsform verbunden ist. In der gesamten selbststrukturierten Eingangspräsentation sind die Textsorten Bericht und Erzählung dominant. In der Abhandlung des Thema Rechts hingegen argumentiert Alexandra. Ihre Darstellung liest sich wie eine politische Agitationsrede. Ihre wesentlichen Argumentationen lassen sich in die beiden eingangs dargestellten Thesen: jeder Staat muss seine eigene Identität ausleben können und die spätere Generation kann nicht für das verantwortlich gemacht werden, was frühere Generationen falsch gemacht haben, zusammenfassen.

Beide Thesen finden wir als wichtige Themen in Alexandras Biografie wieder. Zum einen die Suche nach Identität: Alexandra ist es in ihrer gesamten Kindheit nicht möglich gewesen eine von ihren Eltern unabhängige Identität zu entwickeln, denn ihre Entwicklung wurde immer in Beziehung zu der ihres Vaters und der ihrer Mutter gesetzt. Ihr Ringen um eine eigene Identität ist dabei verbunden mit einer Verschiebung des Generationengefüges in ihrer Familie und damit wird das zweite politische Argument angesprochen: Durch den Wegfall der Generation ihrer Eltern ist Alexandra im familialen Gefüge an die Stelle ihres Vaters getreten und hatte dort die Funktion, seine verfehlte Entwicklung wieder gut zu machen. Wenn wir jetzt noch davon ausgehen, dass Argumentationen vorwiegend dann eingesetzt werden, wenn es sich dabei um lebensgeschichtliche Themen handelt, die die betreffende Person bisher noch nicht widerspruchslos in die Biografie einfügen kann, so kann die These aufgestellt werden, dass Alexandra ihre politische Aktivität dazu nutzt, sich selbst Antworten auf ihre ungelösten lebensgeschichtlichen Fragen zu geben.

Zusammenfassend zeigt diese Biografie, dass sowohl unbearbeitete Konflikte und Erlebnisse in der Familiengeschichte (vermutlich die Kriegserlebnisse des Großvaters, die Außenseiter-Biografie seines Sohnes und Alexandras Vaters, die Umstände um den Tod der Schwester usw.) und eigene biografisch konfliktöse Erfahrungen (die Gebundenheit der eigenen Biografie an die des Vaters und der Mutter, die Erziehungserwartungen der Großeltern, die Unterordnung gegenüber dem Großvater usw.) mit der Zuwendung zum rechten Milieu biografisch bearbeitet werden. Die biografisch von der Geburt bis zum Tod ihres Freundes Markus konstruierte Lebensthemen von Alexandra sind Tod bzw. Angst vor Ermordung. Ihre Strategien, diesem Thema zu begegnen, korrespondieren mit den Möglichkeiten und den Bedingungen, die das rechte Milieu bietet. Hier können einerseits halb- oder gar illegale Aktivitäten angeführt werden, die es ihr ermöglichen sich in gefährliche, vielleicht sogar lebensbedrohliche Situationen zu bringen und andererseits die Möglichkeit bieten die eigene Gewalttätigkeit auszuleben. Das bedeutet also, dass politische Handlungs- und Orientierungsmuster nicht zufällig gewählt sind, sondern in der Interdependenz mit der Familiengeschichte, in der sich die historischen, sozialen und milieuspezifischen Aspekte widerspiegeln und der biografischen Entwicklung gesehen werden müssen.

Vor dem Hintergrund dieser Fallrekonstruktion möchte ich im Folgenden sozialwissenschaftliche Erklärungsansätze für Rechtsextremismus bei Mädchen und Frauen und deren empirische Umsetzung diskutieren. Meines Erachtens benötigen wir verstärkt empirische Untersuchungen, die die biografischen Konstruktionen der Mädchen und jungen Frauen genauer betrachten, um Aussagen darüber treffen zu können, welche biografischen Verläufe und Rahmenbedingungen dazu führen, dass sie sich dem rechtsextremen Umfeld zuwenden.

Erklärungsmodelle rechtsextremer Deutungsmuster von Mädchen und Frauen

Seit etwa Ende der 80er Jahre mischten sich zunehmend feministische Wissenschaftlerinnen in den Diskurs über derzeitige rechtsextreme Tendenzen bei Mädchen und Frauen ein – zunächst mit einer Kritik an den Ergebnissen und Herangehensweisen der Jugendforschung. Die kritischen Überlegungen bezogen sich auf:

- die fehlende geschlechtsspezifische Differenzierung (den Untersuchungen lagen vorwiegend Befragungen männlicher Jugendlicher zugrunde) und
- den fehlenden Hinweis auf die geringere Präsenz von Frauen und Mädchen in rechtsextremen Parteien und bei rechtsextrem motivierten Gewalttaten.

Neben dieser Kritik wurden jedoch auch zunehmend Fragen nach Erklärungen der Motivationen von Mädchen und Frauen, die sich rechtsextremen Parteien anschließen oder die zu autoritär-nationalistischen Sichtweisen tendieren, laut. Mit dem Anstieg rechtsextremer Gewalttaten und dem Zulauf rechtsextremer Parteien Anfang der 90er Jahre entwickelte sich eine breite Forschungslandschaft. Gefragt wurde nun auch nach der Eingebundenheit von Mädchen und Frauen im rechtsextremen Umfeld. Infolge der Erkenntnisse entstanden verschiedene Erklärungsansätze für die Hinwendung von Mädchen und Frauen zu rechtsextremen Politikangeboten. Die Ansätze lassen sich m.E. in zwei Grundrichtungen einteilen, denen jeweils ein unterschiedliches Gesellschaftsverständnis zugrunde liegt. Die Ansätze sollen im Folgenden skizzenhaft vorgestellt und diskutiert werden:

Erklärungsansatz mit Fokussierung des Kulturethnozentrismus

Dieser Ansatz wird vorwiegend durch Christine Holzkamp (1994) und Birgit Rommelspacher (1991) (Holzkamp/Rommelspacher 1991) vertreten. Beide sehen den eigentlichen Ursprung rechtsextremer Orientierungen darin, dass Menschen in westlichen Industrieländern in der Vorstellung aufwachsen, einer Dominanzkultur anzugehören. Dominanzkultur im Sinne von Holzkamp und Rommelspacher meint, dass die eigene Kultur auf dem Anspruch bestehe, die Normalität zu repräsentieren, alles Fremdartige werde als Provokation empfunden und entweder durch Assimilation unterworfen oder ausgegrenzt. Dieses Phänomen sehen die Autorinnen in patriarchalen Strukturen verwurzelt.

Für die individuelle Entwicklung eines Menschen bedeute diese auf Expansion ausgerichtete Lebensform, dass – auch unter ökonomisch gesättigten Bedingungen – er bzw. sie seine bzw. ihre Situation als defizitär empfinde. Die eigene Situation könne nur im Vergleich zur Situation der anderen der gleichen industriellen Kultur angehörenden wahrgenommen werden, um daran zu messen, was einem selbst noch fehle. So entwickle sich ein subjektives Empfinden von dem, was einem zusteht und auch davon, was zusätzlich noch zu besitzen wichtig wäre. Diese Orientierungsgröße sei variabel und nach oben hin unendlich offen.

Für Frauen und Mädchen ergebe sich in diesem System eine besondere Dynamik. Sie lebten einerseits in dem Bewusstsein, der genannten Dominanzkultur anzugehören, andererseits seien sie Opfer dieses patriarchal strukturierten Systems, das Unterschiede grundsätzlich hierarchisiert, also nur Dominanz oder Selbstunterwerfung vorsieht. Von ihnen werde eine Anpassung an beide Rollen erwartet. Dieses Phänomen bewirke, dass Mädchen und Frauen dann als besonders weiblich gelten, wenn sie gegenüber Männern Unterwerfungstendenzen zeigten. Gleichzeitig träten sie jedoch vor allem gegenüber Minderheiten dominant auf. Frauen und Mädchen seien nicht weniger rassistisch, sondern ihr Rassismus sei nur in anderen Bereichen zu suchen. Dominanzverhalten und Fremdenfeindlichkeit sind also – nach Christine Holzkamp und Birgit Rommelspacher – Phänomene, die bei beiden Geschlechtern auftreten, allerdings mit jeweils unterschiedlichen Schwerpunkten in ihrer Ausprägung.

Erklärungsansatz mit Fokussierung der weiblichen Sozialisation

Dieses Erklärungsmodell lehnt sich weitgehend an den Ansatz von Heitmeyer (1989) an. Dieser arbeitet auf der Basis einer quantitativen Jugendbefragung heraus, dass rechtsextreme Orientierungen von Jugendlichen im Kontext der aktuellen gesellschaftlichen und politischen Bedingungen zu betrachten seien. Als Folie dient ihm dabei das von Beck (1986) beschriebene Konzept der Risikogesellschaft, deren zentrales Kennzeichen die Individualisierung von Lebenslagen ist. Verbunden mit der besonders schwierigen Phase der Identitätsfindung und dem schleichenden Zuwachs neokonservativer Politikkonzepte führe diese gesellschaftliche Entwicklung, so Heitmeyer, zu einer Orientierungslosigkeit von Jugendlichen, die ihren Ausdruck in einer erhöhten Gewaltbereitschaft und der Entwicklung rechtsextremistischer Haltungen finde.

Vertreterinnen, die an diesen Erklärungsansatz anknüpfen (zu nennen sind hier u. a. Siller 1991; Meyer 1991, 1993 und Birsl 1994a/b), gehen mit unterschiedlichen Nuancierungen und Schwerpunktsetzungen davon aus, dass gesellschaftliche Bedingungen und die geschlechtsspezifischen Sozialisationserfahrungen von Mädchen und Jungen dafür ausschlaggebend seien, in welchem Maß und in welcher Ausprägung sie rechtsextremistischen Ideologien zustimmen.

Ursula Birsl und Gertrud Siller konstatieren, dass an Mädchen die Erwartung gerichtet werde, sowohl einen Beruf zu erlernen, als auch Mutter zu werden. In beiden Bereichen bekämen sie jedoch keine ausreichende Anerkennung. Ein Rückzug auf die vermeintlich traditionelle weibliche Rolle und eine (scheinbare) Aufwertung dieser (wie sie von rechtsextremen Gruppierungen propagiert werde), könnte – so eine Hypothese – mit der Hoffnung verbunden sein, wenigstens hierin erfolgreich zu sein. Der Einstieg von Mädchen bzw. jungen Frauen in die rechtsextreme Jugendkultur wird u.a. so interpretiert, dass gerade diese klare Rollenzuweisung für sie Sicherheit in der sonst eher unsicheren und ambivalenten Lebenssituation bedeute.

Siller (1993) sieht die geschlechtsspezifischen Auswirkungen der bestehenden gesellschaftlichen Machtstrukturen darin, dass Mädchen und Frauen einerseits struktureller Gewalt (in Form von Ungleichbehandlung am Arbeitsplatz, in Parteien etc.) andererseits konkreter psychischer und physischer Gewalt ausgesetzt seien. Deshalb drücke sich Fremdenfeindlichkeit von Mädchen und Frauen weniger in allgemeinen offen-aggressiven Parolen aus, sondern eher in Bereichen, in denen sie sich spezifisch betroffen sehen (bspw. in der Angst vor Vergewaltigung, die auf ausländische Männer projiziert werde).

Bei der Befragung von Berufsschülerinnen und Berufsschülern kommt Ursula Birsl (1994 a/b) dagegen u.a. zu dem Ergebnis, dass bei Mädchen häufiger als bei Jungen eine stark ausgeprägte Fremdenfeindlichkeit zu erkennen sei. Bei diesen Mädchen, die vorwiegend über ein höheres Bildungsniveau verfügen als Jungen, komme zudem bei einem Drittel noch die Akzeptanz des rechtsextremistischen und biologistisch begründeten Frauenbildes hinzu. Gewalt stieße bei den Mädchen allerdings auf Ablehnung. 1997 erweitert Gertrud Siller ihre Aussagen dahingehend, dass Mädchen und junge Frauen ihre politischen Orientierungen im Zusammenhang mit ihren individuellen Lebenserfahrungen entwickeln und diese an konkrete, subjektive Bedürfnisse anknüpfen.

„Dabei spielen Auseinandersetzungen der Frauen mit den gesellschaftlichen Veränderungen ihrer Handlungsspielräume zwischen traditioneller Frauenrolle und damit verbundenen Weiblichkeitsstereotypen einerseits und emanzipativen, auf Selbstbestimmung und Unabhängigkeit ausgerichteten Lebensentwürfen andererseits eine entscheidende Rolle." (Siller 1997, S. 244)

Sowohl Ursula Birsl als auch Gertrud Siller verweisen also auf die Konflikthaftigkeit der doppelten Vergesellschaftung (Becker-Schmidt) und darauf, dass rechtsextreme Orientierungen eine der möglichen Verarbeitungsweisen darstellen können, indem die Konflikte externalisiert werden. Die

These eines simplen Zusammenhangs zwischen Rollenkonflikten einerseits und der Aufwertung einer eindimensional traditionellen Frauenrolle durch rechtsextreme Gruppierungen andererseits bestätigte sich jedoch nicht in der angenommenen Weise. Hier ist außerdem anzumerken, dass die Annahme eines solchen eindimensionalen Frauenbildes in rechten Szenen ebenfalls fraglich ist. Die Analyse veröffentlichten Materials rechter Frauen zeigt vielmehr einen ausgesprochenen Facettenreichtum bis hin zu emanzipativen Positionen (Bitzan 1997).

Birgit Meyer (1991) beschäftigt sich mit den – aufgrund der geschlechts-spezifischen Rollenverteilung auch zwischen Mädchen und Jungen zu un-terscheidenden – Zugangsweisen zu gesellschaftlichen und politischen Institutionen und Funktionen. Meyer hebt hervor, dass das Politische an Handlungen und Bewusstsein von Mädchen und Frauen nicht mit einem traditionell-männlichen, am institutionellen Rahmen orientierten Politikbe-griff zu erkennen sei. Mädchen und Frauen sei deshalb jedoch keinesfalls ein mangelndes politisches Interesse vorzuwerfen, da sie vielmehr in einem umfassenderen (außerinstitutionellen) Sinne politisch aktiv seien (z.b. in der Friedens- und Ökologiebewegung). Möglicherweise seien deshalb wesent-lich weniger Mädchen und Frauen in rechtsextremen Parteien zu finden.

Folgen wir zunächst den theoretischen Überlegungen von Christine Holzkamp und Birgit Rommelspacher und versuchen sie auf das Fallbeispiel anzuwenden, so können wir zumindest vermuten, dass Alexandra sich als Angehörige einer Dominanzkultur empfindet. Ihre Argumentationen im Hinblick auf ihre Nationalität könnte uns sogar zu der Hypothese führen, dass sie die deutsche Nationalität weitaus höher bewertet als andere Natio-nalitäten. Ebenfalls zeigt sich, dass ihre Eingebundenheit in das rechte Mi-lieu stark mit ihrer männlichen Bezugsperson Markus verbunden ist. Den-noch sind ihre politischen Handlungs- und Orientierungsmuster nicht auf spezifisch weibliche Bereiche festgelegt. Dies zeigt sich einmal darin, dass sie sowohl in der rechten Szene, als auch in der Partei und später in der Ka-meradschaft als eigenständig Handelnde auftritt und die Funktion der politi-schen Sprecherin übernimmt. Zudem wendet sie direkte Gewalt als Mittel der Auseinandersetzung an. Alexandras politische Handlungs- und Orientie-rungsmuster weisen – so konnte herausgearbeitet werden – einen ursächli-chen Zusammenhang zu ihrer Familien- und Lebensgeschichte auf und können im Hinblick darauf auch sehr viel differenzierter erklärt werden, als dies auf der Basis einer allgemeinen Gesellschaftsanalyse möglich ist.

Betrachten wir den auf die weibliche Sozialisation fokussierten Ansatz, erscheint die Betonung der gesellschaftlichen Bedingungen, in denen Mädchen aufwachsen so, als solle damit die Hinwendung zum rechtsextremen Umfeld fast entschuldigt, bzw. als Konsequenz spezifischer Sozialisationsbedingungen aufgezeigt werden. Die Gefahr dieser Vorgehensweise liegt darin, dass Mädchen und Frauen durch das Aufzeigen dieser Art Begründungszusammenhänge entmündigt werden, ohne sie noch als eigenständig, bewusst und selbständig handelnde Menschen zu begreifen, die für ihr Handeln Verantwortung tragen.

Zudem müssen wir uns fragen, wieso Mädchen und Frauen, obwohl sie anscheinend in erheblich stärkerem Maße als Jungen und Männer gesellschaftlichen Diskriminierungen ausgesetzt sind, in geringerem Maß (etwa 1/3 zu 2/3) in rechtsextremen Gruppierungen und Parteien anzutreffen sind. Selbst die These von Birgit Meyer, dass das politische Interesse von Mädchen und Frauen nicht an traditionelle politische Institutionen wie etwa Parteien geknüpft sei, wirft dann die Frage auf, warum nicht überproportional viele Mädchen in unorganisierten rechtsextremen Jugendgruppen zu finden sind.

Es muss also kritisch hinterfragt werden, ob die Kategorisierung in weiblich und männlich hier greift oder ob es nicht vielmehr darum gehen muss, wie Bettina Dausien (1999) herausarbeitet, die jeweiligen biografischen Verläufe von Mädchen und Jungen zu betrachten und auf der Basis der jeweiligen Entwicklung Aussagen darüber zu treffen, wie gesellschaftliche Bedingungen erlebt, verarbeitet und – in unserem Fall – in politische Handlungen umgesetzt werden. Auch Gertrud Sillers (1998) These

„rechtsextremistische Orientierungen entwickeln die jungen Frauen insbesondere dann, wenn sie ihre Lebensentwürfe polarisieren, indem sie sie entweder an Männlichkeitsstereotypen der Härte und Stärke anzugleichen versuchen, um darüber Gleichberechtigung und Gleichheit mit Männern zu erreichen, oder indem sie sich an Weiblichkeitsstereotypen orientieren und darüber Sicherheit und Schutz vor Männern fordern,"

greift meiner Meinung nach zu kurz. Es ist durchaus vorstellbar, dass sich noch andere biografische Konstellationen oder möglicherweise sogar ein Ineinandergreifen der beiden aufgezeigten Lebensentwürfe finden lassen.

Beide Erklärungsmodelle beziehen ihre Aussagen auf alle Frauen und Mädchen des rechtsextremen Milieus, obwohl, wie Gudrun Axeli Knapp hervórhebt – Rechtsextremismus eine Klassifikationskategorie darstellt, „die ein äußerst heterogenes, fraktioniertes und veränderliches Umfeld an Organisationen, Parteien und Gruppierungen umfasst" (Knapp 1993: 208). Das Spektrum reicht dabei von unorganisierten Jugendgruppen über Kameradschaften und Vereine bis hin zu rechtsextremen Parteien. Zwar können den rechtsextremen Gruppierungen allgemein gemeinsame Züge in den programmatischen Aussagen nachgewiesen werden, aber dennoch werden sich Unterschiede in den Handlungs- und Deutungsmustern feststellen lassen z.B. zwischen einer Frau, die sich der Partei Die Republikaner oder der NPD anschließt. Noch gravierendere Unterschiede werden wir zwischen der Zuwendung zu einer Kameradschaft und beispielsweise zu einer Hilfsorganisation für politische Gefangene finden. Auch werden sich – je nach Organisation – die Rollen und Funktionen, die Mädchen und Frauen übernehmen, unterscheiden. Wir benötigen also für die Analyse und daraus folgend für die Theoriebildung auch ein entsprechendes Kontextwissen über die Interaktions- und Kommunikationsstrukturen, sowie über die politische Ausrichtung und Zielsetzung der Gruppierung, der sich das jeweilige Mädchen bzw. die Frau anschließt.

Kommen wir jetzt noch einmal auf das Interview mit Alexandra zurück. Im Gegensatz zu vielen anderen meiner Interviewpartnerinnen bezieht sich Alexandra in ihren Argumentationen direkt auf die Zeit des Nationalsozialismus. Versuchen wir diese Argumentationen anhand der dargestellten theoretischen Modelle zu erklären, so können wir – möglicherweise im Sinne von Holzkamp und Rommelspacher – annehmen, dass Alexandra eine Verbindung zur NS-Zeit herstellt, weil es sich bei dem NS-Regime um eine extreme Ausprägung einer Dominanzkultur gehandelt hat. Diese Bewertung wirkt jedoch abstrakt und konstruiert, wenn wir uns vergegenwärtigen, welcher Bedeutungsgehalt und auch welche familien- und lebensgeschichtliche Relevanz – möglicherweise neben der Umsetzung von Dominanzphantasien – für Alexandra damit verbunden ist. Ich möchte diesen Aspekt noch einmal anhand eines Beispiels genauer verdeutlichen: Alexandra spielt mir – nachdem das Interview abgeschlosssen ist – ihr neues Lied vor, welches sie für die Band geschrieben und komponiert hat. Der Text lautet wie folgt:

„In unserm Land, vor gar nicht all zu langer Zeit', da waren gerade Menschen stets zum Kampf bereit, um im Streite für ihr Vaterland zu steh'n, mit geballter Faust und des Arbeiters Hand, kämpften sie entschlossen für ihr Heimatland um gemeinsam den rechten Weg zu gehen. Die Erde bebte voller Hass und Wut denn ihr Weg war gezeichnet von Tränen und Blut. Viele ließen in diesem Kampf ihr Leben.

Gab's Sturm und Schnee, und war auch schlecht die Sicht, der Feind, der brach ihren Willen nicht. Sie waren bereit, für Deutschland alles zu geben. In jener blutigen Gefechtesnacht, hat so mancher noch mal an zu Haus' gedacht, und die Stunde als er in die Ferne schritt. Ein letzter Schrei hallte durch die Nacht der Schrei, der dem Leben ein Ende macht und das Bild der Mutter starb in ihm mit.

Denn wir schreiten Seit' an Seit' zum Widerstand sind wir erneut bereit. Unsern Ahnen machen wir es gleich und kämpfen für ein viertes Reich. Auch heute sind wir zum Gefecht bereit, wir kämpfen erneut für Gerechtigkeit. Unser Wille bleibt auf ewig ungebrochen. Unserer Väter Wege werden wir jetzt geh'n und werden ewig zu Deutschland stehen. Das letzte Wort ist längst noch nicht gesprochen."

Zunächst erscheint dieser Text abwegig, unzeitgemäß – eben ewig gestrig. Schauen wir uns jedoch die Lebensgeschichte von Alexandra an, so zeigt sich, dass das Thema Tod bzw. Mord auch in diesem Lied wiederzufinden ist. Alexandra scheint mit der Metapher Krieg-Erleben, ihre momentane Lebenssituation stellvertretend thematisieren zu können, denn sie greift hierbei auf ein Thema zurück, das aus dem intergenerationellen Dialog mit dem Großvater mit zwei Botschaften versehen wurde: Kameradschaft und Tod/bzw. Ermordung. Beide Themen sind in ihrer momentanen Lebenssituation aktuell, da ihr Freund Markus von einem Kameraden getötet wurde. Durch die Kontextualisierung mit einer Ideologie – das Vierte Reich – erfährt der Tod zudem eine Überhöhung, so dass auch der Tod von Markus in einem größeren und wichtigeren Zusammenhang eingebettet werden kann. Gleichzeitig macht sie in dem Lied die Bereitschaft selbst sterben zu wollen, deutlich. Betrachten wir also den familien- und lebensgeschichtlichen Kontext gemeinsam mit dem Text des Liedes so wird deutlich, dass sich hinter diesem lapidar als politisches Kampflied anmutendem Inhalt ein sehr viel konkreterer und weitreichenderer Bedeutungsgehalt verbirgt, als dies zunächst erschien.

Schauen wir uns dagegen die Herangehensweisen und Ergebnisse empirischer Untersuchungen an, so stellen wir fest, dass gerade familien- und lebensgeschichtliche Bedeutungszusammenhänge bisher kaum betrachtet wurden. Einzelnen Fragebögen können wir zwar Items entnehmen, die darauf hinweisen, dass eine Verbindung zur Vergangenheit und hier insbesondere zur Zeit des Nationalsozialismus abgefragt werden soll, wie bspw. in der Studie, die vom Ministerium für die Gleichstellung von Frau und Mann des Landes Nordrhein-Westfalen (1994) zum Thema: ‚Rechtsextremismus und Gewalt: Affinitäten und Resistenzen von Mädchen und jungen Frauen', in Auftrag gegeben wurde.

Diese Studie arbeitet mit Folgenden Items in bezug auf den Nationalsozialismus: ‚Der Nationalismus war im Grunde eine gute Idee, die nur schlecht ausgeführt wurde' und: ‚Adolf Hitler war ein bewundernswerter Mann'. Die über 1000 befragten Jugendlichen konnten in einer Skala von ‚Stimme voll und ganz zu' bis hin zu ‚Stimme überhaupt nicht zu ankreuzen'. 5% der befragten Mädchen stimmten bei beiden Fragen voll und ganz zu. Die Angabe der Häufigkeit kann jedoch kaum einen Anhaltspunkt dafür geben, was mit dieser Zustimmung verbunden und mit welchen Bedeutungsgehalten sie verknüpft ist.

Wie sowohl Lena Inowlocki (1992) in ihrer Arbeit über – im rechtsextremen Milieu organisierte – Jugendliche als auch Martina Schiebel (1992) für rechtsextreme und ehemals rechtsextreme männliche Jugendliche herausarbeiten, müssen wir vielmehr die familiale Tradition, die sich hinter diesen Zustimmungen aber auch hinter dem Verhalten der Jugendlichen verbirgt, und die lebensgeschichtlichen Erfahrungen der Jugendlichen, die dazu führen, sich mit dem Nationalsozialismus bzw. mit Teilen der NS-Deutungs- und Handlungsmuster zu identifizieren, in unsere Analyse einbeziehen. So kann zumindest in Bezug auf die Analyse des Interviews mit Alexandra die Hypothese gestellt werden, dass sich der Bezug zum rechtsextremen Milieu noch differenzierter herausarbeiten ließe, wenn wir mehr Informationen zu ihren Großeltern und v.a. deren Eingebundenheit in das NS-System hätten.

Auch Studien, die – wie Gudrun Axeli Knapp es fordert – sich Frauen einer bestimmten rechtsextremen Gruppierung zuwenden, kommen mit den eingesetzten Forschungsmethoden zu begrenzten empirischen Aussagen. Nehmen wir beispielhaft das Projekt von Annette Skrzydlo, Barbara Thiele und Nikola Wohllaib (1992). Die Autorinnen untersuchten mit Hilfe einer qualitativen Befragung Funktionärinnen und Aussteigerinnen der Republikaner. Sie wollten herausarbeiten, „welche Motive und (rechtsextremen) Orientierungsmuster ihrem Engagement zugrunde liegen" (1992, S. 136). Hierbei ging es den Wissenschaftlerinnen darum, die politischen Zielvorstellungen und die Gründe des Parteiengagements der Befragten herauszufinden:

„Es interessierte uns vor allem ihre Haltung zu den frauenpolitischen Aussagen der REP, da wir in Übereinstimmung mit der Literatur vermuteten, dass sich die befragten Frauen gerade wegen der ideologischen Aufwertung der traditionellen Frauenrolle durch die Programmatik der REP dort engagieren." (1992 S. 136)

Die Autorinnen sind demnach so vorgegangen, dass Thesen festgelegt, die dann an den Interviews überprüft wurden. Sie gehen also deduktiv vor, obwohl sie eine offene Interviewmethode einsetzten. Meines Erachtens schränken die Wissenschaftlerinnen durch eine solche Vorgehensweise ihre Ergebnisse ein, da die Interviews vorwiegend im Sinne der Verifikation oder Falsifikation der festgelegten Hypothesen ausgewertet werden. So schlussfolgern die Autorinnen: „Eines der überraschendsten Ergebnisse unser empirischen Untersuchung ist, dass dies (die ideologische Aufwertung der Frauenrolle, A.d.V.) nicht zutrifft" (1992, S. 136f.). Die Auswertung bleibt somit auf die vorher festgelegten thematischen Bereiche beschränkt und es wird deutlich, dass es eine solche Analyse kaum ermöglicht, etwas Neues, d.h. vorher nicht Gedachtes, herauszufinden. Zudem bleiben die Ergebnisse – obwohl das erhobene Material möglicherweise weitere Aussagen zuließe – darauf beschränkt, thematische Vergleiche zu ziehen, die sich bei der o.g. Studie auf die frauenpolitische Perspektive der Republikanerinnen sowie ihr politisches Weltbild beziehen. Unbeachtet bleibt die Entwicklung und Veränderung der Perspektive der Frauen.

Wir können jedoch davon ausgehen, dass sich die Perspektive der Mädchen und Frauen jeweils neu konstituiert, da sie in ihrer Umgebung verschieden wahrgenommen werden und somit ganz unterschiedliche Reaktionen erfahren. Aufgrund dieser individuell erfahrenen Wechselwirkung zwischen dem Erleben der eigenen Rolle in der jeweiligen Organisation und den erfahrenen Reaktionen wird sich die zukünftige Perspektive sowohl in

Bezug auf die Gruppierung, als auch in Bezug auf die eigene Verortung dort jeweils neu konstituieren.

Wollen wir diese an Entwicklungsprozesse und Erlebnisse gebundenen Perspektiven analysieren, so hat das Auswirkungen auf den gesamten Forschungsprozess, d.h. sowohl auf die Datenerhebung als auch die Auswertung. Wir benötigen ein Erhebungsinstrument, welches es der Befragten ermöglicht, selbststrukturiert, ohne durch Fragen unterbrochen zu werden, zu erzählen. Geeignet erscheint hier das von Fritz Schütze (1983) entwickelte biografisch-narrative Interview. Es ermöglicht der (Auto-)Biografin – nach einer offen formulierten Erzählaufforderung – ihre Lebensgeschichte mit all ihren Entwicklungen, Erlebnissen und Erfahrungen zu präsentieren.

In der Analyse ist es wichtig, die sequentielle Abfolge der Darstellung nicht zu zerstören, sondern sie – ganz im Gegenteil – zum Gegenstand eines wichtigen Analyseschritts zu machen; d.h. darauf zu achten, wie sich die Biografin einführt, über welches Thema sie zuerst spricht und welches dann folgt usw. – mit anderen Worten, in welcher sequentiellen Gestalt sie ihre Erfahrungen präsentiert. Nur so wird es möglich, den prozesshaften und wechselseitigen Verlauf bis hin zur Gegenwartsperspektive zu rekonstruieren (Rosenthal 1995). Gesellschaftliche Entwicklungen, aber auch die Reaktionen der Biografinnen darauf, werden nachvollziehbar.

Ferner können wir mit einem solchen Forschungsdesign die sozialen Rahmenbedingungen, die biografischen und familialen Voraussetzungen sowie die Handlungs- und Deutungsmuster der Befragten analysieren. Wir kommen so zu Aussagen darüber, welche biografischen Verläufe dazu geführt haben, dass das jeweilige Mädchen bzw. die Frau sich dem rechtsextremen Milieu angenähert hat und welche Bedürfnisse und Erwartungen damit verknüpft sind. Eine solche Herangehensweise hat zur Folge, dass einerseits ein sehr differenziertes Bild über Mädchen und Frauen im rechtsextremen Milieu entsteht, andererseits können wir Hypothesen darüber entwickeln, wie sich der Lebensweg des Mädchens bzw. der Frau zukünftig entwickeln wird. Beides kann dazu genutzt werden, gesellschaftliche, politische und auch sozialarbeiterische Interventionsmöglichkeiten besser auszuloten.

Literatur

Beck, U. (1986): Risikogesellschaft. Auf dem Weg in eine andere Moderne. Frankfurt/M. (Suhrkamp).

Birsl, U. (1994a): Rechtsextremismus weiblich – männlich? Rechtsextremistische Orientierungen im Geschlechtervergleich. In: Zeitschrift für Frauenforschung 12, S. 42–63.

Birsl, U. (1994b): Rechtsextremismus männlich – weiblich? Eine Fallstudie. Opladen (Leske + Budrich).

Bitzan, R. (1997): Themen und Positionen rechter Zeitschriftenautorinnen. In: Bitzan, R. (Hg.): Rechte Frauen, Skingirls, Walküren und feine Damen. Berlin (Elefanten Press), S. 12–29.

Dausien, B. (1999): 'Geschlechtsspezifische Sozialisation' – Konstruktiv(istisch)e Ideen zur Karriere und Kritik eines Konzepts. In: Dausien, B. et. al. (Hg.): Erkenntnisprojekt Geschlecht. Feministische Perspektiven verwandeln Wissenschaft. Opladen (Leske + Budrich), S. 216–246.

Fischer-Rosenthal, W. (1995): Schweigen – Rechtfertigen – Umschreiben. Biografische Arbeit im Umgang mit deutschen Vergangenheiten. In: Fischer-Rosenthal, W./Alheit, P. (Hg.): Biographien in Deutschland. Opladen (Westdeutscher Verlag), S. 43–87.

Heitmeyer, W. (1989): Rechtsextremistische Orientierungen bei Jugendlichen. Empirische Ergebnisse und Erklärungsmuster einer Untersuchung zur politischen Sozialisation. München (Juventa).

Holzkamp, C./Rommelspacher, B. (1991): Frauen und Rechtsextremismus. In: Päd. Extra 1, S. 33–39.

Holzkamp, C. (1994): Wir – nicht nur die anderen... Rassismus, Dominanzkultur, Geschlechterverhältnis. In: Tillner, C. (Hg.): Frauen - Rechtsextremismus, Rassismus, Gewalt, Feministische Beiträge. Münster (agenda-Verlag), S. 37–47.

Inowlocki, L. (1992): Zum Mitgliedschaftsprozeß Jugendlicher in rechtsextremistischen Gruppen. Ergebnisse einer interpretativ-qualitativen Untersuchung. In: Psychosozial 15, S. 54–65.

Knapp, G.-A. (1993): Frauen und Rechtsextremismus: 'Kampfgefährtin' oder 'Heimchen am Herd'? In: Welzer, H. (Hg.): Nationalsozialismus und Moderne. Tübingen (edition diskord), S. 208–239.

Köttig, M. (1995): '...und da hat es angefangen, dass ich rechts geworden bin ' Wahrnehmungen, Innenansichten und Selbstverortungen von Mädchen innerhalb der rechtsextremen Szene. Bedingungen und Prozesse des Hineinwachsens und der Distanzierung; unveröff. Diplomarbeit Universität Gesamthochschule Kassel.

Köttig, M. (1997): 'Mädchen sollten am besten die Klappe halten' – Mädchen in rechten Cliquen. In: Bitzan, R. (Hg.): Rechte Frauen. Skingirls, Walküren und feine Damen. Berlin (Elefanten Press), S. 147–165.

Meyer, B. (1991): Mädchen und Rechtsradikalismus. In: Blätter für die deutsche und die internationale Politik 5, S. 601–611.

Meyer, B. (1993): Offene Fragen zum Thema: Frauen und Rechtsextremismus. In: Feministische Studien 11, S. 117–127.

Miethe, I. (1999): Frauen in der DDR-Opposition. Lebens- und kollektivgeschichtliche Verläufe in einer Frauenfriedensgruppe. Opladen (Leske + Budrich).

Ministerium für die Gleichstellung von Frau und Mann des Landes Nordrhein-Westfalen (Hg.)(1994): Rechtsextremismus und Gewalt: Affinitäten und Resistenzen von Mädchen und jungen Frauen. Ergebnisse einer Studie; vorgelegt von Hilde Utzmann-Krombholz.

Nooke, M. (1997): Zur biografischen Bedeutung des antifaschistischen Selbstverständnisses der DDR bei Geschichtslehrern. Unveröffentlichte Magisterarbeit am Fachbereich Umwelt und Gesellschaft der TU Berlin.

Rommelspacher, B. (1991): Rechtsextreme als Opfer der Risikogesellschaft – Zur Täterentlastung in den Sozialwissenschaften. In: Zeitschrift 1999, S. 75–87.

Rosenthal, G. (1990): 'Als der Krieg kam, hatte ich mit Hitler nichts mehr zu tun'. Zur Gegenwärtigkeit des 'Dritten Reiches' in Biographien. Opladen (Leske + Budrich).

Rosenthal, G. (1995): Erlebte und erzählte Lebensgeschichte. Gestalt und Struktur biographischer Selbstbeschreibungen. Frankfurt/New York (Campus).

Rosenthal, G. (2000): Social transformations in the context of the family history. In: Breckner, R./Kalekin-Fishman, D./Miethe, I. (Hg.): Biographies and the Division of Europe. Reconstructing Eastern European Biographies. Opladen (Leske+Budrich) (in print).

Schiebel, Martina (1992): Biographische Selbstdarstellungen rechtsextremer und ehemals rechtsextremer Jugendlicher. In: Psychosozial 15(3), S. 66–77.

Schütze, F. (1983): Biographieforschung und narratives Interview. In: Neue Praxis 3, S. 283–293.

Siller, G. (1991): Junge Frauen und Rechtsextremismus – Zum Zusammenhang von weiblichen Lebenserfahrungen und rechtsextremistischem Gedankengut. In: deutsche jugend, S. 23–32.

Siller, G. (1993): Das Verhältnis von Frauen zu Rechtsextremismus und Gewalt. Theoretische Vorüberlegungen für eine weiterführende Analyse. In: Otto, H.-U./Roland, M. (Hg.): Rechtsradikale Gewalt im vereinigten Deutschland. Jugend im gesellschaftlichen Umbruch. Opladen (Leske und Budrich), S. 219–226.

Siller, G. (1997): Rechtsextremismus bei Frauen. Zusammenhänge zwischen geschlechtsspezifischen Erfahrungen und politischen Orientierungen. Opladen (Westdeutscher Verlag).

Siller, G. (1998): 'Nur nicht unterbuttern lassen ...'. Wie und warum entwickeln junge Frauen rechtsextremistische Orientierungen? In: Frankfurter Rundschau vom 23.9.1998.

Skrzydlo, A./Thiele, B./Wohllaib, N. (1992): Frauen in der Partei 'Die Republikaner': Zum Verhältnis von Frauen und Rechtsextremismus. In: Beiträge zur feministischen Theorie und Praxis 15, S. 136–146.

BIOGRAFIEN IM SPANNUNGSFELD VON ÖFFENTLICHKEIT UND PRIVATHEIT

Was bringt die Biografieforschung der Bewegungsforschung?

Myra Marx Ferree

In diesem Beitrag gehe ich auf einige blinde Flecke der Bewegungsforschung ein und zeige anhand vorliegender empirischer Studien auf, welchen Beitrag die Biografieforschung dazu leisten kann, diese Lücken zu füllen.

Ich gehe davon aus, dass die Bewegungsforschung von einer biografische Perspektive profitiert, da sie ermöglicht, das Individuum nicht als Datum, sondern als Prozess zu verstehen. Der Blick auf die Biografie bemüht sich darum, die Person langfristig zu sehen – nämlich durch den Lebenslauf chronologisch ausgestreckt über einen definierten Abschnitt historischer Zeit. Durch die Einbeziehung der Zeitdimension betont die biografische Perspektive Veränderungsprozesse. Biografisch gesehen ist das Selbst immer ein „work in progress", nicht ein abgeschlossenes Produkt. Identität ist in diesem Sinn eine nützliche Fiktion, eine Bezeichnung für ein sich ständig wandelndes Selbst, die ihm Kohärenz, Einheit und Sinn gibt. Biografisches Material bietet uns einen Einblick in diesen zutiefst sozialen Prozess. Dabei geht es einerseits um die objektive Dimension des Lebenslaufs, andererseits um die subjektive Konstruktion von Identität.

Eine biografische Perspektive auf das sich verändernde und veränderbare Selbst steht in starkem Gegensatz zu den vorherrschenden Perspektiven auf soziale Bewegungen, die das Individuum als statisches Bündel von Geschmack, Wahrnehmungen, Einstellungen und Ressourcen ansehen, die mobilisiert und eingesetzt werden können. Die Ressourcen-Mobilisierungsperspektive (vgl. McCarthy/Zald 1977) stellt explizit die Organisation in den Mittelpunkt und nimmt das Individuum lediglich als Mitglied wahr. In ähnlicher Weise privilegiert der Political-Process-Ansatz typischerweise strukturelle Gelegenheitsstrukturen und institutionelle Arrangements. Gleichzeitg übersieht er die Signifikanz dessen, was er als individuellen Erklärungsansatz abtut, nämlich Beschwerden und Erwartungen, die außerhalb der Bewegung entstanden sind (vgl. McAdam/McCarthy/Zald 1996).

Aber selbst Theorien Neuer Sozialer Bewegungen (NSB), die bei weitem am meisten Sympathie für Identität und Veränderungsprozesse haben, sind nur zum Teil mit einer biografischen Perspektive vereinbar. Wo die biografische Perspektive sich als Erklärungsansatz versteht, der generell genutzt werden kann, um soziale Prozesse der Interaktion zwischen dem Individuum und der Gesellschaft zu untersuchen, verbindet die NSB-Perspektive die dynamischen Eigenschaften des Selbst nur mit einem spezifischen historischen Moment, einer bestimmten sozialen Lage oder einem Bündel politischer Forderungen. D.h. dieser Ansatz fokussiert auf das, was im Sinne der NSB-Forschung als soziales Novum definiert wird (Melucci 1989).

Der Idealtyp der NSB-Aktivisten ist freiwillig mit Netzwerken von gleichaltrigen Individuen der gleichen Klassenposition verbunden, die in der Zivilgesellschaft eine Gegenkultur schaffen. Die kleine Gruppenstruktur, die in den NSB idealisiert wird, ähnelt einem Freundeskreis und kann auch so funktionieren. Sie ist aber kaum ein adäquates Modell für die vielen Arten und Weisen, in denen Bewegungen in der ganzen Welt um soziale Anerkennung kämpfen. In der vorherrschenden Bewegungsforschung wird das Persönliche und das Politische kaum miteinander in Verbindung gebracht. Damit wird auch übersehen, inwiefern das Persönliche und das Politische sich gegenseitig beeinflussen.

Welchen Beitrag könnte eine biografische Perspektive in dieser Hinsicht leisten? Ich argumentiere, dass sich eine biografische Perspektive besonders gut eignet, eine Person nicht als Ressource, als abstraktes Individuum oder als Mitglied von freiwilligen kulturellen Gruppierungen in der frei gestalteten Zivilgesellschaft zu betrachten, sondern als *familied self*, d.h. eine Person, die einer bestimmten Generation und ethnischen Gruppe angehört und ein bestimmtes Geschlecht hat. Anders gesagt, als eine Person, die nicht alleine in der Welt steht oder vom Himmel gefallen ist, die ohne schon vorhandene Bindungen an Ort und Familie heranwachsen kann, sondern als Mensch, der an bestimmte Orte und zu bestimmten historischen Zeitpunkten geboren ist, lebt und sterben wird.

Verwandtschaftssysteme sind die spezifischen Kontexte, in dem die meisten Leute zu denkenden Erwachsenen heranwachsen. Indem Verwandtschaftssysteme uns einerseits mit anderen Menschen z.B. durch Blutsbande verbinden und uns andererseits im Hinblick auf Alter, Rasse und Geschlecht trennen, organisieren sie Identitäten aller Art – kollektive wie auch individuelle. In diesem Sinne ist Verwandtschaft zentral für die Idee kollektiver Identität, selbst wenn kollektive Identität sich nicht auf verwandtschaftliche Kontexte beschränkt.

Bei dem Konzept des *familied self* handelt es sich auch um einen Generationenbegriff. Personen gehören immer zu einer bestimmten Generation und dies in zweifacher Hinsicht: innerhalb der Familie und innerhalb der Gesellschaft. Dies ist einer der Gründe weshalb eine biografische Perspektive die Möglichkeit bietet, Familie und Verwandtschaft einerseits und soziale Bewegungen und öffentliches politisches Handeln andererseits zu verbinden, ohne eine der beiden Seiten abzuwerten. In einer biografischen Perspektive kann die Familie selbst als Politikum angesehen werden. Ob sich eine solche Sichtweise in der Bewegungsforschung etablieren kann, bleibt abzuwarten. Eine derartige Konzeptualisierung erscheint mir in dieser Perspektive jedoch wahrscheinlicher als in dem nach wie vor weit verbreiteten Ressourcen-Mobilisierungs-Ansatz, nach dem Menschen als entscheidungsfähige Erwachsene konzeptualisiert werden, die ohne Verwandtschaft in die Öffentlichkeit treten.

Weil die biografische Perspektive für Prozesse persönlicher Entwicklung und Transformationen im Lebenslauf sensibel ist, kann sie auch die Familie als einen sich verändernden Bereich anerkennen. Wenn sich Menschen verändern, dann verändern sich auch die Beziehungen zu ihren Familien, und Änderungen der Familienbeziehungen haben erwünschte und unerwünschte Auswirkungen auf die Gesellschaft. Dieser Ansatz situiert den Lebenslauf in einer spezifischen Kultur und einem historischen Moment und eröffnet dadurch die Möglichkeit, Familientypen als verschiedenartig und von sozialen Strukturen abhängig wahrzunehmen, anstatt als stereotyp und universell. Familien produzieren Menschen, aber Menschen produzieren auch Familien. Die Formen, in denen sich Familien konstituieren, der Druck, der auf Familienmitglieder ausgeübt wird, und die Macht, sich solchen Strukturen entgegenzustellen und diese vielleicht zu verändern, sind selbst umstrittene politische Ergebnisse. Um zu zeigen, wie eine biografische Perspektive das *familied self* als politischen Akteur in den Fokus bringt, stelle ich hier einige Ideen mittlerer Reichweite sowie empirische Studien vor, die provokante Erweiterungen existierender Theorien anbieten.

Diese Ideen reflektieren drei spezifische analytische Punkte, hinsichtlich derer soziale Bewegungen normalerweise untersucht werden: der Eintritt in eine Soziale Bewegung, die Aktivistenidentität an sich, und die Effekte von sozialen Bewegungen. Dabei möchte ich aufzeigen, dass diese drei Ideen durch zwei Aspekte verbunden werden, die bisher weitgehend von Bewegungstheorien vernachlässigt wurde, nämlich der Familie als politischer Institution und dem Akteur als *familied self*.

Eintritt in soziale Bewegungen

Biografische Ansätze unterstreichen die wichtige Rolle, die politische Sozialisation für den Eintritt in soziale Bewegungen spielt. Dabei ist besonders bedeutsam, dass in einer biografischen Perspektive politische Sozialisation als lebenslanger Prozess aufgefasst wird (vgl. Roth 1997). Allerdings beginnt dieser Prozess immer in der Kindheit. Das Elternhaus ist also ein wichtiger Bestandteil dieses Prozesses, wenn auch nicht der einzige Einfluss.

Eine der Möglichkeiten ist, dass Kinder die Werte und Identitäten ihrer Eltern übernehmen. Ein Beispiel dafür ist die etablierte Weitergabe von Parteigefolgschaften über Generationen hinweg. Im Hinblick auf soziale Bewegungen stellen die „red-diaper-babies" ein Beispiel für dieses Phänomen dar. Dabei handelt es sich um die Kinder der Alten Linken der 30er und 40er Jahre, die Teil der Neuen Linken wurden (Hood 1999; Whalen/Flacks 1989). Diese politische Sozialisation in der Kindheit kann verschiedene Formen annehmen. Nur wenige Aktivisten berichten davon, dass sie zu Demonstrationen und politischen Kundgebungen mitgenommen wurden, aber viele beschreiben, dass ihre Eltern durch ihre Handlungen bestimmte Orientierungen an sie weitergaben. In ihrer Studie über Kinder von Mitgliedern der amerikanischen Kommunistischen Partei verweist Jane Hood auf das Entsenden weißer Kinder in rassenintegrierte Schulen oder Sommerlager. Damit wurde ihnen beigebracht, dass die Rassentrennung der 40er und 50er Jahre fragwürdig war, noch bevor die Bürgerrechtsbewegung mit der Mobilisierung öffentlicher Demonstrationen gegen die Rassentrennung in den 60ern begann.

Eltern können also bewusst politische Werte an ihre Kinder weitergeben. Unter Umständen halten sie sogar die Erziehung ihrer Kinder für eine wichtige politische Aufgabe. McComisky (1998) untersucht beispielsweise die Erziehungsmethoden von Friedensbewegten in den USA, denen es darum geht, ihre Kinder zu Gewaltfreiheit zu erziehen. Diese Eltern widerstehen dem gesellschaftlichen Druck, kleinen Jungen Spielzeugpistolen und Wasserkanonen zu schenken und versuchen, Streit in der Familie ohne Gewaltandrohung und -anwendung zu beenden. Für sie ist auch der private Bereich politisch. Ihr Versuch ist die Kehrseite des Phänomens, Gewalt in der Familie mit Gewalt in der Gesellschaft als politisch miteinander verbunden zu sehen und gleichzeitig gegen beides zu kämpfen (vgl. Miethe in diesem Band). Miethe (1999a) berichtet, dass sich die ostdeutschen Friedensaktivistinnen weigerten, ihre Kinder zu militärischen Übungen zu schicken. Damit nahmen sie die Konfrontation mit dem Staat auf sich.

Solche Entscheidungen stehen genau an der sich verschiebenden Grenze zwischen Privatheit und Öffentlichkeit und machen derartige Grenzziehungen umso deutlicher. Im Rahmen einer Studie über Frauen, die in Armutsgebieten von US-Städten für soziale Rechte arbeiten, prägte Nancy Naples den Begriff „activist mothering" (1998). Dieser Begriff drückt aus, wie eng in ihrem Lebenslauf familiale Erziehung, politischen Aktivismus und bezahlte Arbeit im sozialpädagogischen Bereich miteinander verbunden sind.

Die biografische Perspektive leistet auch einen wichtigen Beitrag zur Netzwerkanalyse. Soziale Bewegungsforscher weisen darauf hin, dass die Rekrutierungsnetzwerke ein kritischer Faktor für die aktive Bewegungsteilnahme eines Individuums sind. Diese Netzwerke sind sicherlich wichtig. Allerdings tendiert die Netzwerkanalyse dazu, von der Existenz eines Organisierenden auszugehen, der dann diese Struktur herstellt, Ideen verbreitet und Teilnehmer zu bestimmten Aktionen rekrutiert. Dies ist ein hierarchisches Organisationsmodell und es vernachlässigt ein kritisches Verbindungsglied: die Herausbildung der Organisatoren. Diese „Bewegungsunternehmer" (Staggenborg 1988) fallen nicht vom Himmel, sie haben Verbindungen zu anderen Bewegungen, die oft früh in ihrem Leben geformt wurden und die auf die Familie und anderen Familienmitglieder zurückzuführen sind. Roth (1997 und in diesem Band) beschreibt am Beispiel der Coalition of Labor Union Women, dass einige der Gründerinnen dieser Organisation aus bewegungsnahen Familien stammten und die Akteurinnen versuchten, die in der Familie vermittelten Werte in der Politik zu verwirklichen. Erziehung, soziale Vernetzung, Verbundenheit und politisches Engagement sind in den Biografien der Aktivistinnen nicht von einander zu trennen.

Identität und Aktivismus

Im Folgenden gehe ich darauf ein, welchen Beitrag das Konzept des *familied self* zur Analyse von Bewegungsaktivitäten und -identitäten leistet. Nach wie vor ist die Ansicht weit verbreitet, dass familiäre Verpflichtungen die Beteiligung an sozialen Bewegungen eher behindern als fördern. Dieser Sichtweise gemäß haben Frauen aufgrund ihrer Verantwortung für die Familie weniger Möglichkeiten, sich an sozialen Bewegungen zu beteiligen, während diejenigen mit deutlich weniger familiären Verpflichtungen (wie kinderlose junge Menschen, die den Haushalt ihrer Eltern verlassen haben, aber noch keinen eigenen geformt haben) als potentielle revolutionäre Klasse idealisiert werden. Ich gehe hier davon aus, dass das Verhältnis zwischen Familie und Bewegungsbeteiligung wesentlich komplexer und nuancierter ist.

Ob die Familie zu einer Bewegungsmobilisierung führt oder diese eher verhindert, hängt ab vom Kontext, in dem mobilisiert wird, von den Organisationsmethoden und dem kulturellen Kontext, in dem die Handlungen stattfinden. Für viele Menschen stellen Bedrohungen der Gesundheit oder des Überlebens ihrer Familien einen primären Impetus für politisches Engagement und die Entwicklung einer Aktivistenidentität dar. Es gibt zahlreiche Beispiele dafür, dass unter solche Bedingungen Frauen an vorderster Stelle der politisch Aktiven stehen. Ein solches Beispiel stellt Temma Kaplans (1991) Untersuchung lokaler Umweltbewegungen dar. Viele der Initiatorinnen und Anführerinnen dieser gegen Giftmüll protestierender Bewegung sind Arbeiterinnen, die ihre nachbarschaftlichen Verbindungen für die Mobilisierung anderer Frauen nutzen. Ihre Identität als Aktivistinnen ist eng mit ihrem Selbstverständnis als Mütter verbunden, die ihre Kinder vor einer unmittelbaren lokalen Bedrohung beschützen wollen.

Ein anderes Beispiel stellt die Untersuchung von Mary Pardo (1995) über Chicana-Frauen in einer armen mexikanisch-amerikanischen Nachbarschaft dar. Sie fand heraus, dass diese ihre Protestaktivitäten mit der Auffassung begründeten, *„dass wir es einfach für unsere Kinder tun"*. Außerdem ruft ihre Verwendung von weißen Schals bewusst die geschlechtsspezifische und ethnische Analogie der Mütter vom Plaza de Mayo hervor, die gegen das politische „Verschwinden" ihrer Kinder und Enkel protestieren. Die Mobilisierung von Frauen als Ehefrauen und Mütter spielt auch im Widerstand gegen ökonomische Ungerechtigkeiten eine große Rolle: egal, ob es sich um Minenschließungen in England (Beckwith 1996), Stahlstreiks in den USA (Fonow 1998) oder strukturelle Restrukturierungen in Chile (Noonan 1995) handelt. Auch die Anti-Alkohol (Enthaltsamkeits)-Bewegung in den USA im frühen 20 Jahrhundert, die Anti-Drogen-Bewegungen in armen afroamerikanischen Gemeinschaften in den 1980ern und die Anti-Alkohol-Kampagnen im post-sozialistischen Russland richten sich speziell an Frauen als Mütter und Ehefrauen. Es bleibt offen, inwieweit solche „mütterliche" Rhetorik besonders typisch für Frauen der Arbeiterklasse ist. Es ist aber klar, dass diese Strategien in verschiedenen Kontexten sehr effektiv sind (vgl. Miles 1996). Angesichts der Tatsache, dass Frauen oft durch familienzentrierte Rhetorik für eine Vielfalt von Problemen wie politische Gewalt, ökonomische Umsiedelung, Umweltverschmutzung bis hin zu Drogenmissbrauch mobilisiert werden, wundert man sich, wie sich die Idee etablieren konnte, dass die Familie eine Anti-These zu sozialen Bewegungen darstellt.

Eine Erklärung dafür ist ein androzentrischer Politikbegriff, der ein geschlechtsspezifisches Bild von sozialen Bewegungsaktivisten malt und es plausibel erscheinen lässt, dass die Familienrollen von Frauen diese einschränken. Eine implizite Definition von „richtigen" Aktivisten oder „sozialen Bewegungsführern", nimmt ausschließlich die prominenten und öffentlich sichtbaren Bewegungssprecher wie Martin Luther King oder Lech

Walesa als Vorbild. Dabei übersieht sie die Arbeit von Frauen hinter den Kulissen (vgl. Tschouikina in diesem Band). Belinda Robnetts (1997) wichtige Studie über afroamerikanische Frauen in der Bürgerrechtsbewegung zeigt, dass Männer die höchst sichtbaren Bewegungsrollen übernahmen, während Frauen in die weniger sichtbaren Führungsrollen platziert wurden. Trotzdem trugen Frauen die Bewegungsideen in die lokalen Gemeinschaften hinein, brachten den Individuen und Gruppen die Strategien und Widerstandtaktiken bei und zogen die neue Generation von Führern durch Ausbildung in Graswurzelorganisationen heran. Deswegen argumentierte Robnett, dass Frauen in der amerikanischen Bürgerrechtsbewegung auch Führungsrollen hatten/ausübten, die jedoch von einer anderen Art waren als die der Männer.

Auch Charles Payne (1989) kommt in seiner Untersuchung von Ella Bakers wichtiger Rolle in der Bürgerrechtsbewegung zu der Schlussfolgerung, dass „Männer führten, aber Frauen organisierten". Ella Baker selber kontrastierte „Mobilisieren" und „Organisieren". Mit „Mobilisieren" beschreibt sie, wie Menschen anlässlich eines einmaligen Ereignisses rekrutiert werden. Im Gegensatz dazu bedeutet „Organisieren", Menschen zu lebenslangen Aktivisten zu erziehen. Für diesen Prozess muss auf Familien-, Nachbarschafts- und andere Netzwerke zurückgegriffen werden. „Organisieren" ist für die Medien weniger sichtbar als „Mobilisieren". „Organisieren" kann man als „Hausarbeit der Politik" bezeichnen, nämlich die unterbewertete und nicht anerkannte Arbeit, die die Formen und publikumswirksamen Aktivitäten langfristig möglich machen. „Organisieren" und „Mobilisieren" als geschlechtsspezifische Formen sozialer Bewegungsaktivitäten mögen so die Signifikanz von Familien in den meisten Bewegungen verbergen.

Nach wie vor ist die Wahrnehmung von Frauen als Bewegungsaktivistinnen tiefgreifend geschlechtsspezifisch strukturiert, indem die patriarchalen Rechte der Staatsführung und der Familienführung in und durch einander konzeptualisiert werden. Wie Carol Pateman (1988) argumentierte, änderte selbst die moderne demokratische Verschiebung der Staatsmacht zu einer revolutionären „Bruderschaft" die männliche Konnotierung formaler politischer Theorie weder in ihrer Konzeptualisierung noch in der Praxis. Diese am Arbeitsplatz und in den politischen Parteien ausgedrückte Bruderschaftsmentalität schließt einerseits Frauen von den Führungspositionen der

Politik aus und verdeckt andererseits die politische Bedeutung sowohl der Wohnungs- und Schulpolitik als auch anderer Arten von Graswurzelpolitik, in die Frauen schon immer zentral involviert waren. Die Betonung kultureller Politik in der Zivilgesellschaft und von Graswurzelorganisationen ohne prominente Führer oder formale Organisationen in NSB versteht auch solche nicht-institutionelle Aktionen als politisch, übersieht aber, dass diese Art Politik an der Peripherie nur für Männer neu ist.

Politische Aktivitäten von Frauen haben immer einen großen Anteil nicht institutioneller kultureller Aktionen umfasst. Das reicht bis zu Lysistrata zurück. Die politische Arbeit, die mit männlichen Aktivisten assoziiert wird, wie Reden halten und Treffen von eher formal organisierten Gruppen, ist in der Politikwissenschaft hoch geschätzt, wird aber von Aktivistinnen als oberflächlich und wichtigtuerisch in Frage gestellt. Linda Christiansen-Ruffmann (1995) fand heraus, dass Aktivistinnen in drei sehr unterschiedlichen kanadischen sozialen Bewegungen alle das Etikett „Politik" für das, was sie taten, zurückwiesen, weil sie Politik als korrupt und eigennützig verstanden, nämlich als das Gegenteil von dem, was „gut für die Gemeinschaft ist" und woran sie ihrer Meinung nach arbeiteten. Ingrid Miethes Forschung über ostdeutsche Aktivistinnen bestätigt diese Zurückweisung der Bezeichnung Politik, zeigt aber auch, wie die spezifische Art der Organisierung dieser Aktivitäten in Ostdeutschland die Beteiligung von Frauen gefördert hat, während das westdeutsche Modell, das nach der Vereinigung adoptiert wurde, sie marginalisierte (Miethe 1999b). Als Politik um den Küchentisch gemacht wurde, fühlten sich Frauen stärker angesprochen als an institutionalisierten Orten. Am Küchentisch verband sich öffentliches und privates Leben miteinander, z.B. ob und wie Kinder im Hinblick auf Religion und Krieg erzogen werden sollten.

In der feministischen Theorie wurde diese fließende Grenze zwischen öffentlich und privat und die politischen Kämpfe, die um diese Grenze herum geführt werden, besonders betont. Die Bemühungen, Gewalt gegen Frauen zu benennen und als politisch zu definieren, erfordern beispielsweise, die Definition des häuslichen Bereichs als des Privaten und damit Nichtpolitischen in Frage zu stellen. Die Infragestellung männlicher Privilegien und das Thematisieren sexueller Gewalt bedeutet in diesem Fall, ein einst privates Anliegen zu einem Teil der öffentlichen Politik zu machen. Aber auch

119

das Gegenteil ist der Fall, wenn nämlich Feministinnen versuchen, Abtreibungsregelungen aus den Händen des Staats zu nehmen und einen Privatbereich für die Entscheidungen von Frauen zu schaffen, der politisch verteidigt werden kann.

Es ist kein Zufall, dass diese beiden politischen Kämpfe (sexuelle Gewalt in der Familie, Abtreibungsregelung) die Familie betreffen. Familien sind selbst politische Konstruktionen. Soziale Bewegungen, die sich im Hinblick auf Familienstruktur und -prozess engagieren, sind nicht weniger politisch, nur weil sie den Kampf innerhalb der Familie und nicht nur im Bereich des formalen Rechts führen. Daher sind die feministischen Bemühungen, die geschlechtsspezifische Arbeitsteilung dahingehend zu verändern, dass sich einerseits auch Männer an der Pflege- und Hausarbeit beteiligen und andererseits Frauen mehr Gleichheit und Unabhängigkeit außerhalb des Hauses haben, ebenfalls Teil einer sozialen Bewegungsaktivität. Dies gilt insbesondere dann, wenn diese Anstrengungen mit der Absicht, einen langfristigen sozialen Wandel herbeizuführen, unternommen werden. Solche Anstrengungen geraten oft aus dem Blickfeld der klassischen sozialen Bewegungstheorien, egal wie sehr sie von einer kollektiven politischen Aktivität inspiriert, verpflichtet und unterstützt werden.

Im Unterschied zu klassischen Bewegungstheorien können in einer biografischen Perspektive alle Formen politischen Handelns, die für die Akteure wichtig sind, als kollektive politische Identitäten ausgedrückt und wahrgenommen werden. Cheryl Hercus (1999) verwendet beispielsweise in ihrer Untersuchung australischer Feministinnen biografische Narrationen von 15 Frauen aus dem nördlichen Queensland, einer politisch konservativen Gegend, um zu zeigen, wie die Frauen feministische Unterstützung suchten, die ihnen in ihrem Kampf um Unabhängigkeit und Macht innerhalb ihrer Familien half. Sie deckt auch auf, wie die Bewegung in diesem Teil von Queensland mit Widerstand und Repression konfrontiert wurde. Dieser Widerstand ging nicht vom Staat, der Gleichheitsgesetzgebung formell unterstützte, sondern von der Zivilgesellschaft aus. Die Ehemänner der Aktivistinnen bedrohten die Frauen und machten sie lächerlich, um ihre Beteiligung einzuschränken. Auch viele der Freundinnen der Aktivistinnen wurden von der Gruppenbeteiligung durch ähnliche oder noch extremere Versionen der gleichen Feindseligkeit abgehalten. Dieses biografische Material zeigt damit die Kurzsichtigkeit von Theorien sozialer Bewegungen auf, die Repression nur als vom Staat kommend betrachten.

Die biografische Perspektive ermöglicht uns, sowohl die Verschiedenartigkeit der Bewegungen selber als auch die Unterschiedlichkeit der Leitung von Bewegungen, Bewegungsaktivitäten und Bewegungsergebnissen anzuerkennen. Wichtige Aspekte der Organisation sozialer Bewegungen geschehen in den zivilgesellschaftlichen Orten, die normalerweise als unpolitisch gelten. An solchen Orten sind Frauen oft zentral. Lebenslange nichtinstitutionelle Bewegungsaktivitäten wahrzunehmen bedeutet auch, eine echte Gelegenheit zu schaffen, Frauen in der Bewegungsforschung stärker sichtbar zu machen. Damit werden nicht nur einzelne außergewöhnliche Frauen und bestimmte Formen weiblichen Organisierens stärker sichtbar, sondern es wird auch den Geschlechtsstereotypen im Bereich der Bewegungsforschung etwas entgegengesetzt und die androzentristische Definition von Politik unterminiert. Die Auffassung von soziale Bewegungsakteuren als *familied selves* wäre eine signifikante theoretische Konsequenz für die Bewegungsforschung.

Bewegungsergebnisse

Eine biografische Perspektive richtet auch mehr Aufmerksamkeit auf die beabsichtigten und unbeabsichtigten Konsequenzen von sozialem Aktivismus. Partizipation an sozialen Bewegungen verändert Menschen. Kurzfristig mag die Beteiligung in Massenmobilisierungen ein Gefühl von Handlungsmacht und Euphorie erzeugen, das im späteren Leben als Energiequelle und Verbundenheit erinnert werden kann. Ich möchte im Folgenden einige empirische Studien vorstellen, in denen derartige Prozesse beschrieben werden. Ein Beispiel stellt die Studie von Molly Andrews (1991) dar. Wie sie in ihrer Untersuchung langfristiger Aktivisten herausfand, können die Leidenschaften, die im Kontext von Aktivismus erregt wurden, sinnstiftend sein und Anlass für eine Vielzahl eher mundaner und arbeitsintensiver

Bemühungen, die nicht das gleiche Maß an Gefühl erregen, wahrgenommen werden.

Sowohl Biografieforschung als auch feministische Forschung erkennen Emotionen als wichtige Bestandteile politischer Erfahrungen an (Taylor 1995). Die von McComiskey (1998) in den USA studierten Friedensaktivistinnen nannten häufig die Ideen „leidenschaftlicher Verpflichtung" als zentral in ihrem Leben. Meines Erachtens ist es schwer vorstellbar, wie hochriskanter Aktivismus unternommen werden könnte ohne die Erfahrung tiefster Emotion. Wenn diese Emotionen einmal ausgelöst wurden, dann können sie nicht einfach vergessen werden. Sie mögen Aktivisten dazu veranlassen, ihr Leben in vielerlei Hinsicht anders zu leben, als sie es sich ursprünglich vorgestellt hatten. Auch solche Lebensveränderungen gehören zu den Effekten von sozialen Bewegungen. Viele Untersuchungen amerikanischer Aktivisten der 60er und 70er Jahre deuten auf solche Lebenstransformationen hin. Sara Evans (1979) Untersuchung der Herausbildung der Frauenbewegung aus der Bürgerrechtsbewegung im Süden der USA stützt sich auf biografische Interviews, um zu zeigen, wie die früheren Lebensumstände die Aktivistinnen darauf vorbereiteten, am Kampf gegen Rassentrennung teilzunehmen. Es waren gerade die in diesem Kontext gemachten unerwarteten Erfahrungen, die sie dazu brachten, ihre Lage als Frauen zu überdenken. Ausgehend von diesem tief empfundenen Prozess, sich mit Geschlechtervorstellungen auseinander zu setzen, entwickelten und verbreiteten sie eine Vision der Transformation und Gleichheit, die die moderne Frauenbewegung inspirierte und nicht nur ihr Leben, sondern auch das von Millionen anderer Frauen veränderte.

Sherkat and Blocker (1997) zeigen auf, wie die amerikanische studentische neue Linke ein Kontext für Werte- und Lebensveränderung von jungen Männern zu dieser Zeit wurde. Europäische Studien der „68er" Generation zeigen Parallelen dazu auf und weisen darauf hin, dass die politischen und persönlichen Konsequenzen von Bewegungsbeteiligung weitreichend sein können (z.B. Bude 1995, Heinrich-Böll-Stiftung/Feministisches Institut 1999). Solche transformierenden Erfahrungen sind auf keinen Fall auf Jugendliche in westlichen Industrienationen beschränkt. Mangala Subramaniams (2000) Untersuchung von Frauenorganisationen im ländlichen Indien in den letzten Jahren zeigen, dass aus der Erfahrung in lokalen Bewegungsgruppen tiefe Veränderungen im Familienleben und Erwerbsleben resultieren können. Indem diese sozial schwachen Analphabetinnen dazu ermutigt worden waren, ihre Namen in einer Frauengruppe auszurufen oder gemeinsam vermeintlich so einfache Aufgaben bewältigten wie ein Dorf aufzuräumen, stellten die Organisierenden fest, dass die Teilnehmerinnen stärker dazu bereit waren, sich auch in der Familie durchzusetzen. Sie waren dann beispielsweise dazu in der Lage, darauf zu bestehen, dass die Schulgebühren nicht nur für die Söhne, sondern auch für die Töchter bezahlt werden.

Eine der detailliertesten und sorgfältigsten Untersuchungen von Veränderungen im Lebenslauf durch Bewegungsmitgliedschaft ist Doug McAdams (1988) Untersuchung von Teilnehmern an der als „Freedom Summer" bekannten Kampagne, die 1963 im Rahmen der amerikanischen Bürgerrechtsbewegung stattfand. Für diese Kampagne wurden weiße College-Studenten angeworben. Diese mussten sich um die Teilnahme an der Aktion bewerben. McAdam verglich StudentInnen, die, nachdem sie ausgewählt worden waren tatsächlich an der Kampagne teilnahmen, mit solchen, die sich doch nicht daran beteiligten. Aufgrund dieses Vergleichs konnte McAdam zeigen, wie die Teilnahme an dieser intensiven und gefährlichen Form von Aktivismus die Studenten veränderte. Die Aktivisten waren nicht nur eher in anderen sozialen Bewegungen politisch engagiert (der Frauenbewegung, der Friedensbewegung etc.), sondern es gab darüber hinaus auch deutliche Auswirkungen auf die Familien- und Erwerbsbiografien. Die Studenten, die an der „Freedom Summer"-Kampagne teilnahmen, waren häufiger in niedrig bezahlten Jobs im sozialen Bereich zu finden, unterbrachen öfter die Erwerbstätigkeit, hatten weniger und kürzer dauernde Ehen und – besonders bei Frauen – weniger Kinder. Diese Studie belegt, dass der Bewegungsspruch „es hat mein Leben völlig verändert" der Wahrheit entspricht.

McAdams (1997) jüngste Arbeit nimmt das Thema, wie Veränderungen der normativen Familienstrukturen aus den sozialen Bewegungen der 60er und 70er Jahre hervorgingen, wieder auf und zeigt, dass diese Effekte nicht nur auf diejenigen beschränkt sind, die tatsächlich teilnahmen. Anhand der Untersuchung dreier Bevölkerungskohorten, die im Zeitraum zwischen 1945 und 1965 geboren sind, zeigen McAdam und seine Kollegen auf, wie Veränderungswellen buchstäblich durch die Bevölkerung schwappten. In der ältesten Kohorte wurde festgestellt, dass nur diejenigen, die an der Anti-

Vietnam-Bürgerrechtsbewegung oder Frauenbewegung teilgenommen hatten, die konventionellen Familiennormen in Frage stellten. Diese Teilnehmer wiesen ein höheres Heiratsalter auf, hatten weniger Kinder und waren häufiger geschieden. In der zweiten Kohorte zeigte sich bereits eine größere Verschiedenheit der Familienmuster. Diejenigen, die an den stärker politisierten Universitäten studierten oder in stärker betroffenen Teilen des Landes wie San Francisco lebten, nahmen ebenfalls weniger konventionelle Lebensstile an. In der dritten und jüngsten Kohorte hat sich dieser Wandel weiter ausgebreitet und die ganze Kohorte ähnelte dem politisch aktiven Teil der ersten Kohorte mehr als dem inaktiven Teil der ersten Kohorte. Man kann die Veränderungen des normativen Familienmusters in der amerikanischen Kultur als eine sich in einem Teich ausbreitende Welle auffassen, die sich vom Kern der politischen Aktiven zu einer ganzen Generation ausbreitet.

Ohne Zweifel verändern soziale Bewegungen ihre Teilnehmer. Aber soziale Bewegungen können auch in der ganzen Kultur die Bedeutung und Strukturen von Familien selbst verändern. Als *familied selves* produzieren Aktivisten Ergebnisse und Werte, die nicht nur formale politische Institutionen, Gesetze und Politiken umfassen, sondern auch die Politiken der Familie verändern. Die Machtstrukturen, die Geschlecht und Generationen organisieren, sind auch durch soziale Bewegungen veränderbar. Eine biografische Perspektive erlaubt uns nicht nur, die lebensverändernden Emotionen und transformierenden Identitäten der Aktivistinnen selber aufzuzeigen, sondern auch nach den Konsequenzen für die institutionelle Organisation des Lebenslaufs (Kohli 1985) zu fragen. In Ländern wie Deutschland, wo beispielsweise Erwerbstätigkeit auf ziemlich rigide Weise formal nach Alter organisiert ist, können sich solche bewegungsinspirierten Transformationen des Lebenslaufs wiederum auf die formalen Strukturen der Politiken niederschlagen. Nimmt man das *familied self* als Ergebnis von sozialen Bewegungen wahr, dann öffnet die biografische Perspektive den Bezugsrahmen für einen generell stärkeren intentionalen Aspekt in Veränderungen des normalen Lebenslaufs, als es demographische Modelle üblicherweise erlauben.

Schlussfolgerungen

In diesem Beitrag habe ich zu zeigen versucht, dass sich eine biografische Perspektive besonders gut dafür eignet, den sozialen Bewegungsakteur als *familied self* zu verstehen. Ein Verständnis von Menschen als *familied selves* erweitert das Blickfeld sowohl auf den Eintritt in soziale Bewegungen als auch auf die Leitungsaufgaben innerhalb von sozialen Bewegungen und die gesellschaftlichen Auswirkungen von sozialen Bewegungen. Bei der Beteiligung an sozialen Bewegungen handelt es sich um politische Aktivitäten, aber das Politische bleibt immer auch etwas Persönliches. Das Persönliche wird stets durch Prozesse, die ebenfalls politische Handlungen sind, in die Politik gebracht bzw. ausgegrenzt. Die Betrachtung von Aktivisten als *familied selves* aus einer biografischen Perspektive kann die Grenze zwischen Öffentlichkeit und Privatheit, die offensichtlich auch Frauen von Männern trennt, in Frage stellen. In dieser Sichtweise wird aber auch genau diese Grenze als politische Angelegenheit klarer aufgezeigt. Dadurch können die dauernden Auseinandersetzungen über diese Teilung sowohl innerhalb der Bewegungen als auch in der Gesellschaft sichtbarer werden. Der geschlechtsspezifische Aspekt von sozialen Bewegungsaktivitäten wird dabei der Analyse zugänglicher gemacht. Daher ist eine biografische Perspektive auf soziale Bewegungen besonders für die feministische Frauenforschung nützlich, nicht nur um die Frauenbewegung zu untersuchen, sondern um die Wechselwirkungen von Geschlecht und Macht in allen Bewegungen ins Licht zu rücken.

Das *familied self* als ein zutiefst sozialer Bewegungsakteur stellt auch eine Brücke zwischen Mikro- und Makro-Ebene der Analyse bereit. Anhand biografischer Daten können wir erkennen, dass die Sozialisation in bestimmten Familien und an bestimmten sozialen Orten und das Involviertsein in soziale Bewegungsaktivitäten Konsequenzen auf dem Makro-Level hat. Familien werden oft in einer eingeschränkten Sichtweise nur als die Verkörperung der Mikro-Level Interaktion angesehen. Das Sichtbarmachen dessen, wie Familienmitglieder tatsächlich mit Kämpfen sozialer Bewegungen verbunden sind, trägt dazu bei, die Annahme der Isolation und politischen Bedeutungslosigkeit der Familie zurückzuweisen. Politik darf nicht auf die Makro- oder Meso-Ebene, also auf die Angelegenheit formaler Institutionen und Organisationen reduziert werden. Die Wahrnehmung der politisch Engagierten als *familied selves* betont die Zugehörigkeit von Bewegungsakteuren zu einer bestimmten Generation, Rasse, Altersgruppe und einem bestimmten Geschlecht. Ihre sozial gestaltende Erziehung und strukturgebenden Standpunkte sind unvermeidbare Teile der Interaktion, in der konkrete Individuen eine Bewegung am Leben halten und durch die ihr eigenes Leben transformiert wird. Meines Erachtens könnte diese durch biografische Forschung besser erkennbare Brücke zwischen Familien und sozialer Bewegung auch die Illusion in Frage stellen, dass die Familie eine inhärent konservative Institution ist und soziale Bewegungen von Natur aus das Gegenteil.

Ich fasse zusammen: sobald wir soziale Bewegungsaktivisten als *familied selves* ansehen, erkennen wir beides, Familien und soziale Bewegungen, auf unterschiedliche und interessante Weise überlappend. Biografische Erzählungen bieten ein ideales Werkzeug, um diese Überschneidungen zu analysieren und die ganzheitliche Lebenserfahrung zu erfassen, die soziale Bewegungen und Familien generieren. Die Beiträge in diesem Band geben zahlreiche Beispiele dafür, wie eine solche Analyse aussieht. Soziale Bewegungsforscher, die die biografische Expertise nutzen, zeigen, dass sie einem reichen und lohnenden Pfad folgen.

Übersetzung: Silke Roth

Literatur

Andrews, M. (1991): Lifetimes of Commitment: Aging, politics and psychology. New York (Cambridge University Press).

Beckwith, K. (1996): Lancashire women against pit closures: women's standing in a men's movement. In: Signs 21, S. 1034–1068.

Bude, H. (1995): Das Altern einer Generation: Die Jahrgänge 1938 bis 1948. Frankfurt/M. (Suhrkamp).

Calhoun, C. (1993): "New Social Movements" of the Early Nineteenth Century. In: Social Science History 17, S. 385–428.

Christiansen-Ruffman, L. (1995): Women's Conceptions of the Political: Three Canadian Women's Organizations. In: Ferree, M. M./Martin, P. Y. (Hg.): Feminist Organizations: Harvest of the New Women's Movement. Philadelphia (Temple University Press), S. 372–396.

Evans, S. (1979): Personal Politics: The Roots of Women's Liberation in the Civil Rights Movement und the New Left. New York (Alfred A. Knopf).

Ferree, M. M. (1992): The Political Context of Rationality: Rational Choice Theory und Resource Mobilization. In: Morris A.D./McClurg Mueller, C.: Frontiers in Social Movement Theory. New Haven/London (Yale University Press), S. 29–52.

Fonow, M. M. (1998): Women of steel: a case of feminist organizing in the United Steelworkers of America. In: Canadian Women's Studies 18(1), S. 117–122.

Heinrich-Böll-Stiftung/Feministisches Institut (Hg.)(1999): Wie weit flog die Tomate? Eine 68erinnen-Gala der Reflexion. Berlin (Heinrich Böll Stiftung).

Hercus, C. (1999): Stepping out of Line: A study of involvement in feminist collective action. Dissertation, School of Psychology and Sociology, James Cook University of North Queensland, Australia.

Hood, J. (1999): U.S. Citizen/Commie Kid: Contradictions among ideology, patriotism, and democracy in the 1950s, Vortrag gehalten auf der Jahrstagung der Society for Study of Social Problems, 5. August 1999 (Chicago, Ilinois) (unveröffentlicht)

Kaplan, T. (1997): Crazy for Democracy: Women in Grassroots Movements. New York/London (Routledge).

Kohli, M. (1985): Die Institutionalisierung des Lebenslaufs. In: Kölner Zeitschrift für Soziologie und Sozialpsychologie 37, S. 1–29.

Melucci, A. (1989): Nomads of the Present. Philadelphia (Temple University Press).

Miethe, I. (1999a): Frauen in der DDR-Opposition. Lebens- und kollektivgeschichtliche Verläufe in einer Frauenfriedensgruppe. Opladen (Leske+Budrich).

Miethe, I. (1999b): From "Mother of Revolution" to "Fathers of Unification". Concepts of Politics among Women Activists Following German Unification. In: Social Politics 6(1), S. 1–22.

McAdam, D. (1988): Freedom Summer. New York (Oxford University Press).

McAdam, D./Van Dyke, N./Munch, A./Shockey, J. (1997): Social Movements and the Life-Course. Unpublished paper.

McAdam, D./McCarthy, J. /Zald, M. (1996): Comparative Perspectives on Social Movements: Political Opportunities, Mobilizing Structures and Cultural Framings. New York (Cambridge University Press).

McComisky, M. (1998): Passionate Protesters: peace activists as parents. Presentation at the Eastern Sociological Society, Boston, MA.

Miles, A. (1996): Integrative Feminisms: Building Global Visions, 1960s-1990s. New York (Routledge).

Naples, N. (1998): Grassroots Warriors: Activist Mothers, Community Work and the War on Poverty. New York (Routledge).

Noonan, R. (1995): Women Against the State: Political Opportunities and Collective Action Frames in Chile's Transition to Democracy. In: Sociological Forum 10, S. 81–111.

Pardo, M. (1995): Doing it for the kids: Mexican American feminists, border activists. In: Ferree, M.M./Martin, P.Y. (Hg.): Feminist Organizations: Harvest of the New Women's Movement. Philadelphia (Temple University Press), S. 356–371.

Pateman, C. (1988): The Sexual Contract. Cambridge UK (Polity Press).

Payne, C. (1989): Ella Baker and Models of Social Change. In: Signs 14, S. 885.

Robnett, B. (1997): How Long, How Long? African American Women in the Struggle for Civil Rights. New York (Oxford University Press).

Roth, S. (1997): Political Socialization, Bridging Organization, Social Movement Interaction: The Coalition of Labor Union Women, 1974-1996. Ph.D. dissertation. Storrs: University of Connecticut.

Sherkat, D./Blocker, J. T. (1997): Explaining the political and personal consequences of protest. In: Social Forces 75(3), S. 1049–1076.

Staggenborg, S. (1988): The Consequences of Professionalization and Formalization in the Pro-Choice Movement. In: American Sociological Review 53, S. 585–606.

Subramaniam, M. (2000): Translating Participation in Informal Organizations into Empowerment: Women in Rural India. Ph.D. dissertation. Storrs: University of Connecticut.

Taylor, V. (1995): Watching for Vibes: Bringing emotions into the study of feminist organizations. In: Ferree, M.M./Martin, P.Y. (Hg.): Feminist Organizations: Harvest of the New Women's Movement. Philadelphia (Temple University Press), S. 223–233.

Whalen, J./Flacks, R. (1989): Beyond the Barricades. The Sixties Generation Grows Up. Philadelphia (Temple University Press).

Gründermütter, Rebellische Töchter, Political animals und kämpfende Opfer: Prozesse politischer Sozialisation in biografischer Perspektive[1]

Silke Roth

Einleitung

Mein Beitrag fokussiert auf Prozesse politischer Sozialisation und dabei insbesondere auf die Konstruktion kollektiver Identität. Zunächst behandele ich die Thematisierung von politischer Sozialisation und kollektiver Identität in der amerikanischen Bewegungsforschung. Anschließend stelle ich eine Mitgliedertypologie vor, die das Ergebnis meiner Untersuchung der Coalition of Labor Union Women, einer amerikanischen Frauenorganisation (Roth 1997, 2000).

Politische Sozialisation und Kollektive Identität

Kollektive Identität und politisches Bewusstsein sind notwendige Voraussetzungen für die Beteiligung in sozialen Bewegungen (Gamson 1992), gleichzeitig sind soziale Bewegungen und Bewegungsorganisationen Orte

---

1 Bei diesem Beitrag handelt es sich um eine gekürzte und überarbeitete Fassung von Roth 2000. Für hilfreiche Kommentare danke ich den Teilnehmern der Tagung „Biografien und sozialer Wandel" und insbesondere Ingrid Miethe und Beate Fietze. Die dem Text zugrunde liegende Forschung wurde durch die Unterstützung der Hans-Böckler-Stiftung und der University of Connecticut ermöglicht.

129

der Sozialisation. Sapiro (1990) beschreibt verschiedene Kontexte in denen die Frauenbewegung als Sozialisationsinstanz wirkt: in Selbsterfahrungsgruppen und anderen Frauenorganisationen (vgl. dazu Flam in diesem Band), durch Medien und durch Bildungseinrichtungen, Demonstrationen und andere Formen kollektiven Handelns. Demnach sind soziale Bewegungen sowohl eine Voraussetzung als auch ein Ergebnis politischer Sozialisation (Sapiro 1990). In ähnlicher Weise stellen Morris et al. (1989, S. 281) hinsichtlich der amerikanischen Bürgerrechtsbewegung fest, dass Protestbewegungen und Protestaktivitäten

„have been central to black political socialization and behavior. (...) Political socialization is a process rooted in a group's history and shaped by available options."

Damit bietet sich die Untersuchung von Sozialisationsprozessen zur Integration von Mikro- und Makroperspektiven auf sozialen Wandel an.[2] Bislang wurden jedoch Fragen der politischen Sozialisation im Kontext von sozialen Bewegungen weitgehend vernachlässigt (Snow/Oliver 1995).

Die Rekonstruktion individueller und kollektiver Identität im Kontext sozialer Bewegungen wurde u.a. von Blumer (1969), Hunt et al. (1994), Melucci (1989) und Miethe (1999) untersucht. Durch die Interaktion mit verschiedenen politischen Gruppierungen, Berufs- und Altersgruppen werden feministisches, ethnisches, Klassen-, Generations- und andere Formen politischen Bewusstseins (re)konstruiert. Weitere Aspekte politischer Sozialisation sind die Entwicklung von Gerechtigkeitssinn oder Diskriminierungserfahrungen, die eine zentrale Rolle für die Mobilisierung spielen können (vgl. dazu Heuer in diesem Band). Biografische Methoden eignen sich besonders gut dafür, diese Prozesse zu untersuchen.

Die zentrale Rolle von kollektiver Identität für die Herausbildung von und die Beteiligung in sozialen Bewegungen ist inzwischen unbestritten (Morris and Mueller 1992; Larana et al. 1994; Melucci 1995; Whittier 1995). Prozesse der Identitätsbildung und Rahmungsprozesse verbinden Individuen und Gruppen ideologisch (Hunt et al. 1994, Miethe 1999). Ob-

---

2 Die Unterscheidung von Mikro- und Makroperspektiven macht in der Perspektive des symbolischen Interaktionismus wenig Sinn (vgl. dazu Roth 1997; in diesem Band Fischer-Rosenthal).

wohl Identitätskonstruktionen zunächst im Kontext „neuer" sozialer Bewegungen analysiert wurden, sind sie in allen sozialen Bewegungen inhärent (Calhoun 1993). Kollektive Identität kann sowohl Voraussetzung als auch Ergebnis kollektiven Handelns sein (Klandermans 1992) und kann im Hinblick auf Bewegungsaktivisten und Bewegungsorganisationen analysiert werden. Im Kontext sozialer Bewegungen wurde kollektive Identität hinsichtlich vier verschiedener Aspekte analysiert: erstens, als Voraussetzung für kollektives Handeln, z.B. als kognitive Befreiung (Piven and Cloward 1979; McAdam 1982) und Gruppenbewusstsein (Klein 1987; Briet u.a. 1987; Klandermans/Oegema 1987): zweitens, als Ergebnis von sozialen Bewegungen: kollektive Identität entsteht in „cultures of solidarity" (Fantasia 1988) und sozialen Bewegungsgemeinschaften (Evans/Boyte 1986; Melucci 1989; Taylor and Whittier 1992; Miethe 1999); drittens, haben Mitgliedschaftsveränderungen Auswirkungen auf die kollektive Identität einer Bewegungsorganisation (Klandermans 1994; Mueller 1995; Whittier 1995); und schließlich wurden die Auswirkungen der Beteiligung in sozialen Bewegungen auf den Lebenslauf von Aktivisten und Aktivistinnen (McAdam 1988; Whalen and Flacks 1988; Andrews 1991) untersucht.

Die Konstruktion kollektiver Identität wirft Fragen nach der relativen Bedeutung von Rasse, Klasse und Geschlecht für die Aktivisten und Aktivistinnen als auch für die sozialen Bewegungen, in die sie involviert sind, auf. Bislang wird in der Bewegungsforschung eher auf eine dieser Kategorien fokussiert als auf das Verhältnis verschiedener u.U. konfligierender Identitäten. Dies hat mit der Typisierung der Bewegungen und ihrer vermeintlichen Trägerschaften zu tun. So wird die Frauenbewegung oft als eine Bewegung weißer Mittelschichtsfrauen wahrgenommen. Sowohl die Arbeiterbewegung als auch die Bürgerrechtsbewegung werden hingegen als Bewegungen von Männern typisiert. In den beiden letztgenannten Bewegungen werden Frauen eher als Ausnahme, denn als integraler Bestandteil wahrgenommen und im Mainstream der Bewegungsforschung hat die Untersuchung von Frauenbeteiligung in allen Bewegungen eher kompensatorischen Charakter. Es sollte jedoch mehr Aufmerksamkeit auf die Interaktion von sozialen Bewegungen gelegt werden (Roth 1997; Ferree/Roth 1999). Aktivisten sind selten nur in einer sozialen Bewegung aktiv, sondern beteiligen sich gleichzeitig oder nacheinander in verschiedenen Kämpfen gegen Ungerechtigkeit. Unter Umständen schlägt sich dies in dem Wunsch nieder, die verschiedenen Anliegen miteinander zu verbinden und dabei auch eine integrierende kollektive Identität zu schaffen.

Zum Verhältnis von Frauenbewegung und Gewerkschaften

Wie in vielen anderen Ländern, changiert auch in den USA die Beziehung zwischen Frauenbewegung und Gewerkschaften zwischen Konflikt und Kooperation (Milkman 1990). Wie schon erwähnt wird die Frauenbewegung wird oft als „weiße Mittelschichts-Bewegung" wahrgenommen, was impliziert, dass Arbeiterinnen und nicht-weiße Frauen sich nicht mit der Frauenbewegung identifizieren. Es ist allerdings eine offene Frage, mit welcher Bewegung sich welche Frauen am besten identifizieren können. Buechler (1990) vertritt die These, dass sich Frauen hinsichtlich der Kategorie, in der sie sich am meisten unterdrückt fühlen, anschließen. Dementsprechend sei für weiße Mittelschichtfrauen das Geschlechterverhältnis, für weiße Arbeiterinnen Klassenunterschiede und für afroamerikanische Frauen Rassenunterschiede am relevantesten. Collins (1990) verweist auf manchmal konfligierende Ansprüche zwischen Afrozentrismus und Feminismus. Umfrageergebnisse zeigen jedenfalls, dass Arbeiterinnen und nicht-weiße Frauen im Vergleich zu weißen Mittelschichtfrauen, feministische Forderungen im mindestens im gleichen Masse unterstützen, wenn nicht sogar stärker (z.B. Rinehart 1992). Diese Ergebnisse legen nahe, dass die Unterstützung feministischer Ideen nicht unbedingt mit der Beteiligung in Organisationen weißer Mittelschichtfrauen gleichbedeutend ist. Einige Untersuchungen von Organisationen spanischer und afroamerikanischer Frauen führten zu dem Ergebnis, dass das Konzept feministischen Organisierens erweitert werden muss (z.B. Pardo 1995; Barnett 1995) um den Erfahrungen von Frauen verschiedener ethnischer Gruppen gerecht zu werden. Pardo (1995) z.B. argumentiert, dass die politische Aktivität der von ihr untersuchten Frauen in der Sorge um ihre Kinder begründet ist.

In den USA gab es immer wieder Versuche, Frauen über Schicht- und ethnische Unterschiede hinweg zu organisieren (Bookman/Morgen 1988;

Albrecht/Brewer 1990; Naples 1992; Leidner 1993; Abrahams 1996). Organisationen, die anstreben, heterogene Mitgliedschaften zu integrieren, haben eine besonders schwierige Aufgabe eine kollektive Identität zu schaffen, die die Identitäten ihrer Mitglieder reflektiert. Stryker (2000) weist darauf hin, dass Identitäten in Gruppen verwurzelt sind und damit Verpflichtungen gegenüber sozialen Netzwerken und sozialen Beziehungen statt sozialen Kategorien beinhalten (vgl. dazu in diesem Band Flam). Heterogene Mitgliedschaften können durch die Interaktion in einer Organisation eine gemeinsame Identität entwickeln. Die Schaffung einer neuen Organisation kann also als Strategie genutzt werden, konfligierende Identitäten miteinander zu verbinden. Kiecolt (2000) analysiert, wie soziale Bewegungen Selbstkonzepte verändern können. Sie identifiziert Erzählungen, Texte und Rituale als drei Instrumente der Identitätsarbeit. Resnick (1996) kam zu dem Ergebnis, dass Spannungen zwischen jüdischer und feministischer Identität durch die Gründung einer jüdischen feministischen spirituelle Gruppe aufgelöst werden konnten.

Die Coalition of Labor Union Women

Der vorliegende Artikel beruht auf einer Fallstudie der Coalition of Labor Union Women (CLUW), einer Organisation, die sich darum bemüht, eine Brücke zwischen der Frauenbewegung und den Gewerkschaften zu bilden und damit einen Raum für die Entwicklung von Arbeiterinnenfeminismus zu schaffen. CLUW wurde 1974, zur Zeit der Mobilisierung für das Equal Rights Amendment (Gleichstellungsgesetzgebung) gegründet, einer zentralen Forderung der neuen amerikanischen Frauenbewegung. Die Gewerkschafterinnen bezogen in dieser Frage unterschiedliche Positionen. Einige sahen die von der Frauenbewegung geforderte rechtliche Gleichstellung als eine Gefahr für die hart erkämpfte Schutzgesetzgebung an. Dahin gegen plädierten andere Gewerkschafterinnen dafür, die Schutzgesetzgebung auf Männer auszuweiten und betrachteten die Gleichstellungsgesetzgebung als ein Mittel, Diskriminierung am Arbeitsplatz zu bekämpfen, und befürworteten daher das Equal Rights Amendment.

Die Gründung von CLUW fällt also in einen Zeitraum feministischer Mobilisierung und Diversifikation (Ferree/Hess 1994). Mir geht es in diesem Beitrag jedoch weniger um institutionelle Aspekte der Organisationsgründung, sondern um die Prozesse politischer Sozialisation, die zur Schaffung von CLUW führten. Ich vertrete hier die These, dass die Gründungsmitglieder mit der Gründung der Organisation konfligierende Identitäten als Gewerkschafterinnen und Feministinnen in Einklang bringen wollten. Wie ich im Folgenden ausführen werde, haben CLUW-Mitglieder aufgrund unterschiedlicher Sozialisationsprozesse verschiedene Varianten von Arbeiterinnen-Feminismus entwickelt. Die kollektive Identität der Organisation wird von der Beteiligung der verschiedenen Mitgliedertypen geprägt.

Die Typologie ist das Ergebnis der Auswertung lebensgeschichtlicher Interviews[3], die ich zwischen 1991 und 1996 mit Mitgliedern der Coalition of Labor Union Women führte. Die Interviews wurden anhand von sechs sich überschneidenden Dimensionen politischer Sozialisation ausgewertet: biografische Kontinuität, Handlungsmächtigkeit, Identität, Interaktion, Ungerechtigkeit und Ressourcen (vgl. Roth 1997, 2000). Ich verglich und kontrastierte die Interviews im Hinblick auf diese sechs Dimensionen. Durch diesen Prozess entstand die Mitgliedertypologie, die ich im Folgenden vorstelle.

Die Herausbildung von Arbeiterinnen-Feminismus

Die vier Idealtypen – *Gründermütter, rebellische Töchter, political animals* und *kämpfende Opfer* – unterscheiden sich darin, wie sie in soziale Bewegungen im allgemeinen und die Gewerkschaften insbesondere involviert wurden. Die Rekrutierungsprozesse und die Art der Beteiligung in der Ge-

---

3 Es handelte sich um narrative Interviews, zum Teil wurde ein Leitfaden eingesetzt. Die Interviews wurden durch teilnehmende Beobachtung und eine standardisierte Mitgliederbefragung ergänzt. Das methodische Vorgehen ist ausführlich bei Roth 1996 und 1997 beschrieben.

werkschaft sind mit den politischen Identitäten (u.a. Klassenbewusstsein, feministisches Bewusstsein, Rassenbewusstsein), der Wahrnehmung von CLUW als Teil der Frauenbewegung und Teil der Gewerkschaften und der Beteiligung in CLUW verbunden. Die vier Arten von Arbeiterinnenfeminismus drücken damit auch unterschiedliche Formen der Wahrnehmung und Beteiligung in CLUW aus. Die meisten Gründermütter und rebellischen Töchter nahmen an der Gründungsversammlung von CLUW teil oder traten der Organisation in den frühen Jahren bei. Die political animals und die kämpfenden Opfer wurden erst später CLUW-Mitglieder.

Die Gründermütter hatten schon Führungspositionen in den Gewerkschaften und waren mit der Frauenbewegung vertraut, bevor sie beschlossen, die Coalition of Labor Union Women zu gründen. Viele von ihnen wurden in den 20er und 30er Jahren geboren und langjährige Gewerkschaftsmitglieder. Einige von ihnen waren an der Gründung der Industriegewerkschaften in den 40er Jahren beteiligt. Die Gründermütter kamen auf unterschiedlichen Wegen zu den Gewerkschaften, von der Arbeit am Fliessband oder von der Universität, aus sozialen Bewegungen, der Jüdischen Gemeinde, der katholischen oder einer protestantischen Kirche. Sie traten der Gewerkschaft entweder als einfaches Mitglied, als freiwillige Organisierer oder bezahlte Mitarbeiterinnen bei.[4]

Was die Gründermütter über diese Unterschiede hinweg einte, war die Tatsache, dass sie Pionierinnen in den Gewerkschaften sind. Sie sind die ersten Frauen, ob sie nun weiß, Afroamerikanerinnen oder spanischer Herkunft waren, die Ämter oder Angestelltenpositionen in der Gewerkschaft innehatten. Die Gründermütter sind Funktionärinnen auf der regionalen oder nationalen Ebene in ihrer Gewerkschaft oder hatten diese Positionen inne

---

4 Das amerikanische Gewerkschaftssystem unterscheidet sich deutlich vom deutschen. Der wichtigste Unterschied besteht darin, dass die Betriebe in der Regel einzeln gewerkschaftlich organisiert werden müssen. Nachdem die Belegschaft dafür gestimmt hat, dass der Betrieb eine gewerkschaftliche Interessenvertretung erhalten soll, konkurrieren u.U. mehrere Gewerkschaften um die Vertretung. Angesichts der hohen Bedeutung der Organisierung des Betriebs werden von den Gewerkschaften hauptberufliche Organisatoren eingestellt, es beteiligen sich aber auch ehrenamtliche an der Organisation.

bevor sie in den Ruhestand gingen. Sie sind auf der nationalen Ebene in CLUW aktiv, entweder als Vorstandsmitglied oder als Mitglied des National Executive Board (Mitgliederversammlung). Einige der Gründermütter sind außerdem in der Bürgerrechtsbewegung und in der Frauenbewegung aktiv und versuchen neben Frauen- auch Bürgerrechtsfragen auf die Tagesordnung der Gewerkschaften zu bringen. Die Gründermütter stellen einen erheblichen Anteil der Vorstandsmitglieder und Aktivisten auf lokaler und nationaler Ebene dar. Aleeta Walker[5], eine afroamerikanische Frau, die vor dem Ruhestand die Leiterin einer Frauen- und Bürgerrechtsabteilung einer großen Gewerkschaft und zum Zeitpunkt des Interviews schon über Siebzig war, beschrieb die Motivation der Gründermütter folgendermaßen:

„There were networks building up in the political arena, religious women, women of other groups were building networks. And many of us who were in the organized labor movement were a part of these networks but we did not have our trade union identity and we thought that was most important. And then we thought then to call together women trade unionists wherever they were and we formed the Coalition of Labor Union Women." [6]

Walker beschreibt die CLUW-Gründerinnen als Teil der Frauenbewegung, betont aber ihre Identität als Gewerkschafterinnen. Mansbridge (1995) beschreibt die Frauenbewegung als einen Diskurs. Dieser besteht aus Zielen und Ideen, die kognitive und emotionale Unterstützung für die sich entwickelnde feministische Identität jedes einzelnen Individuums bereitstellen (S. 27). Das obige Zitat drückt die Identifikation mit der Arbeiterbewegung aus. Die Gründermütter fühlen sich gegenüber den Gewerkschaften verpflichtet und betonen, dass die Organisation im Rahmen der Arbeiterbewegung tätig ist. Sie bemühen sich um die Anerkennung der Gewerkschaften und bewerten die Billigung und Unterstützung durch den Dachverband AFL-CIO oder einzelne Gewerkschaften als Erfolg. Einige bezeichneten CLUW als *Wo-*

---

5 Dieser und alle folgenden Namen sind Pseudonyme.

6 Es bildeten sich Netzwerke in der politischen Arena, religiöse Frauen und Frauen aus anderen Gruppierungen schlossen sich zusammen und bildeten Netzwerke. Und viele von uns in den Gewerkschaften waren ein Teil dieser Netzwerke, aber wir hatten nicht unsere Gewerkschaftsidentität und wir waren der Meinung, das wäre am wichtigsten. Und dann überlegten wir uns, Gewerkschafterinnen, wo auch immer sie waren, zusammenzurufen und gründeten die Coalition of Labor Union Women.

men's AFL-CIO, also als den Gewerkschaftsbund der Frauen. Dies schlägt sich in der Struktur der Organisation nieder. Auf den Konferenzen treffen die CLUW Mitglieder als Repräsentantinnen ihrer Gewerkschaften zusammen. Die Gewerkschaftsdelegierten sitzen mit anderen Mitgliedern aus ihrer Gewerkschaft zusammen und nicht mit anderen CLUW Mitgliedern aus dem gleichen Bundesstaat oder der Region.[7] Die Diskussionsteilnehmerinnen werden gebeten, sich vorzustellen und dabei ihren Namen und den Namen ihrer Gewerkschaft zu nennen, bevor sie sich zum Thema der Diskussion äußern.

Im Gegensatz zu den Gründermüttern sehen die rebellischen Töchter CLUW als eine *Arbeiterfrauenbewegung*. Im Hinblick auf die Rekrutierung in die Gewerkschaften sind sie eine homogenere Gruppe als die Gründermütter. Sie wurden in den 40ern und 50ern geboren und waren in den sozialen Bewegungen der 60er und 70er aktiv, bevor sie sich in Gewerkschaften beteiligten. Für mehrere der rebellischen Töchter stellte die Gewerkschaft der Farmarbeiter den ersten Kontakt zu den Gewerkschaften dar, andere waren Mitglieder von feministischen Organisationen wie *Nine to Five* oder *Union Wage*.[8] June Feldman, eine weiße Frau um die Vierzig und Mitarbeiterin einer Dienstleistungsgewerkschaft, erinnerte sich was sie bei der Gründung von CLUW empfand:

„So, I was excited, I thought, 'great, we got a working women's movement'.(...). And CLUW had been a forum and a central focus for a lot of women who have feminist concerns but as working class women don't see the feminist movement as their primary movement. (...) I came out of an interesting background. And I have always been a feminist. And when I started working in the labor movement my class consciousness became much more (...) uncovered. (...) Much more. I had a political consciousness. I was part of

---

7 Die Delegierten der CLUW-Ortsgruppen wurden ebenfalls gemeinsam plaziert. Allerdings waren die CLUW-Ortsgruppen selten von mehr als einer Delegierten repräsentiert. Dies hat mit der Finanzierung zutun. Die Gewerkschaften übernehmen teilweise die Reisekosten von Gewerkschaftsdelegierten, während den CLUW-Ortsgruppen die Mittel fehlen, Delegierte zu entsenden (Feldnotizen).

8 Diese Organisationen richten sich an Büroangestellte und bieten u.a. Unterstützung beim Kampf gegen sexuelle Belästigung an.

the socialist movement in this country. But CLUW was a place where I could merge the two, I could be a feminist and I could be a class conscious working women."[9]

Anstatt die Anerkennung des AFL-CIO und der Gewerkschaften zu suchen, waren die rebellischen Töchter daran interessiert, unorganisierte Frauen gewerkschaftlich zu organisieren und zu ihrem empowerment[10] beizutragen. Frauen in Gewerkschaften zu organisieren ist eines der vier Hauptziele von CLUW.[11] Es wird von den Gründermüttern und den rebellischen Töchtern jedoch unterschiedlich interpretiert. Für die Gründermütter bedeutet es, die Gewerkschaften auf deren Einladung, hin bei der Organisierung von Betrieben zu unterstützen und Aus- und Weiterbildung in diesem Bereich anzubieten. Die rebellischen Töchter sind von dem mangelnden Bemühungen des AFL-CIO und vielen Gewerkschaften, weibliche Arbeiter und Angestellte zu organisieren enttäuscht. Daher übernahmen sie in den Gewerkschaften Aufgaben, die direkt mit dem Organisieren und der Interessenvertretung von weiblichen Arbeitnehmern zu tun haben. Sie sind in der Regel für Gewerkschaften tätig, die viele Frauenarbeitsplätze, z.B. Büroangestellte oder Angestellte im Gesundheitsbereich vertreten. Das sind auch Gewerkschaften in denen ein höherer Frauenanteil in Führungspositionen zu finden ist und die sich für die Neubewertung der Frauenarbeit, Maßnahmen gegen sexuelle Belästigung am Arbeitsplatz und das Recht auf Abtreibung einsetzen. Außerdem arbeiten einige der rebellischen Töchter mit Frauen, die kei-

---

9 Also ich war begeistert, ich dachte, toll, wir haben eine Frauenbewegung der Berufstätigen. (...) Und CLUW war ein Forum und ein zentraler Fokus von einer Menge Frauen, die feministische Anliegen hatten, aber als Arbeiterinnen die feministische Bewegung nicht als ihre primäre Bewegung ansahen. (...) Ich habe einen interessanten Hintergrund. Und ich war immer eine Feministin. Und als ich in der Arbeiterbewegung aktiv wurde, bildete sich mein Klassenbewusstsein stärker, sehr viel stärker heraus. Ich hatte ein politisches Bewusstsein, ich war Teil der sozialistischen Bewegung in diesem Land. Aber CLUW war der Ort wo ich beides verbinden konnte, ich konnte eine Feministin und eine klassenbewusste Arbeiterin sein.

10 Die deutsche Übersetzung von *empowerment* ist Ermächtigung. Auf Grund der Konnotation des deutschen Wortes ziehe ich die englische Bezeichnung vor, die mittlerweile auch im Deutschen stark verbreitet ist.

11 Die anderen Ziele sind Frauen in gewerkschaftliche Führungspositionen zu bringen, Frauen in den politischen Prozess zu involvieren und die Unterstützung von Frauen- und Minderheitenförderung (affirmative action) (siehe dazu ausführlich Roth 1997).

ner Gewerkschaft angehören, zusammen, zum Beispiel, indem sie z.B. arbeitsrechtliche Hinweise zu den oben genannten Problemen geben.

Sowohl die Gründermütter, als auch die rebellischen Töchter nehmen die Frauenbewegung als eine Bewegung weißer Frauen wahr, die die Interessen von Frauen der Arbeiterklasse und nicht-weißen Frauen übersieht. Sie betonen nicht nur, dass CLUW eine Brücke zwischen der Frauenbewegung und den Gewerkschaften bildet und damit eine Organisation für Arbeiterinnen bereitstellt, sondern auch, dass CLUW die am meisten ethnisch integrierte Organisation in der Frauenbewegung ist. Shelley Turner, eine weiße Frau Anfang Dreissig, eine Mitarbeiterin des AFL-CIO auf der Ebene eines Bundesstaates, die mit einem Afroamerikaner verheiratet ist und schon seit langem in anti-rassistischen Bewegungen aktiv ist, erinnerte sich im Interview daran, dass sie sehr von der heterogenen Mitgliedschaft von CLUW angezogen war.

„When I walked into the general plenary session of the NEB as an observer and saw a mixed race group, I was floored. To be honest with you, I hadn't seen a mixed race group like that in the labor movement, in the women's movement, anywhere before, and I remember that moment very clearly. (is very moved) I felt that there was hope. And it was something I had always been looking for."[12]

Die Integration von verschiedenen ethnischen Gruppen ist auch ein Anliegen von My Chang, einer Amerikanerin chinesische Abstammung in den Vierzigern, und Mitarbeiterin einer Textilgewerkschaft. Chang ging während der 60er Jahre zum College, war in der Bürgerrechtsbewegung und Anti-Vietnam-Bewegung aktiv und unterstützte den Streik der Farmarbeiter. Nach dem College war Chang in den Aufbau eines *Asian American Studies* Programm involviert. Ungefähr 20 Jahre lang arbeitete sie als Nachbarschaftsaktivistin, als Lehrerin in der Immigrantengemeinde und unterrichtete

---

12 Als ich in die Plenarveranstaltung des National Executive Board als Beobachterin betrat und diese rassengemischte Gruppe sah, war ich umgehauen. Um ehrlich zu sein, ich hatte bisher nirgendwo zuvor eine so rassisch gemischte Gruppe in der Arbeiterbewegung, in der Frauenbewegung, irgendwo anders, gesehen. Und ich erinnere mich an diesen Moment sehr genau (weint) Ich fühlte, dass es Hoffnung gab. Und es war etwas wonach ich immer gesucht hatte.

Ethnic Studies am College. Ihre Unterstützung von Frauenrechten begann, als sie zum College ging. Allerdings sagte sie,

„One problem that I always had with the white feminist movement in the United States was that sometimes their issues became very divorced from say the minority women in the United States who mostly (...) had children, had families. The feminist movement at different stages (...) really rejected marriage, rejected families and so in that sense seemed to reject the experience of a lot of women of color because all of us had kids, had families (...). We didn't view women's rights as one, as being against all men, or rejecting the whole question of families and children. So we looked at issues like child care, (...) health care and all those issues were very important. And I think at different stages the feminist movement in the U.S. tended to just kind of ignore or that was not an essential thing to them."[13]

Chang zu Folge verbreitete CLUW sowohl die Agenda der Frauenbewegung, als auch der Gewerkschaften. Changs Gewerkschaftsbeteiligung steht im Zusammenhang mit Streiks von chinesischen Textilarbeiterinnen und Mitarbeiterinnen in Restaurants in New York. Chang musste „den Gang wechseln" als sie von der Communityarbeit zur Gewerkschaft wechselte. CLUW habe dazu beigetragen, dass sie in der Gewerkschaft blieb, da sie sich von der gewerkschaftlichen Kultur zunächst stark entfremdet fühlte. In CLUW konnte sie sich weiterhin für Frauenrechte einsetzen und sich insbesondere um die Anliegen von Arbeiterinnen zu kümmern.

Während die Gründermutter von der ‚alten' Arbeiterbewegung kamen, kommen die rebellischen Töchter von ‚neuen' sozialen Bewegungen. Die beiden Typen repräsentieren unterschiedliche Organisationskulturen und Formen des empowerment in diesen Bewegungen. Für die Gründermütter

---

13 Ein Problem, dass ich immer mit der weißen feministischen Bewegung in den Vereinigten Staaten hatte, bestand darin, dass ihre Anliegen sich manchmal stark von denen von Minderheitenfrauen in den US unterschieden, die Kinder und Familien hatten. In verschiedenen Phasen lehnte die feministische Bewegung Heirat und Familie ab und schien in dieser Weise die Erfahrung von vielen nicht-weißen Frauen zurückzuweisen, weil wir alle Kinder hatten, Familien hatten. Für uns bedeuteten Frauenrechte nicht gegen Männer zu sein oder die ganze Frage nach Familien und Kindern zurückzuweisen. Also beschäftigten wir uns mit Fragen wie Kinderbetreuung (...), Gesundheitsversorgung und all diese Dinge waren sehr wichtig. Und ich denke, zu verschiedenen Zeitpunkten ignorierte die amerikanische Frauenbewegung das oder es war nicht wesentlich für sie.

ist es wichtig, einen Arbeiterinnenfeminismus zu entwickeln, der mit ihrer Gewerkschaftsidentität konsistent ist: sie bemühen sich um die Anerkennung der Gewerkschaften. Die Beteiligung in der basisdemokratischen prefigurativen Politik (Breines 1982) der neuen Linken machte einen Teil der politischen Sozialisation der rebellischen Töchter aus. Die rebellischen Töchter weisen deutlich auf den Rassismus und Sexismus in den Gewerkschaften hin – und den Rassismus in der Frauenbewegung – und bemühen sich um Demokratisierung der Gewerkschaften. Obwohl die meisten rebellischen Töchter immer noch in den Gewerkschaften aktiv sind, fühlen sie sich hier manchmal wie Außenseiter.

Viele Mitglieder, die ich den Typen „political animals" und „kämpfende Opfer" zuordne, waren nicht an der Gründung der Organisation beteiligt, sondern traten der Organisation erst später bei. Daher sind für sie die Konflikte zwischen den Gewerkschaften und der neuen Linken, der Arbeiterbewegung und der Frauenbewegung weniger offensichtlich und relevant. Wie die Gründermütter wurden viele der politischen Tiere in den 1920er und 1930ern geboren. Nach dem Schulabschluss gingen viele von ihnen auf kaufmännische Schulen oder wurden Lehrerinnen. Heirat und Mutterschaft waren die nächsten wichtige Abschnitte in den Biografien der political animals. Sie engagierten sich in ihrer Nachbarschaft und der Lokalpolitik, als Elternvertreter in der Schule, bei den Pfadfindern und in ähnlichen Bereichen. Dieses Engagement ist mit ihrem Leben in der Nachbarschaft und ihrer Mutterschaft verbunden. Im Rahmen ihrer Nachbarschaftsaktivität unterstützten einige political animals gewerkschaftliche Organisationsbemühungen noch bevor sie selber Gewerkschaftsmitglieder wurden.

Die political animals verstehen ihre Gewerkschaftsbeteiligung als eine Erweiterung und selbstverständliche Fortsetzung ihres politischen Engagements in der Nachbarschaft und der Demokratischen Partei. Sie gehören zu den Vorständen der Ortsverbände ihrer Gewerkschaften, den Gewerkschaftsausschüssen auf regionaler Ebene und Ausschüssen des Dachverbandes AFL-CIO auf der Ebene der Bundesstaaten und sind selbstbewusste Mitglieder an der Basis. Die politischen Tiere sind Telefonistinnen, Büroangestellte im öffentlichen Dienst und Lehrerinnen. Sie arbeiten also in Sektoren des Arbeitsmarktes, die von Frauen dominiert werden, und gehören Gewerkschaften im öffentlichen Dienst oder anderen Gewerkschaften mit einem hohen Frauenanteil an, die die Beteiligung von Frauen in Führungspositionen und in CLUW unterstützen. Die political animals kamen durch die Coalition of Labor Union Women mit der Frauenbewegung in Berührung. Heather Stone – eine irische Amerikanerin über Sechzig und Angestellte einer Gewerkschaft im öffentlichen Dienst – nimmt CLUW als „Sprungbrett" zu Frauenangelegenheiten wahr und beantwortete meine Frage, wie sie CLUW im Hinblick auf die Frauenbewegung und die Gewerkschaften situieren würde, folgendermaßen:

„It's more a part of the women's movement or the labor movement? I don't think you can separate them. (...) I think it's women who happen to be in labor who are pushing for issues.(...) The women's movement or the labor movement? (...) Which will become secondary? Good question. I think it's issues. Do we push for work place issues? Maybe not. What issue do we push for in the work place? Just sexual harassment, otherwise it's all women's issues and reproductive rights and rights for women. So it probably was women's rights." [14]

Das Beispiel zeigt, dass es für Stone nicht eindeutig ist, wie sie im Hinblick auf CLUW die Grenzen um die Frauenbewegung und die Gewerkschaften ziehen soll. Schließlich schlussfolgerte sie, dass CLUW Frauenangelegenheiten vertritt. Ihre Schwierigkeiten, meine Frage zu beantworten, verdeutlichen, dass es für Stone irrelevant ist, im Kontext von CLUW zwischen Frauenfragen und Arbeitnehmerinnenfragen zu unterscheiden.

Das Beispiel der politischen Tiere verdeutlicht, dass politische Sozialisation ein anhaltender Prozess ist und dass durch die Beteiligung in politischen und anderen Organisationen Mitglieder Wissen und Kenntnisse erwerben und weitergeben. Während die politischen Tiere selbstbewusste Mitglieder in gemischtgeschlechtlichen Organisationen sind, schätzen sie

---

14 Ist es mehr ein Teil der Frauenbewegung oder mehr ein Teil der Arbeiterbewegung? Ich glaube nicht, dass man das trennen kann (...) Ich denke, es sind Frauen, die in den Gewerkschaften sind, die sich für bestimmte Angelegenheiten einsetzen. (...) Die Frauenbewegung oder die Gewerkschaften? (..) Was wird zweitrangig? Gute Frage, ich glaube, es geht um die Inhalte? Setzen wir uns für Arbeitsplatzfragen ein? Vielleicht nicht? Um welche Fragen am Arbeitsplatz setzen wir uns ein? Nur sexuelle Belästigung, alle anderen Fragen sind Frauenfragen und reproduktive Rechte und Rechte für Frauen. Also geht es wohl um Frauenfragen.

die Unterstützung durch andere Frauen, die sie in ihren lokalen CLUW-Ortsgruppen oder bei den Konferenzen des National Executive Board erfahren. CLUW ist für sie eine Ressource, da sie hier Unterstützung, Weiterbildung und Netzwerke erhalten. Eine Funktion in CLUW stellt für sie einen „anderen Hut" dar. So repräsentieren sie zum Beispiel im Kontext von Frauenorganisationen die Gewerkschaften, während sie im Gewerkschaftskontext Frauenpositionen vertreten.

Im Gegensatz zu den anderen drei Typen, die in sozialen Bewegungen und Lokalpolitik politisiert wurden und betonen, dass sie für andere politisch aktiv sind, wurden die kämpfenden Opfer aktiv, nachdem sie selber diskriminiert wurden.[15] Die kämpfenden Opfer unterscheiden sich hinsichtlich Alter, Familienstand und Ethnizität. Die weißen kämpfenden Opfer heirateten zumeist kurz nach der Schule und begannen erst nach der Scheidung einer Berufstätigkeit nachzugehen.[16]

Die kämpfenden Opfer begannen ihre Berufstätigkeit in niedrigbezahlten Jobs als Schreibkräfte oder in der Fabrik. Ihre Beteiligung in den Gewerkschaften und bei CLUW ist in der Erfahrung, ungerecht behandelt worden zu sein, begründet. Die Gewerkschaftsmitgliedschaft half ihnen, ihre Lebenssituation zu verbessern, da sie mit einer besseren Krankenversicherung, Arbeitsplatzsicherheit und in verschiedenen Fällen beruflichen Aufstiegsmöglichkeiten verbunden war. Außerdem wurden die kämpfenden Opfer durch ihre Gewerkschaftsmitgliedschaft politisiert, z.B. durch den Kampf für die Neubewertung von Frauenarbeitsplätzen oder gegen sexuelle Belästigung am Arbeitsplatz. Nachdem sie ihr eigenes Leben verbessert hatten, wollten sie zur Verbesserung der Situation von anderen beitragen, z.B. als Betriebsräte oder freiwillige Organisierer. Sie stiegen von einfachen Mit-

---

15 Dies heisst nicht, dass die anderen drei Typen nicht diskriminiert wurden oder nicht davon berichteten, sondern dass sie diese Erfahrungen nicht als Auslöser für ihre politische Aktivität präsentierten. Zum Verhältnis zwischen Diskriminierungserfahrungen und politischem Handeln siehe auch Heuer in diesem Band.

16 Einige der weißen kämpfenden Opfer haben nie geheiratet. Der springende Punkt ist hier auch weniger die Scheidung, als die Erfahrung einer Erwerbstätigkeit nachgehen zu müssen mit der der Lebensunterhalt gesichert werden kann, die hätte auch im Krankheits- oder Todesfall des Partners geschehen können. Die afroamerikanischen und chinesischen kämpfenden Opfer waren schon vor ihrer Scheidung berufstätig.

gliedern zu Vorstandsmitgliedern und Gewerkschaftsbeschäftigten auf. Samantha Torrel – eine weiße Frau in den Sechzigern, Verwaltungsangestellte in einem Krankenhaus und Vorsitzende einer Ortsgruppe erklärte wie sie Feministin wurde:

„The civil rights movement had a lot to do with it and getting divorced had a lot to do with my becoming more of a feminist because I had to do a man's job in order to earn a living. Then I went to (work to the hospital) and it was rammed down my throat again that I was in a women's job. When there's somebody who's an illiterate who can make more money than you doing something that you do home for free – carry boxes around and scrape dishes. I mean that was his job. Was my job more valuable to the state while I was a secretary or was his job more valuable? (...) So it just grew. You know, it wasn't me saying: „I'm going to be a feminist." It just kind of grew like topsy, that's all. Things like that happen to you, I guess. I don't know. It wasn't a conscious thing, my saying „I'm going to become a feminist." It was deciding what was right and going in that direction."[17]

Torrel war nicht aktiv in der Bürgerrechtsbewegung, aber die Ereignisse während der Freedom Summer Kampagne, auf die sie sich hier bezieht, öffneten ihre Augen für Ungerechtigkeit. Die Bürgerrechtsbewegung stellte damit einen Ungerechtigkeitsrahmen bereit (Gamson 1992) innerhalb dessen sie ihre Erfahrungen am Arbeitsplatz interpretierte.

Die kämpfenden Opfer sehen in den Gewerkschaft ein Mittel um Fraueninteressen zu unterstützen. Wie die politischen Tiere gehört der überwiegende Teil der kämpfenden Opfer Gewerkschaften an, die starke Unterstützer der Coalition of Labor Union Women sind. Sie traten CLUW bei, um Führungsqualifikationen zu erwerben und tendierten dazu, CLUW zu ver-

---

17 Die Bürgerrechtsbewegung hatte eine Menge damit zu tun und geschieden werden hatte eine Menge damit zu tun, dass ich mehr zu einer Feministin wurde, weil ich Männerarbeit machen musste um den Lebensunterhalt zu verdienen. Dann ging ich (an einen Arbeitsplatz im Krankenhaus) und dort wurde es mir wieder in den Hals hinuntergerammt, dass ich einen Frauenjob hatte. Wenn jemand der nicht lesen und schreiben kann mehr Geld verdient für etwas, was du zu Hause umsonst tust – Kisten herumtragen und Geschirr säubern. Ich meine, das war sein Job. War sein Job wichtiger für den Staat während ich eine Sekretärin war oder war sein Job wertvoller? ... Also entwickelte es sich. Weißt du, es war nicht so dass ich gesagt habe „Ich werde eine Feministin". Es hat sich einfach entwickelt, das ist alles. Solche Dinge passieren dir einfach, nehme ich an. Ich weiß nicht. Es war keine bewusste Sache, das ich gesagt hätte, „Ich werde eine Feministin". Es war die Entscheidung, was richtig war und dann in diese Richtung zu gehen.

lassen, wenn sie empfanden, dass die Coalition of Labor Union Women keine Ausbildung oder andere Unterstützung mehr bieten konnte.[18]

Die vier Typen machten unterschiedliche Erfahrungen in den Gewerkschaften und der Frauenbewegung, nicht nur, weil sich diese Bewegungen im Laufe der Zeit verändert haben, sondern auch weil innerhalb dieser Bewegungen mehrere Strömungen unterschieden werden müssen. Das heißt das Frauen, die den Gewerkschaften zwar zum gleichen Zeitpunkt beitraten, aber unterschiedlichen Gewerkschaften angehörten, die Gewerkschaften auch unterschiedlich wahrnahmen. Außerdem machten einfache Mitglieder andere Erfahrungen als Funktionärinnen und Gewerkschaftsangestellte. Die vier Mitgliedschaftstypen mit ihren unterschiedlichen Arbeiterinnenfeminismen haben die kollektive Identität von CLUW auf unterschiedliche Weise geformt. Die Aushandlungsprozesse um die Struktur, und damit die kollektive Identität, von CLUW waren von Konflikten geprägt (vg. Roth 1997, 2000).

Zusammenfassung

Die Mitgliedertypologie umfasst eine Vielfalt von Arbeiterinnenfeminismen, die sich in politischen Sozialisationsprozessen über den Lebenslauf hinweg herausbildeten. Die Gründermütter betonen ihre Gewerkschaftsidentität, während für die rebellischen Töchter die feministische Kritik an den Gewerkschaften und die Berücksichtigung von Rasse und Klasse in der Frauenbewegung zentral ist. Den political animals geht es in erster Linie um die Lösung konkreter Probleme, für sie sind Gewerkschaften und Frauenbewegung gleich wichtig. Der Arbeiterinnenfeminismus der kämpfenden Opfer entwickelte sich aus Diskriminierungserfahrungen und dem Kampf

---

18 CLUW bietet auf der lokalen und überregionalen Ebene Führungstraining, z.B. in Form von Workshops und Konferenzen an. Die Aktivitäten auf der lokalen Ebene richten sich zumeist an einfache Mitglieder mit wenig Erfahrungen. Es gibt weniger Angebote für Frauen in Angestellten- und Führungspositionen.

145

gegen Diskriminierung innerhalb der Gewerkschaften heraus. Alle vier Typen betonen Gleichheit und Gerechtigkeit unabhängig von Rasse, Klasse und Geschlecht und sehen diese als Dimensionen, die in gleicher Weise angesprochen werden, an. Die Gründung von CLUW kann je nachdem sowohl als Ergebnis als auch als Voraussetzung für Arbeiterinnenfeminismus verstanden werden. Die Strukturen – und damit die kollektive Identität – der Organisation spiegeln die verschiedenen Feminismen nur in begrenzter Weise wieder. Sie umfassen die Gründermütter, die political animals und die kämpfenden Opfer, aber nicht die rebellischen Töchter. Ein Teil der rebellischen Töchter verlies daher die Organisation, während andere die Rolle von CLUW als Teil der Gewerkschaften akzeptierten (vgl. dazu Roth 1997, 2000).

Die kollektive Identität der Organisation bildet sich in der Interaktion zwischen den Mitgliedertypen heraus. CLUW entstand im Kontext der neuen Frauenbewegung und der Diffusion feministischen Bewusstseins. Diejenigen, die an der Gründung teilnahmen waren darum bemüht, ihre feministischen Identitäten, Gewerkschaftsidentitäten und Aktivistenidentitäten miteinander in Einklang zu bringen. CLUW bietet Rollenmodelle, Weiterbildungsmöglichkeiten, „freie Räume" (Evans/Boyte 1986), und trägt zur Sichtbarmachung von Frauen- und Fraueninteressen in den Gewerkschaften bei. Obwohl die Anzahl von Frauen in Führungspositionen immer noch begrenzt ist, bringt CLUW Kinderversorgung, sexuelle Belästigung am Arbeitsplatz, und Neubewertung der Frauenarbeit auf die Agenda der Gewerkschaften und engagiert sich damit erfolgreich in diskursiver Politik (Katzenstein 1995). Darüber hinaus ist CLUW in den USA eine der heterogensten feministischen Organisationen. Meine Fallstudie der Coalition of Labor Union Women zeigt auf, dass individueller und sozialer Wandel miteinander verbunden sind und in Interaktionsprozessen d.h. politischer Sozialisation und der Rekonstruktion von kollektiver Identität eingebettet sind.

Literatur

Abrahams, N. (1996): Negotiating Power, Identity, Family, and Community: Women's Community Participation. In: Gender and Society 10, S. 768–796.

Andrews, M. (1991): Lifetimes of Commitment. Aging, Politics, and Psychology. Cambridge (Cambridge University Press).

Albrecht, L./Brewer, R. M. (Hg.)(1990): Bridges of Power. Women's Multicultural Alliances. Philadelphia, PA (New Society Publishers).

Barnett, B. M. (1995): Black Women's Collectivist Movement Organizations: Their Struggle during the Doldrums. In: Ferree, M.M/Martin, P.Y. (Hg.): Feminist Organizations. Harvest of the New Women's Movement. Philadelphia (Temple University Press), S. 199–219.

Blumer, H. (1984) [1969]: Symbolic Interactionism. Perspective and Method. Berkeley (University of California Press).

Bookman, A./Morgan, S. (Hg.)(1988) Women and the Politics of Empowerment. Philadelphia (Temple University Press).

Breines, W. (1982): Community and Organization in the New Left. New Brunswick, NJ (Rutgers University Press).

Briet, M./Klandermans, B./Kroon, F. (1987): How Women Become Involved in the Women's Movement of the Netherlands. In: Katzenstein, M. F./McClurg Mueller, C. (Hg.): The Women's Movements of the United States and Western Europe. Consciousness, Political Opportunity, and Public Policy. Philadelphia (Temple University Press), S. 44–63.

Buechler, S. (1990): Women's Movements in the United States: Woman Suffrage, Equal Rights, and Beyond. New Brunswick (Rutgers University Press).

Calhoun, C. (1993): ‚New Social Movements' of the Early Nineteenth Century. In: Social Science History 17, S. 385–428.

Collins, P. H. (1990): Black Feminist Thought. Knowledge, Consciousness, and the Politics of Empowerment. London (Routledge).

Evans, S. M./Boyte, H. C. (1986): Free Spaces. The Sources of Democratic Change in America. New York (Harper and Row).

Fantasia, R. (1988): Cultures of Solidarity. Berkeley (University of California Press).

Ferree, M.M./Hess, B. (1994): Controversy and Coalition: The New Feminist Movement across Three Decades of Change. Boston (Twayne).

Ferree, M.M./Roth, S. (1998): Gender, Class, and the Interaction Between Social Movements: A Strike of West Berlin Day Care Workers. In: Gender and Society 12, S. 626–648.

Gamson, W. (1992): The Social Psychology of Collective Action. In: Morris, A.M./McClurg Mueller, C. (Hg.): Frontiers in Social Movement Theory. New Haven/London (Yale University Press), S. 53–76.

Hunt, S. A./Benford, R.D./Snow, D. A. (1994): Identity Fields: Framing Processes and the Social Construction of Movement Identities. In: Larana, E./Johnston, H./Gusfield, J.R. (Hg.): New Social Movements. From Ideology to Identity. Philadelphia (Temple University Press), S. 185–208.

Katzenstein, M. F. (1995): Discursive Politics and Feminist Activism in the Catholic Church. In: Ferree, M. M./Martin, P. Y. (Hg.): Feminist Organizations. Harvest of the New Women's Movement. Philadelphia (Temple University Press), S. 35–52.

Kiecolt, J. (2000): Self-Change in Social Movements. In: Stryker, S./Timothy J./Owens, T./White, W. (Hg.): Identity and Social Movements, Minneapolis (University of Minnesota Press), S. 110–131.

Klandermans, B. (1992): The Social Construction of Protest and Multiorganizational Fields. In: Morris, A./McClurg Mueller, C. (Hg.): Frontiers of Social Movement Research. New Haven, CT (Yale University Press), S. 77–10.

Klandermans, B. (1994) : Transient Identities? Membership Patterns in the Dutch Peace Movement. In: Larana, E./Johnston, H./Gusfield, J.R. (Hg.): New Social Movements. From Ideology to Identity. Philadelphia (Temple University Press), S. 185–208.

Klein, E. (1987): The Diffusion of Consciousness in the United States and Western Europe.In: Katzenstein, M.F./McClurg Mueller, C. (Hg.): The Women's Movements of the United States and Western Europe. Consciousness, Political Opportunity, and Public Policy. Philadelphia (Temple University Press), S. 23–43.

Larana, E./Johnson, H./Gusfield; J.R. (Hg.)(1994): New Social Movements. From Ideology to Identity. Philadelphia (Temple University Press).

Leidner, R. (1993): Constituency, Accountability, and Deliberation: Reshaping Democracy in the National Women's Studies Association. In: NSWA Journal 5, S. 4–27.

McAdam, D. (1982): Political Process and the Development of Black Insurgency, 1930-1970. Chicago (University of Chicago Press).

McAdam, D. (1988): Freedom Summer. New York (Oxford University Press).

Melucci, A. (1989): Nomads of the Present. Social Movements and Individual Needs in Contemporary Society. Philadelphia (Temple University Press).

Melucci, A. (1995): The Process of Collective Identity. In: Johnston, H./Klandermans, B. (Hg.): Social Movements and Culture. Minneapolis (University of Minnesota Press), S. 41–63.

Miethe, I. (1999): Frauen in der DDR-Opposition. Lebens- und kollektivgeschichtliche Verläufe in einer Frauenfriedensgruppe. Opladen (Leske+Budrich).

Milkman, R. (1990): Gender and Trade Unions in Historical Perspective. In: Tilly, L. A./Gurin, P. (Hg.): Women, Politics and Change. New York (Russell Sage Foundation), S. 87–107.

Morris, A./Hatchett, S.J./Brown,R.E. (1989): The Civil Rights Movement and Black Political Socialization. In: Sigel, R.S. (Hg.): Political Learning in Adulthood. Sourcebook of Theory and Research. Chicago (University of Chicago Press), S. 272–305.

Morris, A./McClurg Mueller, C. (Hg.): Frontiers in Social Movement Research. New Haven: (Yale University Press).

148

Mueller, C. (1995): The Organizational Basis of Conflict in Contemporary Feminismin. In: Ferree, M.M./Martin, P.Y. (Hg.): Feminist Organizations. Harvest of the New Women's Movement. Philadelphia (Temple University Press), S. 263–275.

Naples, N. (1992): Activist Mothering: Cross Generational Continuity in the Community Work of Women From Low-Income Urban Neighborhoods. In: Gender and Society 6, S. 441–63.

Pardo, M. (1995): Doing It for the Kids: Mexican American Community Activists, Border Feminists. In: Ferree, M.M./Martin, P.Y. (Hg.): Feminist Organizations. Harvest of the New Women's Movement. Philadelphia (Temple University Press), S. 356–371.

Piven, F. F./Cloward, R. (1979): Poor Peoples Movements: Why They Succeed, How They Fail. New York (Vintage Books).

Resnick, L.. (1996): Sifting Through Tradition: The Creation of Jewish Feminist Identity. Masters Thesis. Department of Sociology, University of Connecticut.

Rinehart, S. T. (1992): Gender Consciousness and Politics. New York (Routledge).

Roth, S. (1996): Accountability, Loyalty, Trust: Conducting Life History Research Among Women Labor Leaders. Vortrag auf der 13. International Qualitative Analysis Conference, Hamilton, Canada

Roth, S. (1997): Political Socialization, Bridging Organization, Social Movement Interaction: The Coalition of Labor Union Women, 1974-1996. Doctoral Dissertation, University of Connecticut.

Roth, S.(2000): Developing Working-Class Feminism: A Biographical Approach to Social Movement Participation. In: Stryker, S./Timothy J./Owens, T./White, W. (Hg.): Identity and Social Movements. Minneapolis (University of Minnesota Press), S. 300–323.

Sapiro, V.(1990): The Women's Movement and the Creation of Gender Consciousness: Social Movements as Socialization Agents. In: Ichilov, O. (Hg.): Political Socialization, Citizenship Education, and Democracy. New York: (Teachers College Columbia University), S. 266–280.

Snow, D.A./Oliver, P. (1995): Social Movements and Collective Behavior. Social Psychological Dimensions and Considerations. In: Cook, K.S./Fine, G.A./House, J.S. (Hg.): Sociological Perspectives on Social Psychology. Boston (Allyn & Bacon), S. 571–599.

Stryker, S. (2000): Identity Competition: Key to Differential Social Movement Participation? In: Stryker, S./Timothy J./Owens, T./White, W. (Hg.): Identity and Social Movements, Minneapolis (University of Minnesota Press), S. 21–41.

Taylor, V./Whittier, N.E. (1992): Collective Identity in Social Movement Communities: Lesbian Feminist Mobilization. In: Morris, A./McClurg Mueller (Hg.): Frontiers of Social Movement Research. New Haven, CT (Yale University Press), S. 104–129.

Whalen, J./Flacks, R. (1989): Beyond the Barricades. The Sixties Generation Grows Up. Philadelphia (Temple University Press).

Whittier, N. (1995): Feminist Generations: The Persistence of the Radical Women's Movement. Philadelphia (Temple University Press).

149

Politische Biografien im privaten und öffentlichen Diskurs

Viktor Voronkov

In der Biografieforschung wurden von Anfang an immer wieder Diskussionen über die Validität und Kontextgebundenheit der gefundenen Ergebnisse geführt sowie der Einfluss der Interaktion zwischen Forschern und Beforschten problematisiert (vgl. Apitzsch/Inowlocki 2000). In dem vorliegenden Artikel werden – am spezifischen Beispiel sowjetischer Gesellschaften – einige methodologische Überlegungen darüber angestellt, wie ein Soziologe adäquat Informationen interpretieren kann, die er in biografischen Interviews erhält. Die dargelegten Schlussfolgerungen sind ein Ergebnis der Auswertung mehrerer Dutzend Interviews, die ich im Laufe des letzten Jahrzehnts im Rahmen verschiedener Forschungsprojekte geführt habe. Diese Interviews zielten in erster Linie auf die Erfassung politischer Biografien. Daraus ergab sich ein Nachdenken über die unterschiedlichen Kontextbedingungen, die die Interviewsituation bestimmten. Wie im Folgenden dargestellt werden soll, spiegeln gerade Interviews zu politischen Biografien ausgesprochen deutlich die Besonderheiten des Verhältnisses von Öffentlichkeit und Privatheit in der (post-)sowjetischen Gesellschaft wider.

Im Rahmen dieses Beitrages führe ich aus, dass die Berücksichtigung der Sozialisationsbedingungen eines Interviewpartners einem Forscher helfen kann, ein neues konzeptionelles Verständnis zu entwickeln, das wiederum notwendig ist für eine angemessene Interpretation des Erzählten. Es geht dabei um die Verdeutlichung derjenigen kommunikativen Regeln, die während der Entwicklung der öffentlichen und der privaten Sphäre in einer Gesellschaft sowjetischen Typs entstanden und die bei der Analyse der Narrationen reflektiert werden müssen. Biografische Erzählungen unterliegen, wie eingangs bereits erwähnt, auch in anderen (westlichen) Gesellschaften

150

ähnlichen Prozessen. In Gesellschaften sowjetischen Typs lassen sich aber m.E. diese Prozesse in einem Ausmaß vorfinden, für das es keine Entsprechung im Westen gibt.

Im Folgenden interessiert mich die methodologische Frage, wie die Vorstellung, die sich der Interviewpartner über das Öffentliche und das Private macht, sowohl Inhalt als auch Charakter seiner Erzählung beeinflusst. Es geht also darum, *was* er sagt und *wie* er es sagt.

Wird die interpretatorische Aufmerksamkeit auf die Details von Interviewtexten gelenkt, so müssen die Möglichkeiten der biografischen Methode als solche ziemlich pessimistisch eingeschätzt werden. Selbst eine sehr gute Kenntnis der Kontextbedingungen, die bei der Interpretation von Interviews zu berücksichtigen sind, bewahrt uns nicht vor der Bildung von Artefakten. Außerdem erweist sich eine derartige Kenntnis oft genug als Illusion – zu sehr unterscheiden sich die Sozialisationserfahrungen des Forschers und des Informanten, zumal wenn sie nicht nur verschiedenen (Mikro-) Milieus, sondern verschiedenen Kulturen angehören.

Um das Datenmaterial interpretieren zu können, sollte daher das biografische Interview selbst nicht als der wichtigste Teil in einem Forschungsvorhaben angesehen werden. Es hat seinen Wert eher als zusätzliche Informationsquelle in einem längeren Prozess teilnehmender Beobachtung.[1] Erst ein langer Aufenthalt in einem bestimmten sozialen Milieu ermöglicht die Lösung zweier Probleme:

1. eine ausreichende Vertrauensbasis zu schaffen, also einen „Zugang zum Feld" zu bekommen, und
2. die soziale Welt der Interviewpartner zu verstehen.

Eine derartige Strukturierung der Feldphase ist wichtig und wünschenswert in allen Fällen, doch besonders notwendig ist sie sicher, wenn es um die Erfassung der Biografie einer „öffentlichen", also beispielsweise einer politisch tätigen Person geht.[2]

---

1 Sehr überzeugend zeigt das Girtler (1992).
2 Es ist hier nicht von den Fällen die Rede, in denen es um die „höchsten Klassen" der Gesellschaft geht, denn ein Zugang in die entsprechenden Milieus ist in Russland meist unmöglich. Hin und wieder gelingt es jedoch einem Wissenschaftler, sich oft und lange mit einer „öffentlichen" Person zu unterhalten.

Die hier verwendeten Begriffe der *privaten* und der *öffentlichen* Sphäre erfordern eine Erläuterung, da sich Interviewpartner, je nachdem, ob sie in der sowjetischen oder in einer westlichen Gesellschaft sozialisiert wurden, sehr unterschiedliche Vorstellungen über diese Kommunikationsräume machen. Außerdem sind auch die Begriffe, die westliche Sozialforscher für Privatheit und Öffentlichkeit entwickelt haben, nicht eindeutig. Weintraub (1996) unterscheidet folgende Modelle: in dem *liberal-ökonomischen* Modell werden die Sphären in ihrer Abhängigkeit von Marktökonomie und staatlich-administrativem Wirtschaftsbereich unterteilt (Olson, Sheling); in dem klassischen *republikanischen* Ansatz (Habermas, Arendt) wird Öffentlichkeit wie eine politische Sphäre behandelt, in der sich Privatleute zu einem Publikum zusammenfinden, um außerhalb des Staates oder gegen ihn Probleme zu debattieren, die alle angehen; der *dramaturgische* Ansatz (Aries) versteht die öffentliche Sphäre als eine der Soziabilität; und aus der *feministischen Kritik* folgt ein Verständnis des Öffentlichen als des Nicht-Privaten, wobei das Private die Familie darstellt.

Keine der aufgezählten Bestimmungen, wie Öffentlichkeit zu verstehen und gegebenenfalls zu entwickeln sei, hilft für ein Verständnis der Kommunikationsräume in der sowjetischen Gesellschaft. Dort hatten Privatheit und Öffentlichkeit eine andere Bedeutung, und die Grenze zwischen beiden Sphären wurde in besonderer Weise markiert, wodurch sich wichtige Konsequenzen für die Interpretation erhobenen Datenmaterials ergeben. Personen, deren Sozialisation unter den spezifischen Kommunikationsbedingungen der sowjetischen Gesellschaft erfolgte, strukturieren ihre Erfahrungswelten und die Möglichkeiten des diskursiven Austauschs mittels besonderer Regeln.

Im Folgenden stelle ich mein Modell des sowjetischen Kommunikationsraums vor, der auf das Engste mit dem des Rechtsraumes zusammenhängt. Die Öffentlichkeit, die mit dem Raum der offiziellen Verlautbarungen und des offiziell sanktionierten Bildes von der sowjetischen Gesellschaft zusammenfällt, ist auch der Raum des Gesetzesrechts, während der nicht-offizielle Kommunikationsraum durch das Gewohnheitsrecht, durch Alltagsnormen und -konventionen reguliert war. Der Punkt ist nun der, dass sich in der sowjetischen Gesellschaft der letzten Jahrzehnte die durch das informelle Gewohnheitsrecht regulierte Sphäre ausweitete und allmählich die Sphäre, in der das gesatzte Recht herrschte, dominierte. Natürlich existiert in jeder modernen Gesellschaft eine ähnliche Teilung des Rechtsraumes, dennoch ist für die Sowjetunion charakteristisch, dass die lange Dominanz des Gewohnheits- über das Gesetzesrecht zu einer fundamentalen Veränderung des gesellschaftlichen Lebens insgesamt führte (vgl. auch Vite 1996).

In der sowjetischen Gesellschaft wurden die Normen beider Rechtssphären als legitim anerkannt, gleichzeitig schlossen sie sich gegenseitig aus. Die stetig zunehmende Festigung der Legitimität des Gewohnheitsrechts unterhöhlte die Legitimität des Gesetzesrechts. Zwar wurde dadurch das Auseinanderbrechen der Gesellschaft aufgehalten, doch die nachhaltige Deformation des Rechtsraumes führte zu einer gewissermaßen „ausgleichenden" Deformation des Kommunikationsraumes.

Dies hatte zur Folge, dass in der öffentlich-offiziellen Sphäre die Erörterung dessen, was durch das Gewohnheitsrecht geregelt wurde, tabuisiert war. Die gigantische Zunahme der Vielfalt des sozialen Lebens, die in den letzten Jahrzehnten erfolgte, veränderte den Alltag der Sowjetbürger sehr stark und fiel in den Bereich des Gewohnheitsrechts. Nichts davon konnte aber in der öffentlich-offiziellen Sphäre diskutiert werden, und wenn, dann höchstens unter dem Vorzeichen des Kampfes gegen die „Überbleibsel des Kapitalismus". Nicht-sowjetische Beobachter, die die Presse analysierten und öffentliche Aktionen und Gespräche mit Menschen, die ihnen nur flüchtig bekannt waren, interpretierten, gingen daher bei der Rekonstruktion des Lebens in der sowjetischen Gesellschaft fehl und schufen ein Bild, das die soziale Realität oft bis in ihr Gegenteil verkehrte. In der offiziellen öffentlichen Sphäre wurde das Leben der Sowjetbürger wie in utopischer Weise dargestellt, was jedoch in keiner Weise mit den Alltagserfahrungen übereinstimmte.[3] Ionin (1995: 147) merkt ganz richtig an, dass die schroffe Ab-

---

3 Dieses Paradox wurde mit einer riesigen Menge an Witzen kommentiert. Die Struktur des Paradoxes möchte ich mit folgendem Witz illustrieren: Auf einer Parteiversammlung, nachdem im traditionellen Stil ein Vortrag darüber gehalten wurde, dass in der Sowjetunion alles gut und im Westen alles schlecht sei, steht ein Mann auf und fragt: „Sagen Sie bitte, warum dort alles so gut ist, wenn doch alles so schlecht ist, und bei uns alles so schlecht, wenn doch alles so gut ist."

grenzung des Alltags von den anderen Sinnsphären charakteristisch für die sowjetische Gesellschaft war und sich dies darin ausdrückte, dass die Kommunikation zwischen dem Alltag und den anderen Erfahrungswelten schwierig war.

Im Unterschied zur offiziellen Öffentlichkeit, wo das Gesetzesrecht herrschte und seine Ordnung in den Fällen seiner Verletzung repressiv wiederhergestellt wurde, konnte außerhalb dieser Sphäre praktisch alles diskutiert werden. „Außerhalb" war aber nicht gleichbedeutend mit Privatheit. Diese, die private Sphäre, war während der gesamten Sowjetzeit für die Bürger wenig bedeutsam und hatte keine festen Grenzen, die sie von der öffentlichen Sphäre wirksam abgrenzte. Im Gegenteil: es dominierte die Ideologie des kollektiven Lebens, was sich in der Regel ausdrückte: „ein richtiger Sowjetmensch hat vor seinen Genossen nichts zu verbergen". So lebten die Menschen beispielsweise in *Kommunalkas*, also in Gemeinschaftswohnungen, wodurch ihr Privatleben praktisch „durchsichtig", zumindest für alle einsehbar war. Während der Stalinzeit der totalen Kontrolle konnte sich neben der öffentlichen keine andere Sphäre entwickeln.

Die folgende Skizze illustriert die Veränderung im Verhältnis der Kommunikationssphären zueinander im Laufe der Entwicklung der sowjetischen Gesellschaft.

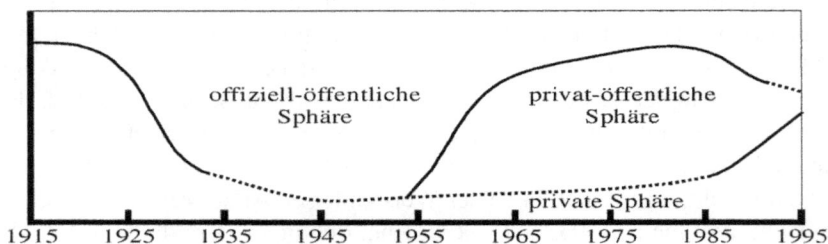

In den drei Jahrzehnten nach dem Ende der Stalinära konnte sich in der sowjetischen Gesellschaft eine „zweite" öffentliche Sphäre ausbilden. Sie lässt sich auch als eine öffentliche Sphäre des „realen Lebens" bezeichnen, die von der ersten, der offiziell-öffentlichen, durch eine scharfe Grenze getrennt war. Die Entwicklung dieser Sphäre resultierte daraus, dass das reale Leben in der offiziellen Öffentlichkeit nicht diskutiert werden konnte und die in diesem Raum üblichen Repressionen inzwischen beträchtlich nachgelassen hatten. Es entstand daher ein Kommunikationsraum, der hier „privat-öffentliche Sphäre" genannt werden soll, in dem praktisch alles erörtert werden konnte.

Mit dem Beginn des großangelegten Wohnungsbaus in den 50er Jahren entstand in den russländischen Städten auch ein physischer Raum für die Entwicklung einer privaten Sphäre, nämlich die Abgeschlossenheit von Einzelwohnungen. Zwar spielte diese private Sphäre nie eine besonders wichtige Rolle in der sowjetischen Gesellschaft, doch konnte sie sich jetzt konstituieren und zwar in Abgrenzung nicht zur offiziell-öffentlichen Sphäre, sondern zu der „anderen" Öffentlichkeit. Ein typisches Beispiel für die Verbindungen der zwei sozialen Räume außerhalb der offiziell-öffentlichen Sphäre war die sogenannte „Küche der Intelligenzija", in der sich regimekritische Stimmen äußern konnten und wo auch das Dissidententum entstand.

Ich möchte unterstreichen, dass die „andere" Öffentlichkeit wenig gemein hat mit der „zweiten Gesellschaft", von der in der wissenschaftlichen Literatur über das Dissidententum in Osteuropa häufig die Rede ist (z.B. Hankiss 1988; Keane 1998). Die privat-öffentliche Sphäre war kein exklusives Kommunikationsfeld eines bestimmten Milieus. Jeder Sowjetbürger, selbst die Angehörigen der höchsten Machtebene, handelte vorwiegend in dieser Sphäre. So sind die inoffiziellen Gespräche auch von Politbüromitgliedern in ihrer „privaten Küche" selbstverständlich in diesem privat-öffentlichen Raum zu lokalisieren. Ein Sowjetbürger gehörte in gewissem Sinne zwei Gesellschaften gleichzeitig an. Über die Grenze, die zwischen den einzelnen Kommunikationsräumen bestand, machte er sich keine Illusionen, weshalb er auch die grundsätzlich unterschiedlichen Regeln, die die jeweiligen Sphären regulierten, nicht miteinander verwechselte. Es war diese Verdoppelung der Kommunikationsstandards, die zu der „sozialen Schizophrenie" führte, die die Publizistik dem *homo sovieticus* so oft zugeschrieben hat.

Was folgt daraus für einen Soziologen, der biografische Interviews zu interpretieren hat? Es zeigt sich, dass das Gespräch mit einem Soziologen für einen Informanten sich in einem Raum abspielt, den er als offiziell-öffentliche Sphäre wahrnimmt. Im Verständnis eines sowjetisch Sozialisierten kommt ein Soziologe immer aus der Öffentlichkeit, und daher wählt ein entsprechender Interviewpartner automatisch das Regelsystem, das ihn durch die Kommunikation in der öffentlichen Sphäre leitet. Diese Regeln steuern in erster Line, *was* und *wie* gesprochen werden kann bzw. muss. Dabei handelt es sich nicht nur darum, dass bestimmte Themen einem Tabu unterliegen und nicht verbalisiert werden können; die offiziell-öffentliche Sphäre ist überhaupt kein Ort für die Diskussion der Probleme des realen Lebens. Jede Person, deren Sozialisation in der sowjetischen Gesellschaft erfolgte, hat vor allem eine klare Vorstellung davon, ob Inhalt oder Charakter eines Gespräches *angemessen* bzw. *unangemessen* sind.

Ich möchte das bisher Gesagte nun etwas anschaulicher machen. Während der Arbeit an einem deutsch-russischen Forschungsprojekt, das die Lebensumstände von Immigranten aus der ehemaligen Sowjetunion in Berlin zum Thema hatte, zeigte sich, dass innerhalb der biografischen Narrationen drei scharf voneinander abgegrenzte Diskursstile unterschieden werden können. Für die Immigranten, die in einer lockeren russisch-sprachigen „Gemeinde" vereint sind, stellt sich die offiziell-öffentliche Sphäre als der Raum dar, in dem das deutsche Gesetzesrecht herrscht, während innerhalb der Grenzen der Gemeinde ein privat-öffentlicher Kommunikationsraum entstanden ist. Je nachdem, wie die Informanten den Interviewer wahrnahmen[4], gestaltete sich der Charakter der biografischen Narration. Dies wurde z.B. deutlich bei einem Vergleich von Interviews, die zwei unterschiedliche Personen geführt hatten. Die eine Person war selbst eine sowjetische Immigrantin, die allerdings bereits fast zwei Jahrzehnte in Berlin lebte; die zweite Person war ich selbst.

---

4 Tatsächlich stellte sich heraus, dass der Diskursstil der Immigranten sehr „sowjetisch" war, d.h. hermetisch auf Institutionen und gesellschaftliche Zuschnitte der früheren Sowjetunion bezogen geblieben ist und damit die frühere Lebenswelt gleichsam konserviert hat. Der sowjetische Stil äußerte sich sogar deutlicher als bei denjenigen Interviewpartnern desselben Herkunftsmilieus („sowjetische Intelligenzija"), die nicht immigriert, sondern in Russland geblieben waren und die wir zum gleichen Thema befragen konnten. Dieses „Sowjetische" schien sich in gewisser Weise seit dem Zeitpunkt der Ausreise nach Deutschland konserviert zu haben. Die Immigration hatte Ende der 80er, Anfang der 90er Jahre stattgefunden, also bevor die Reformen in Russland greifen konnten. Die Personen, die in Russland blieb, mussten dagegen ihre Lebensführung und ihre Normen entsprechend dem Transformationsverlauf abändern.

Da die meisten der Interviewpartner dem Milieu der sowjetischen Intelligenzija zuzuordnen waren, waren sich die Narrationen insofern ähnlich, als weitgehend dieselben Schlüsselerlebnisse angesprochen wurden. Dennoch unterschieden sich die Lebensbeschreibungen in ihrem Charakter sehr stark voneinander. In den Interviews, die die bereits lange in Berlin ansässige Immigrantin führte, wurden die Themen in einer bereits allseits bekannten Art und Weise behandelt. Dies, obwohl man davon ausgehen kann, dass diese Mitarbeiterin als Immigrantin dem untersuchten Milieu sehr nahe war, ihr also von Seiten der Interviewten ein gewisses Vertrauen entgegengebracht wurde. Allerdings sprach diese Interviewerin ihre späteren Informanten per Telefon an und führte die Interviews zu einem festgelegten Termin durch. Durch diese Form der Annäherung wurde sie wie ein gewöhnlicher Soziologe wahrgenommen, der dem offiziell-öffentlichen Raum zuzuordnen ist, weshalb die Gespräche konsequenterweise nach den Regeln dieser Kommunikationssphäre abliefen.

Im Gegensatz zu diesem Vorgehen konnte ich selbst eine ziemlich lange Vorbereitungszeit für die Interviews einplanen, was sich im Ergebnis als sehr fruchtbar erwies. Ich verbrachte viel Zeit im Milieu meiner Informanten, machte mich enger mit ihnen bekannt und wartete den Moment ab, zu dem ich als einer „der ihren" akzeptiert wurde. Ein weiterer Vorteil war sicher, dass ich gleichzeitig in ziemlicher Distanz zu dem zu erforschenden Milieu stand, denn obwohl ich aus dem gleichen Land kam, war ich nicht immigriert; auch mussten meine Interviewpartner nicht befürchten, dass ihre Offenheit ihnen möglicherweise schaden könnte, da ich ganz sicher kein Repräsentant der deutschen offiziellen Öffentlichkeit war. Tatsächlich waren die biografischen Narrationen, die ich so erhalten konnte, sehr offen, ausgesprochen informativ und gesättigt an interessanten Details, denn das Erzählte war an „einen der ihren" gerichtet und gemäß den Regeln der privat-öffentlichen Sphäre gestaltet, wodurch manchmal sogar Einblicke in die private Sphäre gewährt wurden.

Einen dritten Diskursstil möchte ich der Vollständigkeit halber auch noch erwähnen. Dieser offenbarte sich in den Interviews mit sowjetischen Immigranten, die deutsche Sozialforscher führten. Es war deutlich, dass die Interviewpartner nur über allgemein bekanntes sprechen bzw. den Interviewer belehren wollten. Warum diese Gespräche so ganz anders abliefen als die,

die ich dokumentieren konnte, erschloss sich mir, als ich eines Tages einen Informanten besuchte, der einige Tage zuvor von einem deutschen Soziologen interviewt worden war. Auf meine neugierige Frage, was er diesem Forscher denn erzählt habe, bekam ich die sehr „normale" Antwort: „Seien Sie unbesorgt, ich habe ihnen erzählt, was sich gehört!" (*„tak, kak nado!"*).

Es zeigt sich also, dass für die Immigranten, deren Sozialisation unter sowjetischen Bedingungen erfolgte, noch eine Sphäre der Öffentlichkeit existiert, deren Kommunikationsregeln sich sogar stark von den Regeln unterscheiden, die normalerweise die Kommunikation in der offiziell-öffentlichen Sphäre in der Sowjetunion regulierten. Wahrscheinlich ist, dass diese besondere Sphäre entstehen konnte, weil die Immigranten ihre neuen sozialen Erfahrungen nur sehr inadäquat interpretieren können, da sie die Kommunikations- und Interaktionsregeln der ihnen unbekannten Gesellschaft nicht verstehen und sie daher ein undifferenziertes Gefährdungsgefühl in Bezug auf diese Gesellschaft ausgebildet haben. Während diejenigen Interviews, die von deutschen Soziologen geführt wurden, u.U. wenig mit den realen Lebensumständen und Problemen der Informanten gemein haben, geben sie aber darüber Aufschluss, was die Interviewten in der öffentlichen Sphäre für legitim halten.

Abgesehen von den potenzierten Kommunikationsschwierigkeiten sowjetischer Immigranten möchte ich unterstreichen, dass jeder Sowjetbürger nicht nur unterschiedliche Versionen seiner Biografie zur Verfügung hat, was wohl auf jeden Menschen mehr oder weniger zutrifft, sondern zwei prinzipiell verschieden konstruierte Lebensbeschreibungen. Sie unterscheiden sich sowohl in der Auswahl der Fakten als auch in der Interpretation und im Charakter der Darlegung.

Ein gutes Beispiel dafür ist, wie das Thema „Armut" behandelt wird, da es in den meisten Interviews, egal von welchem Forschungsgebiet die Rede ist, angesprochen wird. Da in der offiziell-öffentlichen Sphäre – sei es nun in der Politik oder in der Wissenschaft – ein „Katastrofendiskurs" dominiert, wird auch in einem Narrativ, das für die Öffentlichkeit gedacht ist, nach den Regeln dieses Diskurses geführt. Armut wird daher sehr häufig, man möchte sagen: notwendigerweise, als möglicher Grund oder Hintergrund einer „biografischen Krise" während der Reformperiode diskutiert, und die Informanten erörtern das Thema im Rahmen dessen, wie es ihnen in der öffentlichen Sphäre von Bedeutung erscheint. Der Forscher erhält infolgedessen genaue Mitteilung über niedrige Gehälter oder Pensionen (die tatsächlich so niedrig sind), über die Unmöglichkeit, mit diesem Geld den gewohnten Lebensstandard aufrechtzuerhalten (was ebenfalls wahr ist) und über die Ineffektivität der „normalen", also der gewohnten Lebensstrategien.

Das Gespräch berührt allerdings nicht die Realitäten des Alltags im Allgemeinen und noch weniger die Praxis der Zusatz- und Nebenbeschäftigungen des jeweiligen Informanten im Besonderen, also den Umstand, dass das offizielle Gehalt nur einen kleinen Teil des Gesamteinkommens ausmacht, sowie die Art und Weise, wie sich die Interviewpartner in der informellen Ökonomie bewegen. Dadurch ergibt sich automatisch ein empfindlicher Informationsverlust, da sich die Hälfte der russischen Wirtschaftstätigkeiten heutzutage „im Schatten" befindet. Die Informanten sind üblicherweise nicht geneigt, über diese Themen zu diskutieren, und zwar nicht deshalb, weil sie Bedenken haben über ihre nicht-legalen Tätigkeiten oder über die Art der von ihnen praktizierten Steuervermeidung zu sprechen, denn praktisch hat die gesamte Bevölkerung daran teil. Sie erörtern diese Aspekte nicht, weil sie Gegenstand ihres Alltags sind, der im offiziell-öffentlichen Raum nicht besprochen werden kann. Und jeder Versuch seitens des Soziologen, diese Probleme dennoch zu thematisieren, birgt in sich die Gefahr der Zerstörung des Kontaktes als solchen, weil die gewohnten „Spielregeln" der Kommunikation nicht eingehalten werden.

Es ist zu betonen, dass sich die Folgen der sowjetischen Sozialisation noch hartnäckig halten, obwohl die Rahmenbedingungen sozialer Interaktion heute prinzipiell andere sind als zu sowjetischen Zeiten. Wie meine Forschungserfahrungen zeigen, haben sich die Vorstellungen darüber, was und wie im öffentlichen Raum gesprochen werden kann, noch kaum geändert.

Im Folgenden möchte ich nun anhand zweier Beispiele versuchen einzuschätzen, welche Möglichkeiten die Erforschung politischer Biografien der (post-) sowjetischen Epoche hat. Das erste Beispiel bezieht sich auf Vertreter der Dissidentenbewegung in den Jahren zwischen 1960 und 1980. Die Dissidenten selbst betonen immer, dass ihre Tätigkeit nicht politisch war, sondern sie lediglich die Staatsmacht zur Beachtung der Verfassung, der Gesetze und der Menschenrechte aufforderten. Auf den ersten Blick scheint es tatsächlich so, dass die Biografien von Dissidenten nicht als politische

159

gelesen werden können, da die betreffenden Personen sich selbst als nicht-politische wahrnahmen. Darüber hinaus existierten sie in der offiziell-öffentlichen Sphäre praktisch nicht, denn Erwähnung fanden sie dort meist nur in negativer Hinsicht, als „Spione", „Feinde des Volkes" oder „Abschaum der Gesellschaft".

Dennoch sollten die Aktivitäten der Dissidenten sogar als noch politischer als die der offiziellen sowjetischen Politiker eingestuft werden, und zwar allein aufgrund des Umstandes, dass ihre Forderungen an die Staatsmacht („Beachtet eure Gesetze!") die gewohnten „Spielregeln" prinzipiell missachteten. In dem hier verhandelten Kontext ließen sich die Dissidenten als Personen bestimmen, die die Regeln, die für die privat-öffentliche Sphäre galten, demonstrativ auf die Sphäre der offiziellen Öffentlichkeit übertrugen. Damit, mit dem Versuch, die Probleme des realen Lebens, des Alltags, in einem Raum zu diskutieren, wo sie nicht am Platz waren, wurde eine der wichtigsten Bedingungen des Regimeerhalts untergraben.

Gleichwohl unterschieden sich die drei Dutzend biografischen Interviews mit Dissidenten, die ich seit Beginn der 90er Jahre machen konnte, der Struktur und dem Diskursstil nach in nichts von den Lebensbeschreibungen anderer Angehöriger der sowjetischen Intelligenzija. Diesen Umstand möchte ich als Paradox formulieren: Mit ihren „antisowjetischen" Aktivitäten verletzten die Dissidenten bewusst die Kommunikationsregeln, die ich hier beschrieben habe. Zugleich beachteten sie diese Regeln bei der Darlegung ihrer Biografie sehr streng. Inhalt und Charakter ihrer Erzählung gestalteten sie automatisch nach den Regeln derjenigen Sphäre, der sie (unbewusst) dem Interviewer zurechneten. Daher erweist sich die politische Tätigkeit der Dissidenten als das einzige Gebiet, wo sie die allgemeine stillschweigende Übereinkunft, wie sich die offizielle Öffentlichkeit und die privat-öffentliche Sphäre voneinander abgrenzten, in Frage stellten. Im Alltag dagegen blieben sie fast alle „richtige" Sowjetmenschen. Daher bereitet die Interpretation der Biografien von Dissidenten keine anderen Schwierigkeiten als die von Angehörigen der Intelligenzija überhaupt, sofern die hier ausgeführten Unterschiede in den Kommunikationsregeln beachtet werden.

Das zweite Beispiel bezieht sich auf Versuche, biografische Interviews mit derzeit aktiven Politikern zu führen, deren Sozialisation unter sowjetischen Bedingungen erfolgte. Die Legitimität der sich gegenseitig ausschließenden Regeln in beiden Kommunikationssphären sowie der Grenzen zwischen ihnen wurde auch von diesen Personen nicht angezweifelt. Als das größte Problem bei meiner Forschungsarbeit erwies sich allerdings der Umstand, dass es nahezu unmöglich ist, außerhalb des offiziellen öffentlichen Diskurses Interviews zu führen. Soziologen haben normalerweise keinen direkten Zugang zu den Eliten einer Gesellschaft, was die Erforschung der Lebenswelten und des Alltag von Politikern in zweifacher Hinsicht schwierig macht. Es zeigt sich, wie allein schon die Tatsache, dass sich die betreffenden Personen ständig in der offiziell-öffentlichen Sphäre präsentieren müssen, eine Erörterung des „reale Lebens" verunmöglicht. Dies käme nur dann zustande, wenn die Politiker in einem privat-öffentlichen Raum befragt werden könnten.

Tatsächlich gelang mir während meiner Forschungen auch der informelle Zugang zu einer Reihe bekannter russländischer Politiker. Das war möglich geworden, weil einige der Betreffenden wie ich selbst aus dem akademischen Milieu kamen und andere sogar Weggefährten in den sozialen Bewegungen der Perestrojka-Zeit gewesen waren. Doch selbst beim informellen Gespräch mit einem Politiker, den ich bereits mehr als 20 Jahre kannte, musste ich feststellen, dass eine Erörterung der Vergangenheit, sobald sie den öffentlichen Diskurs verließ, unerwünscht war. Politiker identifizieren sich in einem solchen Maße mit ihrer Rolle in der Öffentlichkeit, dass sie diese selbst im freundschaftlichen Umgang nicht vergessen.[5]

Inzwischen habe ich die m.E. nutzlosen Versuche, Politiker zu ihrer Biografie und ihrem Alltag zu interviewen, aufgegeben, um die Bekanntschaft mit ihnen nicht aufs Spiel zu setzen. Ein Forscher von außerhalb hat meiner Meinung nach gar keinen Zugang zu den politischen Kreisen. Vielleicht werden ihm hin und wieder kurze, formale Interviews gewährt, doch mit dem gleichen Erfolg kann er auch öffentliche Memoiren (die heutzutage

---

5 Schön illustriert dies ein sowjetischer Witz über den Generalsekretär der KPdSU Leonid Brezhnev, der in der offiziellen Öffentlichkeit üblicherweise mit „werter Leonid Iljich" angesprochen wurde: Das Telefon klingelt, und Brezhnev geht an den Apparat. Er setzt die Brille auf, entnimmt seiner Tasche einen „Spickzettel" und greift zum Hörer. Dann stellt er sich – wie es auf dem Papier wohl steht – dem Anrufer vor: „Am Apparat ist der werte Leonid Iljich."

schon von Vierzigjährigen verfasst werden!) oder Interviews, die von Journalisten geführt wurden, analysieren.

Resümierend möchte ich noch anmerken, dass die hier ausgeführte Hypothese zu den unterschiedlichen diskursiven Regeln in der offiziell-öffentlichen und der privat-öffentlichen Sphäre durch Interviews bekräftigt wird, die mit jüngeren Personen geführt wurden. Sofern diese jünger als 30 Jahre sind, erfolgte ihre Sozialisation nicht mehr unter den traditionellen sowjetischen Bedingungen, weshalb wir hier selten auf das beschriebene Phänomen stoßen. In den Interviews mit Angehörigen dieser Generation können selbst delikateste Probleme erörtert werden. Insofern scheint es möglich, dass biografische Interviews mit jungen Politikern beträchtlich mehr Material für die soziologische Analyse liefern. Allerdings wird dieser Optimismus gebremst durch die Beobachtung, dass die Konservierung des Milieus der „großen Welt" auch die früheren Kommunikationsregeln beinhaltet, denen auch die Politiker der neuen Generation noch unterliegen.

Übersetzung: Ingrid Oswald

Literatur:

Apitzsch, U./Inowlocki, L. (2000): Biographical Analysis: A "German school"? In: Chamberlayne, P./Bornat, J./Wengraf, T. (Hg.): The Turn to Biographical Methods in Social Science. London (Routledge), S. 53–70.

Girtler, R. (1992): Methoden der qualitativen Sozialforschung. Wien/Köln/Weimar (Böhlau).

Hankiss, E. (1988): The "second society": Is there an alternative social model emerging in contemporary Hungary? In: Social Research 55(1/2), S. 23–39.

Ionin, L. (1995): Russische Metamorphosen. Aufsätze zu Politik, Alltag und Kultur. Berlin (Berliner Debatte Wissenschaftsverlag).

Keane, J. (1998): Civil Society. Old Images, New Visions. Cambridge: Polity Press.

Vite, O. (1996): Izbrateli – vragi naroda? Razmyshlenija ob adekvatnosti elektoralnogo povedenija i faktorakh na ee uroven vlijajushchikh. In: Etika uspekha 9, S. 58–71.

Weintraub, J. (1996): The Theory and Politics of the Public/Privat Distinction. In: Weintraub, J./Kumar, K. (Hg.): Public and Private in Thought and Practice. Chicago/London (The University of Chicago Press), S. 1–41.

Biografie als Vermittlungsinstanz zwischen öffentlichen und privaten Handlungsräumen: Das Beispiel von Frauen der DDR-Opposition[1]

Ingrid Miethe

In meinem Beitrag zeige ich am Beispiel von Frauen der DDR-Opposition auf, welche Möglichkeiten die Biografieforschung bietet, sowohl öffentliche und private Handlungsräume als auch deren Bedeutung für das Handeln der Akteure zu erfassen. Die folgenden Ausführungen sind Teil einer abgeschlossenen Untersuchung (Miethe 1999) zu Frauen in der DDR-Opposition. Empirische Basis sind 30 lebensgeschichtlich-narrative Interviews (Schütze 1976; Rosenthal 1995, S. 186 ff.) mit Frauen der ehemaligen Oppositions- und Bürgerbewegungsgruppen der DDR sowie eine Gruppendiskussion mit einer Gruppe „Frauen für den Frieden". Die nach dem Prinzip minimalen und maximalen Vergleichs ausgewählten Interviews (Glaser/Strauss 1967) wurden als hermeneutische Fallrekonstruktionen (Rosenthal 1995) ausgewertet.

Was unter öffentlich oder privat verstanden wird, ist bekanntlich sozial konstruiert und abhängig von den jeweils angewandten – sehr unterschiedlichen – Definitionen. Ich kann die sehr komplexe Diskussion um diese Begriffe und die damit verbundenen Zuschreibungen hier nicht darstellen (für einen Überblick vgl. z.B. Habermas 1990; Hausen 1993; Frevert 1995; Weintraub/Kumar 1997), sondern möchte nur auf zwei Diskurse eingehen, die sich zur Erklärung der in meiner Untersuchung gefundenen Phänomene als hilfreich erwiesen haben: zum einen die Diskussionen, wie sie von westlichen Feministinnen, und zum anderen, wie sie in der Forschung in und

---

1 Die Untersuchung wurde durch ein Promotionsstipendium der Hans-Böckler-Stiftung gefördert. Für hilfreiche Kommentare zu diesem Artikel bedanke ich mich bei Silke Roth.

über Osteuropa geführt werden. Danach werde ich die verschiedenen Handlungsräume der DDR-Opposition darstellen und damit auch deutlich machen, was ich in diesem Beitrag unter öffentlich oder privat verstehe. Anschließend gehe ich darauf ein, welche Bedeutung diese Handlungsräume für das Handeln der Akteure haben und stelle eine – aus den rekonstruierten Biografien entwickelte – Typologie dar. Dabei wird deutlich, dass mit der Rekonstruktion von Biografien immer beides erfasst wird – sowohl Handeln im privaten als auch im öffentlichen Bereich. Biografieforschung erfasst jedoch diese Räume nicht nur auf einer deskriptiven Ebene, sondern in deren Bedeutung für die darin handelnden Akteure. Abschließend wird aufgezeigt, welche Anregungen aus einer derartigen biografischen Perspektive für das Verständnis privater und öffentlicher Handlungsräume gegeben werden können.

Zwei Perspektiven auf öffentliche und private Handlungsräume

Für die Untersuchung der Frauen in der DDR-Opposition beziehe ich mich auf zwei, bislang unverbundene Diskurse: den feministischen Diskurs, wie er in erster Linie in Westeuropa, Nordamerika und Australien geführt wird, und den Diskurs über die Bedingungen der Herausbildung von Zivilgesellschaft in sowjetischen Gesellschaften/Osteuropa.[2] Beide Diskurse stellen den von dominanten politikwissenschaftlichen Konzepten unterstellten „unpolitischen" Privatraum – allerdings auf völlig unterschiedlichen Ebenen – infrage und beide Diskurse werden bisher weitestgehend isoliert voneinander geführt. Wie in meiner Untersuchung deutlich wurde, können von jedem

---

2 Wird unter Osteuropa das Ergebnis der Teilung Europas infolge des Kalten Krieges und weniger eine historisch oder kulturell einheitliche Region verstanden, ist auch die DDR ein Teil Osteuropas. Die DDR war bis 1989 ein untrennbarer Bestandteil des Ostblocks und, trotz nationaler Unterschiede, durch ähnliche Rahmenbedingungen politischer Herrschaftsausübung gekennzeichnet.

dieser Diskurse aber wesentliche Anregungen für das Verständnis der politischen Aktivität der von mir untersuchten Frauen gegeben werden, so dass es m.E. sinnvoll ist, diese Diskurse stärker als bisher miteinander zu verknüpfen. Worum geht es – in groben Zügen – bei diesen beiden Diskursen?

a) Der feministische Diskurs: „Das Private ist politisch!"

Ganz allgemein gesagt stellt der feministische Diskurs, wie er in westlichen Gesellschaften geführt wird, die von klassischen politikwissenschaftlichen Konzepten unterstellte dichotome Teilung der Gesellschaft in eine öffentliche und eine private Sphäre und die damit verbundenen Zuschreibungen infrage. Was dabei jeweils als öffentlich und als privat verstanden wird, ist je nach zugrunde gelegter Definition unterschiedlich. Relativ unabhängig von den konkreten Definitionen (vgl. Lang 1995) werden aber mit dieser Teilung der sozialen Welt in eine öffentliche und eine private Sphäre über die Jahrhunderte auch geschlechtsspezifische Zuordnungen tradiert, die die öffentliche Sphäre mit politischem Handeln und Männlichkeit und den Privatraum mit nicht-politischem Handeln und Weiblichkeit gleichsetzen (z.B. Hausen 1993; Frevert 1995). Diese Polarisierung sowie deren geschlechtsspezifische Konnotation hat, so Sabine Lang (1995, S. 84), die „vergangenen zwei Jahrhunderte fast unangefochten überlebt".

Diese geschlechtsspezifischen Zuschreibungen haben auch Eingang in die Bewegungsforschung gefunden. Bereits seit Jahren wurde von Seiten feministischer Bewegungsforscherinnen Kritik an dieser Konzeption des Politischen und dem damit verbundenen Verständnis sozialer Bewegungen geäußert (z.B. Kontos 1986; Riedmüller 1988; Clemens 1988; Wiener 1992; Maltry 1993; Ferree 1996). Da in Westdeutschland – im Unterschied zum US-amerikanischen Raum – v.a. das Konzept zu „Neuen" Sozialen Bewegungen (NSB) dominant ist, haben sich die Kritikerinnen in erster Linie mit diesem Konzept auseinander gesetzt.[3] Diese Kritik bezieht sich zunächst

---

3 Der NSB-Ansatz wurde Anfang der 80er Jahre zur Beschreibung der sozialen Bewegungen in Westeuropa entwickelt und geht davon aus, dass durch die Modernisierungs-

darauf, dass die Frauenbewegung von der feministischen Forschung nicht als „Neue" Soziale Bewegung verstanden wird, obwohl sie in der NSB-Forschung zumeist als solche klassifiziert wird, denn

„die politische Organisierung von Frauen wird im Zuge ihrer Interessenvertretung in vielen verschiedenen Ländern mindestens seit 150 Jahren vorangetrieben." (Ferree 1996, S. 109)

In der NSB-Forschung, so die feministische Kritik weiter, ist auch nicht das Werkzeug vorhanden, um die Politik von Frauenbewegung zu analysieren, da das Konzept des Politischen in Frauenbewegung und NSB verschieden ist. Die NSB-Forschung folgt weiterhin einer „binären Logik", die nicht die Teilung der Gesellschaft in zwei Bereiche („Öffentlich" und „Privat") hinterfragt (Wiener 1992).

„Das Private ist politisch" ist der bekannte Slogan, unter dem ein Teil der westlichen Frauenbewegung in die Öffentlichkeit trat und darauf hinwies, dass Themen wie familiale Gewalt durchaus politische Themen sind, auch wenn sie im Privaten (z.B. der Familie) stattfinden. Neben diesem Verständnis gibt es innerhalb der westlichen Frauenbewegung aber auch immer einen Strang, der, am liberal-demokratischen Politikverständnis ansetzend, die Existenz und den Erhalt einer privaten Sphäre als des Nicht-politischen für erstrebenswert hält und politisch auf eine verstärkte numerische Präsenz von Frauen in der Öffentlichkeit (z.B. in Vereinen, Parteien, Parlamenten, Medien usw.) setzt.

b) Der Diskurs in und über Osteuropa: „Das Private ist Öffentlich!"[4]

Durch die Transformationsprozesse nach 1989 in Ostdeutschland und Osteuropa hat die Diskussion um die Brauchbarkeit der Kategorien „Öffent-

---

prozesse ein völlig neuartiger, postmaterialistisch orientierter – und von daher von den „alten", materialistisch orientierten Bewegungen abzugrenzender – Bewegungstypus entstanden ist. Dieses Konzept wurde aus verschiedensten Richtungen immer wieder kritisiert.

4 Dieser Slogan wurde von Brigitte Studer und Berthold Unfried 1999 für das Beispiel Russland in die Diskussion eingeführt.

lich" und „Privat" (z.B. Shlapentokh 1989; Voronkov/Chickadze 1997; Garcelon 1997) und damit auch die Frage danach, was auf welche Weise als politisch verstanden werden kann, sowie das damit im Zusammenhang stehende Konzept der Zivilgesellschaft (z.B. Cohen/Arato 1992; Keane 1998; Lauth/Merkel 1997) neue Anregungen bekommen. Die Diskussion aus einer osteuropäischen Perspektive setzt auf einer ganz anderen Ebene an. Diese Kritik hinterfragt nicht die dichotome Teilung der Gesellschaft in eine private und öffentliche Sphäre, sondern fragt danach, inwieweit westliche Theorien zu sozialen Bewegungen, die explizit oder implizit immer einen demokratischen, pluralistischen Rechtsstaat voraussetzen, auf staatssozialistische Systeme übertragen werden können (vgl. z.B. Lauth/Merkel 1997).

Fragwürdig erscheint die Verwendung westlicher Bewegungskonzepte aus einer osteuropäische Perspektive v.a. aufgrund der unterschiedlichen gesellschaftlichen und politischen Rahmenbedingungen. Während für westliche soziale Bewegungen grundlegende Voraussetzungen politischen Handelns (wie z.B. der Zugang zu öffentlichen Artikulationsmöglichkeiten, rechtliche Grundsicherung, Meinungsfreiheit und demokratische Grundrechte) selbstverständlich sind, mussten diese in den staatssozialistischen Gesellschaften erst geschaffen werden und die verschiedenen sozialen Bewegungen klagten gerade die Erreichung dieser demokratischen Grundrechte ein (z.B. Poppe u.a. 1995; Fehr 1996; Schneider 1994). Das heißt, dass die Handlungsgrundlagen, die von westlichen Theorien sozialer Bewegungen selbstverständlich unterstellt werden, in staatssozialistischen Gesellschaften nicht gegeben waren. Die Konsequenz daraus ist zum einen, soziale Bewegungen in Osteuropa nicht als soziale Bewegungen, sondern eher als Widerstandsbewegungen zu verstehen,[5] wie dies in erster Linie durch die zeithistorische Forschung vorgenommen wird. Der andere Weg, wie er in erster Linie von Studien beschritten wird, die auf dem Konzept der civil society aufbauen, ist der, theoretische Konzepte Schritt für Schritt auf ihre Übertragbarkeit zu überprüfen (für eine ausführliche Darstellung vgl. Miethe 1999, S. 26ff.). Folgt man letzterem Weg, sind damit auch Konsequen-

---

5   Zur Unterscheidung von sozialen Bewegungen und Widerstandsbewegungen vgl. Steinbach 1995, S. 30.

167

zen für die Konzeption von Öffentlich und Privat verbunden, denn die Bedeutung und die Zuschreibungen, die in westlichen demokratischen Gesellschaften unterstellt werden, gelten für die ehemals staatssozialistischen Gesellschaften nicht im selben Maße – unabhängig davon, ob die Ursache auch in älteren kulturellen Unterschieden (z.b. Studer/Unfried 1999) oder in der Spezifik staatssozialistischer Gesellschaften (Shlapenthok 1989; Schmitt 1997; Voronkov in diesem Band) gesehen wird. Das gilt sowohl für die Konzeption von Öffentlichkeit als auch von Privatheit und auch für die unterstellten Gender-Subtexte der jeweiligen Sphären, von denen Kritikerinnen auch sagen, dass sie nicht entlang derselben Bedeutungen konstruiert werden können (ausführlich Schmitt 1997, S. 60f.; Miethe 2000b).

Nach Habermas (1990) – der auch im osteuropäischen Kontext stark diskutiert wird – stellt sich beispielsweise Öffentlichkeit strikt prozedural und sprachlich her und ist immer an einen institutionalisierten Ort für einen politischen Diskurs gebunden, der zunächst jenseits von staatlichen und marktförmigen Beziehungen und Strukturen bleibt. Da in den ehemals staatssozialistischen Ländern die Existenz und Entwicklung einer derartigen zivilgesellschaftlichen Sphäre nur rudimentär möglich war, ist es fraglich, ob für diese Gesellschaften überhaupt von der Existenz einer „Öffentlichkeit", wie diese in demokratischen Gesellschaften existiert, ausgegangen werden kann. Ebenso wird die Frage aufgeworfen, inwieweit die in westlichen Theorien angenommenen Gender-Subtexte für die jeweiligen Sphären

Genauso fraglich ist, ob und ab wann in staatssozialistischen Gesellschaften überhaupt von einem Privatraum, d.h. einer Sphäre, auf die der Staat keinen Zugriff hatte, gesprochen werden kann. Brigitte Studer und Berthold Unfried (1999) verändern in diesem Zusammenhang den bekannten westdeutschen feministischen Slogan für ihre Untersuchungen zur Sowjetunion in „Das Private ist öffentlich!". Zum anderen war es gerade dieser Privatraum, der viel zitierte „Küchentisch", an dem sich Dissidenz entwikkelte[6]. Der „erste Schritt des Widerstandes gegen den totaliären Anspruch

---

6   Die Zitation dieses „Küchentisches" durchzieht die gesamte Literatur zur Dissidenz in staatssozialistischen Gesellschaften (vgl. z.B. Miethe 1996; Rueschemeyer 1998 und Tchoikina in diesem Band).

des staatlichen Machtapparates (bestand) darin, sich seinem Zugriff zu entziehen" (Michalski 1993, S. 8) und „entziehen" bedeutete oft genug zunächst den Rückzug ins „Private".[7] Das heißt, dass das klassische Verständnis des Privatraumes als nicht-politisch in einer osteuropäischen Perspektive
nicht ohne weiteres vorausgesetzt werden kann. An dieser Stelle trifft sich
der osteuropäische Diskurs teilweise mit dem Strang des feministischen
Diskurses, der an einem liberal-demokratischen Politikverständnis festhält,
wobei allerdings der osteuropäische Diskurs nicht auf Gewaltverhältnisse
innerhalb des Privatraumes eingeht.

Politische Handlungsräume der Oppositionsszene der DDR

Da es sich bei der Opposition der DDR um eine sehr spezifische Szene handelt, die sich aus der Verquickung von Kirche, Staat, Stasi, Gruppen und
subkulturellen Milieus entwickelt hat, soll diese zunächst kurz – v.a. im
Hinblick auf die Nutzung öffentlicher und privater Räume – beschrieben
werden. Damit soll auch deutlich werden, welche Orte ich als öffentliche
und private Handlungsräume verstehe.

Private Räume

Der Privatraum, d.h. private Wohnungen und v.a. die Küchen waren zentrale Handlungsräume der DDR-Opposition. Die offizielle Anbindung der
Gruppen erfolgte zwar immer an die evangelische Kirche, private Räume
waren aber mindestens genauso wichtige Orte des Zusammentreffens. Eine
Geburtstagsfeier, ein Gartenfest oder gemeinsame Wochenendfahrten konnten ebenso Orte der gemeinsamen Planung und der Diskussion sein. Immer
wieder taucht in den von mir durchgeführten Interviews „Bärbels Küchen-

---

7   Vgl. dazu auch die Darstellung der Bedeutung des Nicht-Handelns bei Vaclav Havel
    1989.

tisch" als Ort der politischen Arbeit auf. Bei Bärbel (Bohley) am Küchentisch wurden Aktionen geplant, Flugblätter entworfen und das „Neue Forum" geplant. Offiziell gegründet wurde das „Neue Forum" dann allerdings „bei Katja (Havemann) im Garten". Wenn innerhalb des Privatraumes derartige – über den Kreis der Familie hinausreichende – Diskussions- und Arbeitszusammenhänge entstehen, stellt dies bereits auch eine Art von Halböffentlichkeit dar, denn es ist damit ein freier Kommunikationsraum geschaffen.

Es war weniger das Interesse der Gruppen, sich nennenswert zu vergrößern und neue Mitglieder zu finden, als vielmehr, einen kleinen, vertrauenswürdigen Arbeitszusammenhang herzustellen. Entsprechend waren die Gruppen immer relativ kleine, sehr geschlossene Zusammenhänge, die stark im familiären Rahmen verblieben. Die Gruppen bildeten sich zumeist entlang bereits bestehender Freundes- oder Familienkreise. Politische Aktivität war fast immer auch mit persönlicher Freundschaft verbunden. Es gab insofern auch keine klare Trennung zwischen politischer Aktivität und Privatleben, da beides ineinander überging und mitunter fast deckungsgleich war. Entsprechend strukturierten sich auch Vernetzungen innerhalb der DDR entlang persönlicher Beziehungen und Kontakte. Es konnte durchaus sein, dass zu einer thematisch ganz ähnlich arbeitenden Gruppe im Nachbarort keinerlei Kontakt bestand, sehr wohl aber zu einer thematisch anders gelagerten Gruppe weit entfernt und vice versa – je nachdem, wie die Kontakte ausgeprägt waren. Entlang dieser Wege verbreiteten sich auch die ersten Aufrufe der Bürgerbewegungen innerhalb der DDR. Ob also jemand Mitglied bei „Demokratie Jetzt", beim „Neuen Forum" oder im „Demokratischen Aufbruch" wurde, hatte sehr viel mehr mit der Verteilung der Freundeskreise als mit inhaltlich unterschiedlichen Positionen zu tun.[8]

Selbst wenn die Akteure nicht unbedingt ein Selbstverständnis ihrer Aktivität als „politisch" oder „oppositionell" entwickelten (cf. Miethe 1996; Tchouikina in diesem Band), zeigt die staatliche Reaktion auf Handlungen im Privaten, dass diese sehr wohl als hochpolitisch und systemgefährdend

---

8 Die Gründungsaufrufe der jeweiligen Bürgerbewegungen unterscheiden sich inhaltlich auch nur geringfügig.

wahrgenommen wurde. Die immensen Aktenberge des Staatssicherheitsdienstes legen ein beredtes Zeugnis dafür ab. Mitunter wurden auch von der
Staatssicherheit erst Gruppen zu oppositionellen Gruppen konstruiert, die
eigentlich wirklich nur Freundeskreise waren und selbst keinen direkten
politischen Anspruch hatten, d.h. jeder Rückzug in das „Private" wurde in
einem System, das den permanenten Zugriff auf die Menschen beanspruch-
te, als potentiell bedrohlich wahrgenommen. Der „Rückzug" ins Private
wurde dementsprechend von den Akteuren auch durchaus als politisch verstanden. Beispielsweise die eigenen Kinder *nicht* in einen (staatlichen) Kindergarten[9] zu geben, sie statt dessen zu Hause, also im privaten Raum oder
im Freundeskreis zu erziehen und sie damit dem ideologischen Zugriff des
Staates zu entziehen, wurde durchaus als bewusste politische Handlung verstanden.

Andererseits war die Staatsmacht in Gestalt des Staatssicherheitsdienstes
immer präsent. Es gab *keine* oppositionelle Gruppe, in der nicht mindestens
ein Gruppenmitglied inoffizieller Mitarbeiter der Staatssicherheit war, d.h.
das, was in den Gruppen diskutiert wurde, weiter meldete. Als was dieser
geheimdienstliche Bereich betrachtet werden kann, ist ebenfalls die große
Frage, denn er kann weder als privat noch als öffentlich bezeichnet werden.
Er hatte vielmehr die Funktion, das „Private" zu entprivatisieren, ohne es
aber öffentlich zu machen.

Die meisten Gruppenmitglieder wurden aufgrund ihrer Aktivität in sogenannten (personen- oder gruppenbezogenen) „operativen Vorgängen bearbeitet". Eine derartige „Bearbeitung" bedeutete die geheimdienstliche
Überwachung in allen Lebensbereichen: konspirative Hausdurchsuchungen,
Telefon- und Postüberwachung, das gezielte Schüren oder Provozieren von
Konflikten innerhalb von Ehen und Freundeskreisen. Es sind dies Eingriffe
in den Privat- und Intimbereich, die bis zu von der Staatssicherheit forcier-

---

9 Die Mehrzahl der Kindergärten war staatlich und damit auch politisch indoktriniert.
   Daneben gab es eine kleine Anzahl konfessioneller Kindergärten, die von Menschen aus
   oppositionellen oder alternativen Kreisen verstärkt genutzt wurden. In Berlin entstand
   1980 einmalig in der DDR ein privater Kinderladen, der 1983 von der Staatsmacht geschlossen wurde (Vorgang dokumentiert in Bildungswerk für Demokratie und Umweltschutz (Hg.): ohne Seitenangabe).

ten Eheschließungen zwischen Oppositionellen und Inoffiziellen Mitarbeitern der Staatssicherheit reichten.[10] Die Frage ist damit eben – und worauf schon mehrmals aus unterschiedlichen Perspektiven hingewiesen wurde – wieder, ob ein derart geheimdienstlich überwachter Raum überhaupt noch als „privat" und damit als „nicht-politisch" bezeichnet werden kann.

Halböffentliche Räume / Intermediäre Organisationen

In Ermangelung eines öffentlichen Raumes im westlich-demokratischen Sinne stellt die evangelische Kirche den einzigen Raum dar, in dem sich die oppositionellen Gruppen – außerhalb des Privatraumes – treffen konnten.[11] Die Institution der evangelischen Kirche bildete in der DDR-Gesellschaft den einzigen nichtstaatlichen Raum mit der Möglichkeit – in Form von Veranstaltungen oder Druckerzeugnissen – öffentlich sichtbar zu werden[12]. Es ist ihr großer Verdienst, diesen zur Verfügung gestellt und damit diese Art der Gruppenbildung ermöglicht und gefördert zu haben. Insgesamt war die evangelische Kirche jedoch nicht der Hort der Opposition, wie dies mitunter im Kontext heutiger Forschung dargestellt wird. Das Verhältnis zwischen Gemeinden, Kirchenleitungen und oppositionellen Gruppen war oft durchaus gespannt (vgl. Krusche 1988/1990, S. 57ff.), zumal die Oppositionellen teils weder Gemeindemitglieder noch christlichen Glaubens waren und den Gemeinden gelegentlich weit mehr politische und kulturelle Unruhe entstand, als der Kirche lieb war. Nicht von der Hand zu weisen ist auch der Hinweis von Christian Joppke (1995, S. 83), dass der DDR-Staat sehr schnell lernte, die Kirche als Disziplinierungsmittel gegenüber den Gruppen

---

10 Der bekannteste, durch die Medien gegangene Fall einer von der Stasi forcierten Eheschließung ist die Ehe von Vera Lengsfeld (ehemals Wollenberger). Dies ist der bekannteste, aber keinesfalls der einzige Fall.
11 In den letzten Jahren der DDR wurde diese Funktion – v.a. für den subkulturellen und Umweltbereich – auch von einzelnen Gruppen des Kulturbundes oder von Jugendclubs übernommen.
12 In anderen osteuropäischen Ländern, z.B. Polen hatten die Oppositionellen einen wesentlich stärkere öffentliche Einflussmöglichkeiten (vgl. z.B. Flam 1998).

zu benutzen. In Ermangelung eines anderen legalen Raumes blieb die evangelische Kirche der DDR jedoch bis 1989 der einzige Ort, an dem sich die oppositionellen Gruppen zusammenfinden konnten. Aktionen im Rahmen der Kirche (z.B. Bitt- und Klagegottesdienste, Friedenswerkstätten, Diskussions- und Arbeitskreise) konnten eine begrenzte Öffentlichkeitswirksamkeit erreichen – in erster Linie die Menschen, die in die Kirchen kamen, wobei damals sehr viele Menschen nicht aus religiösen, sondern aus politischen Gründen derartige Veranstaltungen besuchten. Auf jeden Fall konnten im Raum der Kirche Diskussionen stattfinden, die in den staatlichen Organisationen und auf öffentlichen Veranstaltungen nicht möglich gewesen und somit auf den oben beschriebenen privaten Raum beschränkt geblieben wären.

Diese Gruppen waren auch nicht so eindeutig abzugrenzen, wie es der erst nach 1989 eingeführte Begriff der „oppositionellen Gruppen" suggeriert. Die Gruppen waren vielmehr Teil einer allgemeinen Szene, die aus der Vernetzung unterschiedlichster subkultureller, ökologisch-alternativer, religiöser oder Künstlerkreise entstand[13] und die Christiane Lemke (1991, S. 165) als „eine Art von ‚Gegenöffentlichkeit' mit neuen kommunikativen Netzwerken" bezeichnete. Wenn auch später und in geringerem Ausmaß als in anderen Ostblockländern (v.a. der Sowjetunion, Polen und der CSSR) entwickelten sich in den letzten Jahren der DDR auch zunehmend *Samizdat*-Publikationen als Möglichkeit der Herstellung einer Halböffentlichkeit (dokumentiert in Neubert 1997, S. 752 ff.).

Öffentliche Räume

Auch wenn es von Seiten der oppositionellen Gruppen lange Zeit deutliche Vorbehalte gegen die Nutzung westlicher Medien gab, stellten diese über die Zeit der DDR das wesentliche Medium zur Herstellung von Öffentlichkeit dar. Dadurch, dass die Bevölkerung jederzeit Zugang zu westlichen

---

13 Für die Beschreibung derartiger Subkulturen vgl. z.B. Kaiser/Petzold 1997.

Medien hatte,[14] vor allem über das Fernsehen und das Radio, war das Informations- und Nachrichtenmonopol von Partei und Staat faktisch durchbrochen (vgl. Lemke 1991, S. 188). Auf diesem Weg wurden auch Aktionen der oppositionellen Gruppen oder erfolgte Repressionsmaßnahmen des Staates öffentlich bekannt. Versuche von oppositionellen Gruppen, während der DDR-Zeit mit staatlichen Stellen in Kontakt zu kommen, waren demgegenüber selten erfolgreich und eventuell doch stattfindende Diskussionsrunden blieben auf einen kleinen Kreis beschränkt. Erst im Herbst '89 gelang es den neu gegründeten Bürgerbewegungen, den halböffentlichen Raum der Kirche zu verlassen und in das Rampenlicht der Öffentlichkeit zu treten.

Die Bürgerbewegungen stellten im Herbst '89, wie Sigrid Meuschel (1992, S. 326) schreibt,

„einen Raum für öffentliches Handeln und Räsonnement her, und genau dieses Moment eines demokratisch-republikanischen Gründungsaktes war es, der die Zuschauer jenseits der Grenze faszinierte."

Genauso schnell wie sie im Rampenlicht der Öffentlichkeit erschienen waren, verschwanden sie allerdings auch wieder, differenzierten sich in die verschiedensten parteipolitischen Lager und Lebensbereiche, so dass heute nicht mehr von einer geschlossenen Szene, die auf die ehemaligen oppositionellen Gruppen der DDR zurückgeht, gesprochen werden kann.

Mit der deutschen Vereinigung veränderten sich die Handlungsbedingungen der Akteure grundlegend. Dem privaten bzw. halböffentlichen Raum kommt heute ein sehr viel geringerer Stellenwert zu und die ehemaligen Akteure können sich heute öffentlich artikulieren und politisch aktiv sein. Dabei wird aber auch deutlich, dass diese Räume nicht geschlechtsneutral sind und die ostdeutsche Gesellschaft inzwischen durchaus entsprechend des klassischen Konzepts der bürgerlichen (d.h. männlich dominierten, außerhäuslichen und Politik definierenden) Öffentlichkeit beschrieben werden kann. Der prinzipiell begrüßte Zugang zu öffentlicher politischer Partizipation hatte damit für Männer und Frauen eine unterschiedliche Bedeutung und der Zugang zur institutionalisierten Politik – also zu öffentlichem politischem Handeln – ist für Frauen aufgrund der männlichen Codie-

---

14 Mit Ausnahme des Raumes um Dresden und Greifswald.

rung dieses Bereiches schwerer zu erreichen als für Männer (vgl. Schöler-Macher 1994; Miethe 1996, 2000b).

Um die Bedeutung zu erfassen, die diese Räume für die politische Aktivität der Akteure hatten, reicht es nicht aus, diese Sphären nur zu beschreiben. Deren Bedeutung kann vielmehr nur in der Rekonstruktion der jeweiligen Biografien erfasst werden. Ein und derselbe Raum kann für die jeweiligen Akteure eine geradezu gegensätzliche Bedeutung haben und diese Bedeutung kann sich im Zeitverlauf verändern. Betrachten wir dafür die Ergebnisse der hermeneutischen Fallrekonstruktionen.[15]

Ergebnisse der biografischen Untersuchung

Die Untersuchung war zunächst ganz allgemein auf die Gründe für politische Aktivität bzw. für den Zusammenschluss in einer Frauenfriedensgruppe gerichtet und ging nicht spezifisch der Bedeutung öffentlicher und privater Handlungsräume nach. Unabhängig von der konkreten Fragestellung kommt es in der Logik hermeneutischer Fallrekonstruktionen aber immer darauf an, relativ unabhängig von der konkreten Fragestellung zunächst die Fallstruktur, d.h. die dem Fall selbst innewohnende Logik, oder anders ausgedrückt das Strukturierungsprinzip, das den „Fall" hervorbringt, zu rekonstruieren. Erst in einem zweiten Schritt wird diese im Hinblick auf die konkrete Fragestellung untersucht, um dann theoretisch auf der Ebene einer Typologie weiter abstrahiert zu werden. Ein und derselbe Fall kann dann – je nach spezifischer Fragestellung – ganz unterschiedlichen Typologien zugeordnet werden. Dieser relativ aufwändige Auswertungsprozess birgt damit den Vorteil, dass die jeweiligen Einzelfälle relativ flexibel in unterschiedliche Diskurse transferiert werden können.

---

15 Da es sich bei hermeneutischen Fallrekonstruktionen um einen sehr aufwändigen Auswertungsprozess handelt, kann dieser hier nicht detailliert dargestellt werden. Die angewandte Auswertungsmethode ist ausführlich nachzulesen bei Rosenthal 1995 und Fischer-Rosenthal 1996, rekonstruierte Einzelfälle sind dargestellt in Miethe 1999.

175

Entsprechend diesem Vorgehen werde ich auch im Folgenden eine Typologie vorstellen. Die jeweiligen Typen werden zunächst allgemein im Hinblick auf die der Untersuchung zugrundeliegende Fragestellung dargestellt, um dann in einem zweiten Schritt die Bedeutung öffentlicher und privater Handlungsräume explizit zu machen.

Ganz allgemein ergab die Untersuchung, dass der Zusammenschluss in der untersuchten Frauenfriedensgruppe auf zwei kollektiv geteilten Handlungsrahmen (Snow u.a. 1986) beruht: der Auseinandersetzung mit der Familiengeschichte im Nationalsozialismus und der Auseinandersetzung mit familialer Gewalt. Dabei wurde auch deutlich, dass Parallelen zu den westdeutschen 68ern bestehen, so dass diese Gruppe als „68er des Ostens" bezeichnet werden kann. Diese kollektiven Handlungsrahmen haben aber je nach Typus eine unterschiedliche Bedeutung und die einzelnen Akteure können in unterschiedlichem Ausmaß ihre eigenen biografischen Themen in den kollektiven Handlungsrahmen einbringen. In der Untersuchung wurden dementsprechend drei biografische Typen rekonstruiert, für die jeweils andere Teile der Biografie (Familiengeschichte im NS, Auseinandersetzung mit stalinistischen Repressionen und familiale Gewalt) von Bedeutung sind.

1. Typus: Auseinandersetzung mit dem Nationalsozialismus

Für den ersten Typus, der aufgrund seiner Parallelen zu den westdeutschen 68ern am ehesten als „68er des Ostens" bezeichnet werden kann, steht die Auseinandersetzung mit der Familiengeschichte im Nationalsozialismus im Mittelpunkt der politischen Auseinandersetzung. Zu diesem Typus zählen in erster Linie Frauen, die der Kriegs- und Nachkriegsgeneration angehören, und die politische Aktivität ist mit familiengeschichtlichen Dynamiken und intergenerativen Konflikten verbunden. Indem die Repräsentantinnen sich mit der Familiengeschichte während der NS Zeit auseinandersetzen, greifen sie in ihrem heutigen Handeln auf Ereignisse zurück, die vor ihrer Geburt stattgefunden haben. Die politische Aktivität ist mit dem Teil der Familiengeschichte verbunden, der nicht Teil des öffentlichen Diskurses der DDR-Gesellschaft war, sondern gesellschaftlich tabuisiert war.

- *Gesellschaftliches Tabu NS-Vergangenheit:* Obwohl die DDR ihre Existenz explizit in Abgrenzung zur NS-Zeit definierte und der Antifaschismus zu einer „Art von Staatsraison der DDR" (Herbert 1992, S. 20) wurde, wird bei einer kritischen Betrachtung dieses öffentlich transportierten Bildes sehr schnell deutlich, dass es sich dabei um eine sehr selektive Auseinandersetzung mit der NS-Vergangenheit handelte und weite Bereiche in der Aufarbeitung vollständig ausgeklammert blieben. Das Antifaschismusverständnis, wie es sich im Laufe der Jahre etablierte, reduzierte sich auf den kommunistischen Widerstand und blendete alle anderen Bereiche von Verfolgung (z.b. Holocaust) und Widerstand (z.B. christlich motivierter) aus (vgl. z.B. Herbert/Groehler 1992; Völter 1997). Die Ursachen des Faschismus wurden entsprechend der Dimitroff-These ausschließlich sozioökonomisch interpretiert und Fragen einer persönlichen Verantwortung so gut wie gar nicht gestellt (z.B. Giordano 1990; Herbert/Groehler 1992). Das antifaschistische Selbstverständnis der DDR – und damit implizit die legitimatorische Grundlage des Systems – in Frage zu stellen, gehörte zu den größten Tabus der DDR-Gesellschaft und politisch abweichende Meinungen wurden mit der Drohung zurückgewiesen, den antifaschistischen Grundkonsens zu verlassen (vgl. Nooke 1997).

Indem die Frauen überhaupt eine Verbindung zwischen persönlichem Handeln von Menschen und dem NS-System herstellen, stehen sie konträr zur Dimitroffschen Faschismusdefinition, wonach der Nationalsozialismus ausschließlich sozioökonomisch zu erklären ist. Die Frauen bringen damit eine Dimension in die Auseinandersetzung mit dem NS ein, die im DDR-Faschismusverständnis nie vorgesehen war: die persönliche Verantwortung für das Entstehen und die Folgen von Diktaturen. Gleichzeitig weisen sie auf Parallelen zwischen NS-System und DDR hin und stellen damit (implizit) das legitimatorische Grundverständnis des Systems in Frage. Eine kritische und selbstreflexive Kommunikation über die NS-Vergangenheit war letztendlich weder in der Öffentlichkeit noch in der Familie – also im Privatraum – möglich, sondern nur in der Halböffentlichkeit der oppositionellen Gruppe.

Andererseits wird deutlich, dass diese Auseinandersetzung nicht innerhalb der Familie selbst, sondern auf einer generalisierten, gesellschaftlichen

Ebene stattgefunden hat. Frauen, die diesem Typus zugehören, äußern einerseits eine (unterschiedlich starke) Anklage gegenüber der Elterngeneration, um diese andererseits wieder zu entlasten. Sie sind stark an die Herkunftsfamilie gebunden und leisten stellvertretend für die Eltern einen Widerstand, den diese weder während der NS-Zeit noch in der DDR geleistet haben. Das zentrale, immer wiederkehrende Motiv bei den Frauen ist, sie seien politisch aktiv geworden, damit „mich meine Kinder einmal nicht fragen, was ich meine Eltern gefragt hätte". Deutlich wird dabei, dass die Frauen die Eltern nicht wirklich gefragt haben und politische Aktivität als Mittel zur Lösung eines Generationenkonfliktes zwischen ihnen und der in den NS involvierten Elterngeneration betrachten.

Das DDR-System hat für die Repräsentantinnen dieses Typus eine hohe symbolische Bedeutung und wird genau wie das NS-System als „Diktatur" verstanden. Diese Bedeutung erlangt es aufgrund der strukturellen Parallelen, die zwischen NS und DDR gesehen werden (z.B. fehlende Meinungsfreiheit, Aufrüstung, Alleinvertretungsanspruch einer Partei). Indem in der DDR-Gesellschaft diese strukturellen Parallelen aufgegriffen und bearbeitet werden, kann das eigene Handeln gegen die DDR als auf den NS bezogen interpretiert werden. Sowohl die Familie als auch die Frauengruppe haben in erster Linie die biografische Funktion einer polaren Gegenkonstruktion zur Staatsmacht und die politische Aktivität bleibt stark an das System, das die Frauen eigentlich bekämpfen, gebunden. Die Wende – und damit das Ende der DDR – stellt deshalb für die Repräsentantinnen dieses Typus einen Bruch in der politischen Aktivität dar.

Bei den Repräsentantinnen dieses Typus wird deutlich, dass die Familie – als vermeintlich privater Bereich – untrennbar mit der „großen" Gesellschaftsgeschichte verbunden ist. Krieg und Holocaust haben ohne Zweifel zum großen Teil öffentlich stattgefunden, konnten aber nur stattfinden, indem einzelne Menschen entsprechend handelten. Und diese handelnden Menschen sind wiederum eingebunden in familiale Systeme, geben (bewusst oder unbewusst) ihre Erlebnisse, Haltungen und Delegationen an die anderen Familienmitglieder und nächsten Generationen weiter. Auch oder gerade weil diese Vergangenheit nicht Teil des öffentlichen Diskurses werden konnte, wirkte sie umso stärker im Privaten, um dann erst von der nächsten Generation thematisiert zu werden. Familiengeschichte und Gesellschaftsgeschichte und damit auch privat und öffentlich ist allenfalls analytisch, nicht aber in der Relevanz für das Handeln der Akteure voneinander trennbar.

Im Vergleich mit den westdeutschen 68ern wird auch deutlich, dass, obwohl die Problemlage biografisch der der westdeutschen 68er sehr ähnlich ist (vgl. Rosenthal 1997; Miethe 1999, S. 269ff.), ihr ostdeutsches Pendant die NS-Thematik nicht im gleichen Maße in die Öffentlichkeit getragen hat. An dieser Stelle spiegeln sich in den Biografien die unterschiedlichen gesellschaftlichen Rahmenbedingungen wider, die es einer ganz ähnlichen biografischen Problemlage nicht im selben Maße wie den westdeutschen 68ern ermöglichte, diese öffentlich zu artikulieren, sondern sie blieb auf den halböffentlichen Raum beschränkt.

Obwohl gerade die Vertreterinnen dieses Typus in der Oppositionsszene eine dominierende Rolle spielten und dementsprechend nach 1989 gute Chancen in der institutionalisierten, d.h. auch der traditionellen öffentlichen Politik gehabt hätten, haben sie sich zumeist aus der öffentlichen Politik zurückgezogen. Das heißt, der öffentliche Raum, der für sie über Nacht zugänglich wurde, wurde von ihnen nur begrenzt genutzt, da ihre politische Aktivität stark an das DDR-System (als mit dem NS verbundene Diktatur) und die Herkunftsfamilie gebunden blieb.

2. Typus: Auseinandersetzung mit stalinistischen Repressionen

Im Unterschied zum ersten Typus, bei dem familiengeschichtliche Dimensionen eine zentrale Rolle spielen, sind für den hier beschriebenen Typus stärker sozialisatorische Prozesse[15] von Bedeutung. Die Repräsentantinnen dieses Typus sehen ihre politische Aktivität nicht mit dem Nationalsozialismus, sondern mit der Familiengeschichte bzw. dem eigenem Leben in der DDR/SBZ verbunden. Zu diesem Typus gehören zumeist Frauen, die erst nach dem Krieg geboren sind (50er Jahrgänge). Die politische Aktivität

---

16 Für die Bedeutung sozialisatorischer Prozesse für Bewegungspartizipation vgl. auch Roth 1997.

entwickelt sich hier durch das Erleben der Diskrepanz zwischen offiziellem Anspruch und Realität des DDR-Systems. Zu dieser Diskrepanz gehören wesentlich das Wissen um oder das eigene Erleben von (stalinistischen) Repressionen, die es laut offiziellen Verlautbarungen des DDR-Systems nicht gab, d.h. die öffentlich tabuisiert waren.

- *Gesellschaftliches Tabu Stalinismus:* In der DDR waren sämtliche stalinistischen Verbrechen – sowohl in der DDR selber als auch in anderen Ostblockländern – vollständig tabuisiert. Ebenso war von diesem Tabu das im Hinblick auf das von mir untersuchte Sample sehr bedeutsame Thema der Vertreibung der deutschen Bevölkerung aus den deutschen Ostgebieten betroffen. In der DDR wurden alle Versuche, auch die Verbrechen der Sowjetunion zu thematisieren, unterbunden: Kein Wort zum Hitler-Stalin-Pakt und dessen Folgen für Polen, kein Wort auch zur Annexion des Baltikums oder zur Deportation nationaler Minderheiten in der UdSSR. Das Thema Flucht und Vertreibung hätte unweigerlich diese „weißen Flecken" der DDR-Geschichtsschreibung berührt (vgl. Miethe 1999, S. 169f.). Gespräche über diese Thematik waren bis zur Wende „allenfalls am Familientisch" (Plato/Meinicke 1991, S. 23) möglich.

Im Unterschied zu den Vertreterinnen des ersten Typus benutzen diese Frauen die DDR nicht nur als Projektionsfläche, sondern haben sich lange und differenziert mit dem Pro und Contra des Systems auseinandergesetzt. Entsprechend gelang es ihnen nach 1989 auch schneller, veränderte Handlungsstrategien im Umgang mit der veränderten politischen Situation zu entwickeln und heute im öffentlichen Raum von Parteien und Parlamenten aktive Frauen sind meist diesem Typus zuzurechnen. Die Erfahrungen, die diese Frauen vor 1989 im halböffentlichen Raum der Gruppen sammelten, konnten (in modifizierter Weise) auch im öffentlichen politischen Raum genutzt werden.

Die politische Aktivität entsteht hier am ständigen Reiben zwischen öffentlicher und privater Sphäre: zwischen dem, was die Frauen im Privaten erlebten (Gespräche über tabuisierte Themen am Familientisch oder aber Eindringen der Staatsmacht in den Privatraum im Falle von Verhaftungen), und den offiziellen Verlautbarungen, die die Existenz dieser privat erlebten Erfahrungen dementierten. Die informelle, halböffentliche Sphäre bildete sich nicht zuletzt aus der Reibung zwischen den extrem gegensätzlichen

Regeln von öffentlicher und privater Sphäre und in Ermangelung einer Öffentlichkeit im westlichen Sinne, in der – auch entwicklungsbedingt notwendige – Aushandlungs- und Vermittlungsprozesse stattfinden können. Dieser Typus entwickelt sich damit in der direkten Auseinandersetzung mit dem staatssozialistischen System. Die Bedeutung und Wahrnehmung der öffentlichen, privaten und halböffentlichen Sphäre entspricht in weiten Teilen, dem wie dies eingangs für osteuropäische staatssozialistische Staaten beschrieben wurde, d.h. der Privatraum ist einerseits ein Schutzraum, andererseits nie sicher vor Übergriffen von Seiten der Staatsmacht, die Öffentlichkeit steht zur Auseinandersetzung nicht zur Verfügung und als Ersatzöffentlichkeit bildet sich die Halböffentlichkeit. In diesem Sinne ist die Entwicklung dieses Typus sehr „osteuropäisch".

Im Unterschied zum ersten Typus, für den die Familie und die Gruppe in erster Linie die biografische Funktion der polaren Gegenkonstruktion zur Staatsmacht hatten, bildet sowohl die Familie (Privatraum) als auch die oppositionelle Gruppe (Halböffentlichkeit) für die Repräsentantinnen dieses zweiten Typus einen Kommunikationsraum, der die Funktion einer Ersatzöffentlichkeit übernimmt. Obwohl die Repräsentantinnen dieses Typus oft bei weitem nicht so bekannt wie die Repräsentantinnen des ersten Typus waren, konnten sie aufgrund ihrer biografischen Ausgangskonstellation sehr viel schneller veränderte Handlungsstrategien entwickeln und auch in der öffentlichen, institutionalisierten Politik politisch aktiv bleiben.

3. Typus: Auseinandersetzung mit familialer Gewalt

Für den dritten identifizierten Typus ist das jeweilige politische System nur von untergeordneter Bedeutung für die Aktivität. Er läßt sich auch nicht auf bestimmte Geburtsjahrgänge oder Herkunftsmilieus eingrenzen. Politische Aktivität stellt für die Repräsentantinnen dieses Typus die Möglichkeit dar, einen Umgang mit familialen Gewalterfahrungen zu finden. Gegenüber der innerhalb der Familie erlebten Gewalt stellt der Zusammenschluß in einer Frauenfriedensgruppe, zu deren zentralstem Prinzip das der Gewaltfreiheit zählt, einen Schutz- und Entwicklungsraum dar. Politische Aktivität ermöglicht den Frauen, sich selbst als aktiv und handlungsfähig und nicht mehr als ohnmächtig der Gewalt ausgeliefert zu erleben. Auch die Repräsentantinnen dieses Typus setzen sich durch ihre politische Aktivität mit einem gesellschaftlichen Tabu auseinander:

- *Gesellschaftliches Tabu familiale Gewalt:* Familiale Gewalt, sei es nun körperliche, sexuelle oder psychische Gewalt, wurde in der DDR (wie in anderen Gesellschaften auch) als gesellschaftliches Randproblem betrachtet. Auch innerhalb (gemischtgeschlechtlicher) oppositioneller Gruppen wurde dieses Thema nicht aufgegriffen, und in der nichtstaatlichen Frauenbewegung der DDR wurde es zwar Gegenstand der Reflexion, blieb aber eher randständig (vgl. Diedrich 1997, S.183; Miethe 2000a; sowie die Dokumentation in Kenawi 1995).

Die Wende und der damit verbundene Wegfall der DDR hat bei diesem Typus nur eine geringe biografische Bedeutung, da die politische Aktivität vor der Wende nicht auf das spezifische System bezogen war.

Die politische Aktivität des dritten Typus ist auf ganz andere Weise als die der beiden zuvor beschriebenen mit dem Privatraum verbunden. Während für den zweiten Typus der Privatraum eher einen Schutz- und Entwicklungsraum darstellt, ist er für die Repräsentantinnen des dritten Typus ein Ort der Gewalt. Während für die Repräsentantinnen des zweiten Typus die Aktivität in der Frauenfriedensgruppe eher als Kommunikationsraum zentral war, ist dieser Raum für den hier dargestellten Typus eher ein Schutz- und Entwicklungsraum. Derselbe Ort wird also je nach biografischer Erfahrung unterschiedlich interpretiert. Auch hier trifft aber zu, was für den ersten Typus und den Zugang zur Öffentlichkeit beschrieben wurde: Im Unterschied zu Westdeutschland, wo eine starke Frauenbewegung Themen wie familiale Gewalt öffentlich machte, blieb die Artikulation dieser Thematik – obwohl existent und auch von den Frauen reflektiert – auf den halböffentlichen Raum beschränkt.

Typvergleich und allgemeine Schlussfolgerungen

Was wird im Vergleich der verschiedenen Typen deutlich und welche allgemeinen Schlussfolgerungen lassen sich daraus ziehen?

1. Im Hinblick auf die Bedeutung politischer Handlungsräume stellt der halböffentliche Raum, in dem die oppositionellen Gruppen agierten, den Ort dar, an dem biografisch relevante Themen diskutiert werden konnten, die sonst im Privaten, d.h. auch nicht verbalisiert, geblieben wären.[17] Die politische Aktivität aller drei rekonstruierten Typen entwickelt sich entlang gesellschaftlicher Tabu-Themen: NS-Vergangenheit, stalinistische Repressionen und familiale Gewalt.[18] Über die politische Aktivität bringen die Frauen eine Thematik in den halböffentlichen Diskurs ein, die im familialen, also privaten Bereich angesiedelt ist und öffentlich tabuisiert wird. Die politische Aktivität hat damit ihre Genese im vermeintlich privaten Bereich, der aber untrennbar mit der Gesellschaft und den strukturellen Gewaltverhältnissen der Gesellschaft verbunden ist. Familiale Gewalt ist genausowenig wie der Nationalsozialismus oder der Stalinismus eine „Familienangelegenheit", sondern Ausdruck der „großen" Politik bzw. gesellschaftlicher Machtverhältnisse.

Die Kategorien „Öffentlich" und „Privat" sollten – worauf feministische Bewegungsforscherinnen seit Jahren hinweisen – nicht als isolierte, polar gegenüberstehende Kategorien, sondern in ihrer wechselseitigen Bedingtheit in das Standardrepertoire der Bewegungsforschung aufgenommen werden. Für jeden der dargestellten Typen – ob nun die politische Aktivität eher in der Öffentlichkeit oder auch nur in der Halböffentlichkeit stattfindet – spielen beispielsweise das Leben und die Erfahrungen im „Privaten" eine zentrale Rolle, entwickelt sich die politische Aktivität genau in der Spannung zwischen „Öffentlich" und „Privat" bzw. werden durch die soziale Bewegung öffentlich tabuisierte Themen artikuliert (vgl. auch die Beiträge und Voronkov und Ferree in diesem Band).

---

17 In eine ähnliche Richtung weist auch die biografische Untersuchung von Christel Degen (2000), die als zentral für die politische Aktivität der Akteure des „Neuen Forums" ein „Kommunikationsdefizit" feststellt.

18 Auf die Bedeutung familialer Gewalt bzw. schwieriger familialer Konstellationen für Bewegungspartizipation weist auch Höschele-Frank (1990) in ihrer Untersuchung von Frauen in Neuen Sozialen Bewegungen in Westdeutschland hin.

Beide eingangs dargestellten Diskurse können dabei – auf ganz unterschiedlichen Ebenen – zu einem komplexen Verständnis sozialer Bewegungen beitragen. In den Biografien wird deutlich, dass für die politische Aktivität sowohl die Auseinandersetzung zwischen Staatsmacht und Privatraum (auf den der osteuropäische Diskurs fokussiert) als auch Gewaltverhältnisse innerhalb des Privatraumes (auf den der feministische Diskurs hinweist) zentral sind. Meine Ergebnisse zeigen, dass es unerläßlich ist, diese beiden Diskurse aufeinander zu beziehen.

2. Im Vergleich der Typen wird deutlich, dass der jeweilige Ort für die Akteure eine sehr verschiedene Bedeutung hat. Ist beispielsweise die Familie als „klassischer" Ort der Privatsphäre für die Repräsentantinnen des zweiten Typus ein Ort, an dem freie Kommunikation möglich ist, ist dieser für die Repräsentantinnen des dritten Typus ein Ort der Gewalt. Stellt die Frauenfriedensgruppe als halböffentlicher Raum für die Repräsentantinnen des ersten Typus den Teil einer polaren Gegenkonstruktion gegen ein allgemeines „Feindbild Staat" dar, ist dieser für den zweiten Typus in erster Linie ein freier Kommunikationsraum und für die Repräsentantinnen des dritten Typus aber in erster Linie ein Schutz- und Entwicklungsraum.

Von der Beschreibung eines Handlungsraumes kann damit nicht automatisch darauf rückgeschlossen werden, welche Bedeutung dieser für die darin handelnden Akteure hat. Derartige Bedeutungen können nicht allein theoretisch abgeleitet werden, sondern müssen empirisch rekonstruiert werden. Die Bedeutung der jeweiligen Sphären ist abhängig von a) typologischen Unterschieden und b) Veränderungen im Zeitverlauf. Ein und derselbe Raum kann dabei in verschiedenen gesellschaftlichen Systemen und für verschiedene Typen eine ganz unterschiedliche Bedeutung haben, die allein gedankenexperimentell nicht zu erfassen ist.

3. Da Menschen ständig sowohl in öffentlichen als auch in privaten Räumen handeln, ist die Analyse von Biografien überhaupt nicht denkbar ohne die ständige implizite Rekonstruktion privater und öffentlicher Räume. Die Biografieforschung stellt damit eine Methode dar, deren Analyse sich ständig zwischen „Öffentlich" und „Privat" bewegt und nicht nur diese Kategorien selbst, sondern auch deren sich verändernde Bedeutung für das Handeln

der Akteure erfasst. Das von feministischer Seite kritisierte dichotome Verständnis dieser beiden Sphären wird durch die biografische Forschung – zumindest empirisch – aufgehoben. Gleichzeit wird aber auch deutlich, dass diese Kategorien zur theoretischen und auch empirischen Analyse sehr hilfreich sind, denn gerade in der Spannung zwischen diesen beiden Polen wird das „Dazwischen", die „informelle Sphäre" als politischer Handlungsraum der oppositioneller Bewegungen sehr deutlich. Biografieforschung kann damit zu einem interaktiven Verständnis öffentlicher und privater politischer Handlungsräume beitragen und dieses auch empirisch erfassen.

Literatur

Bildungswerk für Demokratie und Umweltschutz (Hg.)(1989): Genau Hingesehen. Nie Geschwiegen. Sofort Widersprochen. Gleich Gehandelt. Dokumente aus dem Gewebe der Heuchelei 1982-1989. Widerstand autonomer Frauen in Berlin Ost und West (ohne Seitenangabe).

Clemens, B. (1988): Die Frauenbewegung, das Geschlechterverhältnis und die Theorien zu „Neuen Sozialen Bewegungen". In: Forschungsjournal NSB 1(3), S. 5–15.

Cohen, J./Arato, A. (1992): Civil Society and political theory. Cambridge/London (Cit Press).

Degen, C. (2000): Politikvorstellung und Biografie. Die Bürgerbewegung Neues Forum auf der Suche nach der kommunikativen Demokratie. Opladen (Leske+Budrich).

Diedrich, U. (1997): Schwierigkeiten sich zu erinnern. Sexuelle Gewalt als ausgegrenztes Thema der DDR-Frauengeschichte. In: Diedrich, U./Stecker, H. (Hg.): Veränderungen – Identitätsfindung im Prozeß. Bielefeld (Kleine Verlag), S. 181–216.

Fehr, H. (1996): Unabhängige Öffentlichkeit und soziale Bewegungen. Fallstudien über Bürgerbewegungen in Polen und der DDR. Opladen (Leske+Budrich).

Ferree, M. M. (1996): Was heißt Feminismus? Frauenfragen, Frauenbewegungen und feministische Identität von Frauen in den neuen Bundesländern. In: Lemke, C./Penrose, V./Ruppert, U. (Hg.): Frauenbewegung und Frauenpolitik in Osteuropa. Frankfurt/New York (Campus), S. 107–125.

Fischer-Rosenthal, W. (1996): Strukturale Analyse biographischer Texte. In: Brähler, E./Adler, C. (Hg.): Qualitative Einzelfallanalysen und qualitative Verfahren. Gießen (Psychosozial), S. 147–206.

Flam, H. (1998): Mosaic of Fear. Poland and East Germany before 1989. Boulder (Columbia University Press).

Frevert, U. (1995): Mann und Weib – Weib und Mann. Geschlechter-Differenzen in der Moderne. München (C.H.Beck).

Garcelon, M. (1997): The Shadow of the Leviathan: Public and Private in Communist and Post-communist Society. In: Weintraub, J./Kumar, K. (Hg.): Public and Private in Thought and Practice. Perspectives on a Grand Dichotomy. Chicago/London (Chicago University Press),S. 303–332.

Giordano, R. (1990): Die zweite Schuld oder von der Last Deutscher zu sein. Berlin (Volk und Welt).

Glaser, A./Strauss, B. (1967): The Discovery of Groundet Theory. Chicago (Aldine).

Habermas, J. (1990): Strukturwandel und Öffentlichkeit. Frankfurt/M. (Suhrkamp).

Hausen, K. (1993): Geschlechterhierarchie und Arbeitsteilung. Göttingen (Vandenhoeck & Ruprecht).

Havel, V. (1989): Versuch in der Wahrheit zu leben. Reinbek (Rowohlt).

Herbert, U. (1992): Zweierlei Bewältigung. In: Herbert, U./Groehler, O. (Hg.): S. 7–28.

Herbert, U./Groehler, O. (1992): Zweierlei Bewältigung. Vier Beiträge über den Umgang mit der NS-Vergangenheit in den beiden deutschen Staaten. Hamburg (Ergebnisse).

Höschele-Frank, C. (1990): Biographie und Politik. Identitätsbildungs- und Politisierungsprozesse von Frauen in den neuen sozialen Bewegungen. Dissertation an der Philipps-Universität Marburg.

Joppke, C. (1995): East German Dissidents and the Revolution of 1989. Social Movement in a Leninist Regime. Washington Square (New York University Press).

Kaiser, P./Petzold, C. (1997): Boheme und Diktatur in der DDR. Gruppen, Konflikte, Quartiere, 1970-1989. Katalog zur Ausstellung des Deutschen Historischen Museums vom 4. September bis 16. Dezember 1997. Berlin (Fannei & Walz).

Keane, J. (1998): Civil Society. Old Images, New Visions. Cambridge (Polity Press).

Kontos, S. (1986): Modernisierung der Subsumtionspolitik. Die Frauenbewegung in den Theorien der neuer sozialer Bewegungen. In: Feministische Studien 5(2), S. 34–48.

Krusche, G. (1988): Gemeinden in der DDR sind beunruhigt. Wie soll die Kirche sich zu den Gruppen stellen. In: Pollack, D. (Hg.)(1990): Die Legitimität der Feiheit. Politisch alternative Gruppen in der DDR unter dem Dach der Kirche. Frankfurt/M. u.a. (Peter Lang), S. 57–62.

Lang, S. (1995): Öffentlichkeit und Geschlechterverhältnis. Überlegungen zu einer Politologie der öffentlichen Sphäre. In: Kreisky, E./Sauer, B. (Hg.): Feministische Standpunkte in der Politikwissenschaft. Frankfurt/New York (Campus), S. 83–121.

Lauth, H.-J./Merkel, W. (1997): Zivilgesellschaft und Transformation. Ein Diskussionsbeitrag in revisionistischer Absicht. In: Forschungsjournal NSB 10(1), S. 12–34.

Lemke, C. (1991): Die Ursachen des Umbruchs 1989. Politische Sozialisation in der ehemaligen DDR. Opladen (Westdeutscher Verlag).

Maltry, K. (1993): Die neue Frauenfriedensbewegung. Entstehung, Entwicklung, Bedeutung. Frankfurt/New York (Campus).

Meuschel, S. (1992): Legitimation und Parteiherrschaft in der DDR. Frankfurt/M. (Suhrkamp).

Michalski, K. (1993): Einführung. In: derss. (Hg.): Die liberale Gesellschaft. Castelgandolfo-Gespräche 1992. Stuttgart (Klett-Cotta), S. 7–10.

Miethe, I. (1996): Das Politikverständnis bürgerbewegter Frauen der DDR im Prozeß der deutschen Vereinigung. In: Zeitschrift für Frauenforschung 14(3), S. 87–101.

Miethe, I. (1999): Frauen in der DDR-Opposition. Lebens- und kollektivgeschichtliche Verläufe in einer Frauenfriedensgruppe. Opladen (Leske+Budrich).

Miethe, I. (2000a): Frauenbewegung in Ostdeutschland. Angekommen in gesamtdeutschen Verhältnissen? In: Beiträge zur feministischen Theorie und Praxis 23(54), S. 9–22.

Miethe, I. (2000b): Biographical Perspectives on the Changes in Spaces of Political Action in the Transformation in East Germany. In: Breckner, R./Kalekin-Fishmann, D./Miethe, I. (Hg.): Biographies and the Division of Europe, Opladen (Leske+Budrich) (in print).

Neubert, E. (1997): Geschichte der Opposition in der DDR 1949-1989. Bonn (Bundeszentrale).

Nooke, M. (1997): Zur biographischen Bedeutung des antifaschistischen Selbstverständnisses der DDR bei Geschichtslehrern. Magisterarbeit am Fachbereich Umwelt und Gesellschaft der TU Berlin (unveröffentlicht).

Plato, A. v./Meinicke, W. (1991): Alte Heimat – neue Zeit. Flüchtlinge, Umgesiedelte, Vertriebene in der Sowjetischen Besatzungszone und in der DDR. Berlin (Verlags-Anstalt Union).

Poppe, U./Eckert, R./Kowalczuk, I.-S. (1995): Opposition, Widerstand und widerständiges Verhalten in der DDR. Forschungsstand – Grundlinien – Probleme. In: dies. (Hg.): Zwischen Selbstbehauptung und Anpassung. Formen des Widerstandes und der Opposition in der DDR. Berlin (Chr. Links), S. 9–26.

Riedmüller, B. (1988): Das Neue an der Frauenbewegung. In: Gerhard, U./Schütze, I. (Hg.): Frauensituation. Veränderung in den letzten 20 Jahren. Frankfurt/M. (Suhrkamp), S. 15–41.

Rosenthal, G. (1995): Erlebte und erzählte Lebensgeschichte. Gestalt und Struktur biographischer Selbstbeschreibungen. Frankfurt/New York (Campus).

Rosenthal, G. (1997): Zur interaktionellen Konstitution von Generationen. Generationenabfolgen in Familien von 1890 bis 1970 in Deutschland. In: Mansel, J./Rosenthal, G./Tölke, A. (Hg.): Generationen-Beziehungen, Austausch und Tradierung. Opladen (Westdeutscher Verlag), S. 57–73.

Roth, S. (1997): Political Socialization, Bridging Organization, Social Movement Interaction: The Coalition of Labor Union Women, 1974-1996. Promotion an der University of Connecticut.

Rueschemeyer, M. (Hg.)(1998): Women in the Politics of Postcommunist Eastern Europe. Armonk/London (M.E. Sharpe) (revised and expanded edition).

Schmitt, B. (1997): Zivilgesellschaft, Frauenpolitik und Frauenbewegung in Rußland. Königstein (Ulrike Helmer Verlag).

Schneider, E. (1994): Prager Frühling und samtene Revolution. Soziale Bewegungen in Gesellschaften sowjetischen Typus am Beispiel der Tschechoslowokai. Aachen (IZE).

Schöler-Macher, B. (1994): Die Fremdheit der Politik. Erfahrungen von Frauen in Parteien und Parlamenten. Weinheim (Deutscher Studienverlag).

Schütze, F. (1976): Zur linguistischen und soziologischen Analyse von Erzählungen. In: Internationales Jahrbuch für Wissens- und Religionssoziologie, Bd. 10. Opladen (Westdeutscher Verlag), S. 7–41

Shlapentokh, V. (1989): Public and Private Life of the Soviet People. Changing Values in Post-Stalin Russia. New York/Oxford (Oxford University Press).

187

Snow, D./Burke, R. Jr./Worden, S. K./Benford, R. (1986): Frame Alignement Processes, Micromobilization, and Movement Participation. In: American Sociological Review 51, S. 464–481.

Steinbach, P. (1995): Widerstand – aus sozialphilosophischer und historisch-politologischer Perspektive. In: Poppe, U. u.a. (Hg.). Zwischen Selbstbehauptung und Anpassung. Formen des Widerstandes und der Opposition in der DDR. Berlin (Chr. Links), S. 27–67.

Studer, B./Unfried, B. (1999) "Das Private ist öffentlich". Mittel und Formen stalinistischer Identitätsbildung'. In: Historische Anthropologie 7(1), S. 83–108.

Völter, B. (1997): Erinnern im Zeichen des Antifaschismus. In: Rosenthal, G. (Hg.): Der Holocaust im Leben von drei Generationen. Familien von Überlebenden der Shoa und von Nazi-Tätern. Gießen (Psychosozial), S.:287–296.

Voronkov, V./Chickadze, E. (1997): Leningrad Jews: Ethnicity an Context. In: Voronkov, V./Zdravomyslova (Hg.): Biographical Perspectives on Post-Socialist Societies. St. Petersburg (Arbeitsmaterialien des Centre for Independent Social Research), Nr. 5, S. 187–191.

Weintraub, J./Kumar, K. (Hg.)(1997): Public and Private in Thought and Practice. Perspectives on a Grand Dichotomy. Chicago/London (Chicago University Press).

Wiener, A. (1992): Wider den theoretischen „Kessel". Ideen zur Sprengung der binären Logik in der NSB-Forschung. In: Forschungsjournal NSB 4(2), S.34–43

BIOGRAFIEN ZWISCHEN ANPASSUNG

UND WIDERSTAND

Entry und Exit: Zwei zentrale Momente in der Begegnung zwischen „Ich" und „Kollektiv"

Helena Flam

Einführung

Zu Beginn meines Studiums wollte ich die Wirkung der Ideologie[1] auf Menschenmassen verstehen, an deren Einfluss es lag, dass Hitler oder Stalin so viele Nachfolger und der Antisemitismus so viele Träger hatte. Ich habe ja selbst eine antisemitische Welle in Polen 1968-1969 erlebt, die mich und Tausende andere in die Fremde trug.

Bald bewegte mich eine neue Einsicht, nämlich dass es nicht so sehr an der Ideologie, sondern am Totalitarismus[2] lag, dass sich Menschen einschüchtern ließen und zu Taten bereit waren, die sie sonst moralisch nicht verkraften würden. Der Begriff Totalitarismus erschien mir zugleich geheimnisvoll und aufregend. Noch heute bekomme ich eine Gänsehaut, wenn ich über seine allmächtige, dunkle, zerstörerische Kraft lese. Damals half mir dieser Begriff zu verstehen, warum es so wenig Zivilcourage im sozialistischen Polen vor 1969 gab und warum die antisemitische Welle so stark wurde. Wer den Einparteienstaat kontrollierte, kontrollierte und synchronisierte auch die Menschen.

Zivilcourage fehlte aber auch im für Freiheit stehenden Westen, wie ich schnell feststellen musste. Ich möchte in diesem Punkt nicht missverstanden werden. Ich war nicht auf der Suche nach großen Helden oder Heldentaten. Mir ging es um das ewige Nicken und Zustimmen, im Hörsaal und am Ar-

---

1   Hier beziehe ich mich auf Karl Marx (sic!), Erich Fromm und Wilhelm Reich.
2   Siehe z.B. Arendt 1973; Aron 1969 und Friedrich/Brzezinski 1965.

beitsplatz. Ich wollte die mir anvertraute aufrichtige Kritik auch in der Öffentlichkeit und nicht nur privat hören.

Ein Klassiker der Soziologie, Max Weber, bot mir eine Erklärung. Seine Hauptthese ist, dass man die Schnittstelle zwischen Individuum und Organisation sehr genau betrachten muss, um zu verstehen, welche Interessen Individuen an Organisationen binden und, umgekehrt, wie diese Organisationen die Individuen prägen. Menschen sind im Austausch für Entlohnung, bestimmte Grundrechte oder Privilegien, ja, für Lebenschancen bereit, als Gegenleistung Gehorsam zu leisten. Gehorsam bewegt sich innerhalb eines Feldes, das sich zwischen Loyalität und Angst vor Herrschaft aufspannt (siehe Flam 1993, 1998a, S. 87ff.).

Die erste Entdeckung war also, dass Menschen keine Zivilcourage zeigen, weil sie Angst haben, ihre materiellen und ideellen Interessen ohne die ihnen Raum bietenden Organisationen nicht realisieren zu können. Noch mehr: diese Interessen verflechten sich zu einem solchen Grad mit der Loyalität gegenüber diesen Institutionen, dass es den Menschen nicht mehr klar ist, wie sehr sie an diesen Organisationen hängen und dass die Grenzen ihrer eigenen Moral durch diese Organisationen gesetzt werden.

Hieraus ergibt sich die Frage, wie es zu erklären ist, dass es einigen wenigen gelingt, sich aus den Bindungen an Institutionen zu befreien. Was sind die sozialpsychologischen und anderen Voraussetzungen dieser Emanzipation? Mit dieser Formulierung sind wir schon bei meiner ersten Forschungsfrage, der Frage nach EXIT.

Exit

In der sozialwissenschaftlichen Literatur gibt es zu diesem Thema nur wenige Texte. In den 60er Jahren zeigte der Psychologe Stanley Milgram in seinen berühmten Experimenten, dass freiheitsliebende Durchschnittsamerikaner genau so wie die angeblich an die Obrigkeit orientierten Deutschen auch dann Gehorsam leisten, wenn sie andere sichtbar quälen (Milgram 1974). Verweigert haben sich nur wenige. Diese wenigen haben aufgehört, die Knöpfe zu drücken, die einem Mitmenschen elektrische Schocks erteilten.

Sie mussten, so Milgram, ihre Identifizierung mit und Angst vor Autoritäten, die neutral-trockene Anweisungen von sich gaben und mit weißen Arztkitteln bekleidet waren, überwinden und ihr Mitgefühl für die Opfer die Oberhand gewinnen lassen. Gleichzeitig war es erforderlich, dass sie ihre bisherige Rolle als Täter erkennen und von ihr moralisch Abstand nehmen. All das, bevor die nächste Anweisung kam.

Der Wirtschaftstheoretiker Albert Hirschman hat ebenfalls intensiv über Ungehorsam nachgedacht. In seinem Buch *Exit, Voice and Loyalty* beschäftigt ihn das Thema, warum Menschen so lange brauchen, um eine Organisation, die sich in ihren Augen verschlechtert hat, zu kritisieren oder zu verlassen (Hirschman 1970). Seine Antwort war einerseits sehr rationalistisch geprägt. Seine Individuen überlegen sich die Kosten und Nutzen der bevorstehenden Handlung und handeln nur, wenn es sich lohnt, also wenn sie denken, dass sich durch ihren Protest etwas zu ihren Gunsten ändern wird. Andernfalls verlassen sie ganz einfach die sich verschlechternde Organisation.

Andererseits haben die von Hirschman beschriebenen Individuen nicht nur Interessen, sondern auch Gefühle. In diesem Zusammenhang ist die Loyalität zu „ihrer" Organisation von zentraler Bedeutung. Dieses Gefühl schlägt sich in der Bereitschaft nieder, zu protestieren und abzuwarten, bevor sie die sich verschlechternde Organisation verlassen. Loyalität trägt damit zur Verzögerung, also zum Hinausschieben der Entscheidung bei, von der Organisation Abschied zu nehmen. Dieser Umstand gibt Organisationen eine reelle Verbesserungschance, eine Chance, die sie aber nur selten wahrnehmen.

Hirschman argumentiert weiter, dass sich das kritische, aber loyale Individuum leider oft in eine Selbsttäuschungssituation versetzt, in der es ihm unmöglich wird, konsequent zu handeln und aus einer Organisation auszutreten, auch wenn diese sich erkennbar ohne Aussicht auf Verbesserung verschlechtert hat. Sie bleiben, so Hirschman, weil sie sich einreden, dass sie durch ihre Proteste in der Lage sind, das Schlimmste zu verhindern (Hirschman 1970, S. 103). Um ihre Privilegien nicht zu verlieren, leben sie in Wirklichkeit mit dem unterdrückten Schamgefühl, ein Mitglied in dieser Organisation zu sein.

Der Politikwissenschaftler Alessandro Pizzorno beschreibt das Verhältnis zwischen dem Individuum und dem Kollektiv noch radikaler als Hirschman. In seiner Sichtweise können Individuen, die er *identifiers* nennt, Identität nur mit Hilfe ihrer organisationellen oder kollektiven Zugehörigkeit aufbauen und realisieren (Pizzorno 1986, S. 358). Den Individuen fällt es aufgrund dieser engen Verflechtung mit dem Kollektiv schwer oder gar nicht erst ein, sich von diesem Kollektiv zu distanzieren. Pizzorno vertritt die These, dass die identifiers die Organisation selbst dann nicht verlassen, wenn sich diese ihrer Meinung nach hoffnungslos verschlechtert hat.

Wir können auf den Überlegungen Hirschmans und Pizzornos aufbauen, wenn wir die Frage beantworten wollen, wie dann Exit überhaupt denkbar oder möglich ist. Ich verwende diesen Begriff, um das Dramatische an der Entscheidung zu betonen, eine Organisation bzw. eine Bewegung zu verlassen, in der man ein loyales Mitglied oder *identifier* war (vgl. Flam 1998, S. xi). Wie die Befunde meiner komparativen Untersuchung der polnischen und ostdeutschen Kommunisten, die die SED bzw. die Polnische Arbeiterpartei verlassen haben, zeigen, muss man Emotionen viel mehr Aufmerksamkeit schenken, als es Hirschman und Pizzorno tun, und zwar sowohl denen, die Exit verhindern, als auch jenen, die den Austritt beschleunigen. Bei der Analyse von Exit ist Gefühlsmanagement (Hochschild 1983) von äußerst großer Bedeutung. In diesem Fall bezieht sich Gefühlsmanagement auf den Umgang mit beispielsweise Angstgefühlen, die es einem nicht erlauben würden, das gewünschte Selbstbild und den angestrebten Handlungsweg zu erreichen.

Jene Personen, die an Ungehorsam denken, müssen nämlich ihre Angst vor der Zukunft und ihre Loyalitätsgefühle gegenüber dem Kollektiv managen[3] (vgl. Flam 1993, 1993a, 1998a). Sie müssen sich nicht nur kognitiv, sondern auch emotional von ihrer Organisation befreien. Zweitens müssen

---

3 Die hier präsentierten Befunde bauen auf einem von mir 1998 abgeschlossenen Forschungsprojekt auf. Für dieses Projekt wurden insgesamt über 100 autobiografische, narrative Interviews mit *Kommunisten, Dissidenten* und *Zuschauern* in Polen und Ostdeutschland zwischen 1991 und 1996 vorwiegend nach Fritz Schützes Methode durchgeführt. Das Auswertungsverfahren variierte mit der Fragestellung. In Flam 1998a, S. xi ff. ist eine detaillierte Darstellung des methodischen Vorgehens zu finden.

sie sich mit der Täterrolle konfrontieren, die sie bisher eingenommen haben und mit der eventuell auf sie zukommenden Rolle als Opfer Frieden schließen. D.h. sie müssen in der Lage sein, sowohl Scham als auch Angst zuzulassen und zu bewältigen. Drittens heißt dies, dass sie die Frage nach ihrer Identität, d.h. „Wer bin ich?", „Wer möchte ich sein?" und „Wer und was ist mir wichtig?" neu beantworten müssen (vgl. Flam 1993a, S. 89). In diesem Sinne müssen sie eine neue Sinnwelt für sich schaffen, die an die Stelle der alten tritt. Diese komplexen sozial-psychologischen Prozesse erklären – so meine These – warum die parteikritischen Genossen bis zu 10 Jahre brauchten, um die Partei zu verlassen. Viele ähnlich Denkende haben aus den gleichen Problemkreisen heraus diesen konsequenten Schritt nie gewagt.

Wie die biografisch-narrativen Interviews, die ich in Ostdeutschland geführt habe, zeigen (Flam 1998a), spiegelte die SED die eigenen Ideale nicht mehr wieder. Man konnte vielfach die Erstarrung und die Reglementierung nicht einen Tag länger aushalten. Man musste raus. Das intensive, quälende, nicht mehr zu ertragende Gefühl des Erstickens veranlasste manche kritischen SED-Mitglieder letztlich dazu, die Partei zu verlassen. In ihren Interviews thematisierten sie vor allem dieses Gefühl. Darüber hinaus beschrieben sie aber auch den schweren Abschied von Parteigenossen und von dem Ideenaustausch mit ihnen sowie das bedrohliche Bild, das ihnen für den Fall des Austritts gezeichnet wurde. Die ostdeutschen Partei-Aussteiger scheinen stärker an ihre Kameraden gebunden gewesen zu sein als die polnischen. Der Abschied war umso schwerer, als viele ahnten, dass sie damit in eine vollständige soziale Isolation treten und beruflich abstürzen würden.

So wie andere, die nicht in der SED waren, aber das privilegierte Leben von Künstlern oder Intellektuellen genossen, konnten sie nicht genau sagen, warum sie zu einem bestimmten Zeitpunkt in ihrem Leben die Entscheidung getroffen haben, nicht länger mitzumachen. Anfangs unterdrückte eine Mischung aus Angst und Loyalität die kritisch-distanzierenden Gedanken. Obwohl sie bereits sehr kritisch eingestellt waren, blieben jene Genossen, die die Partei immer stärker ablehnten, noch lange in der Partei, bevor sie aus dieser austraten. Sie hatten Angst vor den „Konsequenzen", ein Wort, das in beiden Ländern das Ominöse bezeichnete, tiefgreifende Ängste auslöste und verhinderte, dass man konkret darüber nachdachte, was als Bestrafung zu erwarten wäre.

Es ist jedenfalls klar, dass sie schon zu dieser Zeit Dissidenten als Bezugspersonen hatten oder sogar selber in Dissidentenkreisen tätig waren. Diese haben ihnen geholfen, sich moralisch zu wappnen, innerlich ihre Ängste vor besagten Konsequenzen zu bewältigen und die Entscheidung zu treffen, ihre neue Identität als Regimekritiker durch den Austritt zu beweisen.

Diese biografisch-narrativen Interviews untermauern und erweitern die Theorie Milgrams und vieler Theoretiker sozialer Bewegungen (siehe Flam 1993, 1998, S. 91), dass Ungehorsam leichter zu erbringen ist, wenn man von *defiant peers*, d.h. von gleichgesinnten Ungehorsamen, sowohl ermutigt als auch – durch Taten, wenn nicht durch Worte – beschämt wird. Die besondere Bedeutung von Vorbildern, die anderen den Weg zum Protest zeigen und bahnen, kann für repressive Regimes nicht genug betont werden. Diese Tatsache wird m.E. von westlichen „Frameanalytikern" nicht genug gewürdigt, die vorwiegend den Einfluss von Massenmedien auf Mobilisierung in sozialen Bewegungen in liberalen Demokratien untersuchen. Durch ihr Beispiel ermutigen und beschämen sie gleichzeitig diejenigen, die trotz ihrer grundsätzlichen Zustimmung nicht die gleichen Konsequenzen ziehen.

Im Unterschied zu ostdeutschen Genossen thematisierten die polnischen Genossen, die die PAP verlassen haben, den repressiven Charakter der Organisation, in der sie Mitglieder waren. Für sie war die Reglementierung oder Erstarrung der Partei nicht das Hauptproblem. Viele lebten jahrelang als bekannte, sogar geschätzte Kritiker ihrer Partei, die für sie ein gemütliches Zuhause darstellte. Aus diesem Grund stellt sich die Frage, warum sie sich dann von dieser Partei trennten.

In den meisten Fällen mussten die Individuen mindestens zweimal repressive Ereignisse erlebt haben, bevor sie sich kritisch-distanzierte Gedanken zustanden. Die Einparteienregierung unterdrückte die protestierenden Arbeiter 1956, 1970 und 1976 gewaltsam. Auch die Studentenrevolte wurde 1968 mit Gewalt unterdrückt. Der springende Punkt war, dass die Einsicht in den repressiven Charakter der Partei mit der Angst vor der Partei einherging. Diese Angst wiederum hielt die Kritiker – u.U. noch jahrelang – in der Partei gefangen.

196

In Polen konfrontierte man sich nicht nur häufiger mit der eigenen Angst als in der DDR, sondern traf auch häufiger mit gleichgesinnten Ungehorsamen zusammen. Die polnische Opposition war älter und verbreiteter als die ostdeutsche (vgl. Flam 1998a). Aus den Interviews geht hervor, dass der individuelle Exit in Polen häufiger als in der DDR in engem Zusammenhang mit der 1976 bzw. 1980 entstehenden Opposition stand.

Auch im Westen gibt es das seltene Phänomen der Organisationskritiker, die bereit sind, ihre Lebenschancen aufs Spiel setzen, um die Öffentlichkeit über die Gefahren zu informieren, die ihre Organisationen verursachen. In den USA gibt es die Bezeichnung *Whistleblowers* für jene, die Fälle von Korruption enthüllen bzw. immer wieder nachdrücklich auf Gefahren hinweisen, die durch Betriebe verursacht werden. Auch sie müssen die Gefühle der Loyalität gegenüber ihrer Organisation sowie Angst vor der Zukunft bewältigen, wenn sie sich nach mehreren misslungenen Versuchen, ihre Organisation von innen zu reformieren, schließlich gezwungen fühlen, mit ihrer Kritik an die Öffentlichkeit zu treten. Demokratische Systeme unterscheiden sich von autoritären und totalitären Systemen durch diese Öffentlichkeit. Diese garantiert aber nicht, dass die Kritiker auch Gehör finden oder sich ggf. nicht gegen Angriffe zur Wehr setzen müssen. Die Forschung zeigt, dass die Kritiker oft schikaniert werden. Sie müssen häufig machtlos zusehen, wie ihr Ruf und damit auch ihre Karrieren und Familien völlig zerstört werden. Manche werden sogar vor Gericht gestellt (Flam 1993; Jaspers 1997, S. 138f.).

Autonome, ungehorsame Individuen sind sowohl im Westen wie auch im Osten ebenso wichtig wie selten. Die wenigen Ausnahmen zeigen allerdings, dass es Individuen möglich ist, sich von der Interessenverflechtung mit Organisationen zu befreien und dass Organisationen nicht in der Lage sind, das individuelle Streben nach Integrität, Wahrheit und Freiheit völlig zu vernichten.

In den USA spielten die *Whistleblowers* eine wichtige Rolle bei der Entstehung der Anti-Atomkraft-Bewegung und tun es noch heute bei der Entwicklung und Weiterführung anderer Proteste. Die amerikanische Regierung würdigte 1986 mit einem neuen Gesetz ihre außerordentliche Bedeutung (Jasper 1997, S. 149, siehe auch Flam 1993). Die *Bundeswhistleblowers*, die Fälle der Korruption innerhalb der Bundesregierung aufdecken, erhalten einen Teil des mit Hilfe der Ermittlung zurückgewonnenen Geldes. Ferner besteht eine Stiftung zur Ermutigung und finanziellen Unterstützung von *Whistleblowers* – eine Idee, die sowohl der Privatsektor in den USA als auch in Europa willkommen heißen sollte.

Entry

Den zweiten wichtigen Aspekt im Verhältnis von Individuum und Kollektiv habe ich „Entry" genannt. Obwohl er sowohl für das Individuum, das durch den Beitritt in eine Bewegung versucht, seine Identität und Zielvorstellungen zu verwirklichen, als auch für die Bewegung, die neue Mitglieder braucht, bedeutsam ist, erhielt dieser m.E. bis vor kurzem zu wenig Aufmerksamkeit in der Sozialen Bewegungsforschung (Flam 1993a).

Die Untersuchung der Schnittstelle zwischen Individuum und Bewegung ist von größtem Interesse, weil gerade hier die Verhandlungen und Auseinandersetzungen über die Bedingungen des Zusammenkommens sichtbar werden (vgl. Flam 1993a). Sie sind maßgeblich dafür verantwortlich, ob das Individuum in der Bewegung bleibt bzw. ob diese Bewegung ein neues Mitglied gewinnt.

Nicht alle Personen sind in der Lage, sich kognitiv und emotional von den vorherrschenden Organisationen (z.B. Betrieben) oder Institutionen (z.B. Ehe, traditionellen Geschlechterrollen) zu befreien (Flam 1993a). Sie vermögen nicht, ihr Unbehagen auszusprechen oder setzen ihre Kritik nur als Ventil ein. Ihnen steht eine ganze Reihe durch die Gesellschaft völlig akzeptierter Möglichkeiten zur Verfügung, damit sie trotz der von ihnen wahrgenommenen strukturellen Defizite weitermachen. Nostalgie und Utopie einerseits sowie Rollendistanzierung oder hin und wieder das in die Rolle des Kritikers Schlüpfen andererseits helfen das Unerträgliche auszuhalten.

Eine neue Bewegung kann selten damit rechnen, dass das Zusammenbrechen von Institutionen, Organisationen und bisher akzeptierten Orientierungsmustern tausende Willige in ihre Reihen lenkt. Auch kann sie nicht erwarten, dass das Gesellschaftssystem, das die individuellen Bestrebungen blockiert und bremst, die Individuen schon aus diesem Grunde der Bewegung gewissermaßen direkt in die Arme treibt. Häufiger besteht eine Bewegung aus Individuen, die diffuse Sehnsüchte nach dem Austritt aus dem Establishment empfinden und dabei auf der Suche nach Gleichgesinnten sind. Debatten und Verhandlungen in ihrer Bewegung oder Bewegungsgruppe über den Sinn und die Ziele der Bewegung stellen deshalb einen sehr empfindlichen Moment dar, da sich das individuelle Mitglied schnell wieder zum Unbequemen, aber Bekannten zurückzieht oder sich eine andere Bewegung bzw. Zufluchtsgruppe sucht, sobald diese Debatten aus seiner Sicht falsch verlaufen. Heute sind Individuen nicht mehr – wie beispielsweise die ersten Kommunistengenerationen – bereit, sich selbst für die Sache zu opfern. Sie wollen nicht mehr ihre eigene Identität durch die kollektive ersetzen (vgl. Flam 1993a).

Dabei wird jedoch nicht nur über die kollektive Identität, sondern gleichzeitig auch über Emotionen und Emotionsregeln verhandelt. Beispielsweise herrschte zunächst großes Unwissen und Verunsicherung unter den Frauen, die in den 1970ern zusammenkamen, um die amerikanische Frauenbewegung zu gründen (Gerson 1999). Viele stammten aus der Studentenbewegung, hatten Ehemänner und Kinder zu Hause. Ihren Familien gegenüber empfanden sie vielfach Scham und Schuldgefühle, da sie sich kurzfristig von ihnen zurückzogen, um allein zusammenzukommen. Sie wussten nicht, was das Treffen bringen würde und waren hinsichtlich ihrer eigenen Motive und Ziele unsicher. Die meisten wussten nur, dass sie Verunsicherung bzw. Wut über ihre Rollen in der Gesellschaft bzw. in der von Männern dominierten Studentenbewegung erlebten.

Bekanntlich ging es dieser Bewegung auch darum, Frauen ein neues Selbstbild und ein neues Gefühlsrepertoire zu ermöglichen. So wie die Afroamerikaner vor ihnen, sollten sie jetzt Stolz statt Scham und Unterlegenheit empfinden sowie ihre Schönheit anerkennen, anstatt sich hässlich und unvollkommen wahrzunehmen. Es ging darum, patriarchale Verhältnisse zu erkennen, abzulehnen und sich selbst als autonom zu erweisen und sich zu lieben und zu bejahen, anstatt einander zu hassen.

Der springende Punkt ist, dass diese Art *consciousness raising*, die im Extremen mit Forderungen nach einer Welt ohne Männer, nach freier Liebe zwischen Frauen oder nach öffentlich praktizierter Masturbation verbunden

199

war, von vielen Frauen mit Schrecken und Abscheu abgelehnt wurde. Diese Gefühle wurden in den Verhandlungen der Frauenbewegung über die kollektiven Identitäten nicht berücksichtigt.

Noch ein Beispiel, diesmal aus dem Ostblock: Junge Ostdeutsche sahen sich nach und nach, häufig ohne es zu merken, von Vertretern des Einparteienstaates in das Dissidentenmilieu sowohl gelenkt als auch gedrängt. In ihren Interviews thematisieren sie vor allem das Leiden, das aus dem Gefühl der Isolierung und der fehlenden sozialen Anerkennung sowie den mehr oder weniger schmerzhaften Schikanen resultierte, die sie schon früh in der Schule erlebt hatten. Mehrere betonten, dass ihnen eine gewünschte bzw. normale Lebensbahn verweigert wurde. Ihre Neugier oder ein religiöses Elternhaus machte sie zu Außenseitern und führte sie über die Berliner Boheme, Leipziger Anarchie oder Jugendgemeinden und Theologiestudium langsam aber sicher zu den Dissidenten. Angst machte sich erst breit, wenn man sich bereits in Dissidentenkreisen bewegte. Viele Dissidentengruppen aber haben diese Angst ignoriert und sich nicht mit Bespitzelung, Verhaftung bzw. der Stasi auseinandersetzen wollen. Aus vielen Gründen hat die Dissidentenbewegung auch keine gemeinsame, bindende Sinnwelt herstellen können, die den Dissidenten als Verteidigungswaffe gegen die offizielle Welt dienen konnte (vgl. dazu ausführlich Flam 1997, S. 149; 1998a, 1999). Das führte dazu, dass die Individuen allein mit ihrer Angst und Furcht sowie dem Marginalisierungsgefühl leben und umgehen mussten und sich nicht auf kollektive Regeln und eine neue Sinnwelt stützen konnten.

Im Gegensatz zu den ostdeutschen Dissidenten hatten sich viele polnische Dissidenten ganz bewusst, obwohl manchmal auch nur mit einer Geste, für die Opposition entschieden. Die Situationen, in denen sie beispielsweise den ersten Protestbrief unterzeichneten, ein Geheimtreffen der Untergrunduniversität besuchten oder an der Herstellung einer Samizdatzeitung teilnahmen, war stets von Angst begleitet. Besonders die Untergrundarbeit, die verlangte, dass bestimmte Aufgaben von Individuen allein und nicht im Kollektiv ausgeführt werden sollten, war mit viel Angst verbunden. Mit Hilfe der oppositionellen Bewegung lernten deren Mitglieder typische oppositionelle Ängste zu managen. Schritt für Schritt arbeitete die polnische Opposition ein idealisiertes Selbstbild und eine Reihe Verhaltensregeln heraus, die verbindlich wirkten und Mitglieder an die Bewegung fesselten.

Trotzdem gab es viele Aussteiger, welche aber die Bewegung nicht schwächten (vgl. Flam 1998).

In der DDR hat die Bewegung auf symbolischer Ebene wenig getan, um durch fehlende soziale Anerkennung verursachtes Leiden oder Außenseitergefühle zu mindern oder zu beseitigen. Sie ist deswegen nicht in der Lage gewesen, dem vorherrschenden Individualismus zu begegnen. Indem sich der Einparteienstaat DDR von Anfang an auch mit schöngeistiger Literatur legitimierte, in der die individuelle Suche nach Selbstverwirklichung idealisiert wurde (Flam 1998), und in den 80er Jahren zusätzlich begann, die individuelle Entfaltung als ein Ziel der sozialistischen Gesellschaft zu definieren (Kleres 2000), hat er selber dazu beigetragen, dass sich viele junge DDR-Bürger als Individuen auf der Suche nach Selbstverwirklichung verstanden. Da derselbe Staat aber mit Repression auf ideen- und initiativreiche Individuen und Gruppen reagierte, unterminierte er die individuelle Suche nach Selbstverwirklichung und hatte dadurch Anteil daran, dass sich der Dissens in der DDR verbreitete. In dieser Situation hat die Dissidentenbewegung keine Sinnwelt geschaffen, die die einzelnen Dissidenten in ein Kollektiv verwandelt hätte. Insbesondere hat sie keine moralischen Regeln gegen Exit formuliert, was für die Bewegung selbst schwerwiegende Konsequenzen hatte.

Offensichtlich reichte die Sinnkonstruktion und die gegenseitige emotionale Hilfe, die viele Dissidentengruppen leisteten, in dem erstarrten, repressiven und marginalisierenden Kontext nicht aus. Die nach Selbstverwirklichung suchenden Dissidenten haben statt dessen individuell und in Paaren bei dem Gedanken Zuflucht genommen, dass man im schlimmsten Fall die Exit-Option[4] nehmen könnte. Viele haben diese Option dann ja auch gewählt.

Wie im Fall der amerikanischen Frauenbewegung ist es dieser Bewegung ebenfalls nicht gelungen, ihre Mitglieder auf Dauer an sich zu binden. Hier jedoch nicht weil kollektive Identität und Gefühlsregeln entfremdend wirk-

---

4 Ich meine hier vor allem Exit aus den Dissidentenreihen, obwohl Exit häufig – sowohl in Polen als auch in der DDR – im Zusammenhang mit dem Verlassen des Landes diskutiert wird (zum Verhältnis von Exit und Voice vgl. ausführlich Flam 1998a/b, 2000).

ten, sondern weil sie erst gar nicht hergestellt wurden. Viele Individuen verließen die Dissidentenreihen und die DDR, weil sie angesichts des rigiden, starren, unnachgiebigen Parteienstaates die Aufgabe des Angst- und Sinnmanagements nicht allein handhaben wollten oder konnten.

Ein letztes, das kürzeste und ganz aktuelle Beispiel: Wie die neuere Forschung zeigt, haben viele Frauen, die zu DDR-Zeiten Dissidentinnen waren bzw. die Bürgerbewegung der Wendezeit ins Leben gerufen haben, sich gegen die Beteiligung am neuen, formellen Organisationsleben entschieden (Miethe 1996, S. 87f., 1999). Sie haben ihr Engagement eingeschränkt, weil sie für diese Organisationen mit ihrem männer- und machtorientierten Stil keine Begeisterung aufbringen konnten: Sie wollten den weiblich geprägten ‚Küchentisch‘ des DDR-Dissens nicht gegen hierarchische, formalisierte und distanzierte Verhandlungsräume austauschen und lehnten die institutionelle Normalpolitik des vereinigten Deutschland ab, die sich ihrer Meinung nach nicht mit einem breiten, demokratischen Politikbegriff vereinbaren lässt (Miethe 1996, S. 93). Dieselbe Untersuchung zeigt, dass die untersuchten Frauen immer noch politisch aktiv sind, aber eben nicht in politischen Parteien, sondern „in den verschiedensten außerparlamentarischen Gruppen und Zusammenhängen" (Miethe 1996, S. 98).

Mehrere Untersuchungen zeigen, dass die politische Partizipation von Ostdeutschen (eben nicht nur von Frauen) bereits drei Jahre nach der Wende deutlich zurückgegangen ist. Man kann diesen Befund als Misstrauen der Ostdeutschen gegenüber politischen Institutionen der Bundesrepublik deuten. Bürklin (1995) bezeichnet die Ostdeutschen als Fragebogendemokraten. Priller (1996) sieht ihr Verhalten als allgemeine Politikmüdigkeit an, die auch in anderen Teilen des Ostblocks schnell auf die enormen politischen Mobilisierungswellen von 1989 folgte (siehe auch Flam 1998).

Die oben erwähnte Untersuchung zur Ablehnung des institutionalisierten Politikbereiches durch die gesellschaftskritischen ostdeutschen Frauen verdeutlicht aber, dass die Verhandlungen zwischen Ostdeutschen und post-89er Organisationen über die kollektive Identität und die gemeinsamen Gefühlsregeln entweder ausblieben oder scheiterten. Mit ihrer Weigerung, sich auf diese Weise zu engagieren, sagen die Ostdeutschen gleichzeitig Nein zu formellen Organisationen.

Schlussfolgerung

Nicht nur Wissenschaftler, sondern auch Bewegungen haben die beiden zentralen Momente, die die Beziehung zwischen dem Individuum und dem Kollektiv prägen, weitgehend missachtet. Entry-Motive und sie begleitende Gefühle sind aber für die Erfolg und Misserfolg einer Bewegung ausschlaggebend. Werden sie ignoriert, kann das Individuum seine Suche nach neuer Identität mit Hilfe der Bewegung nicht vollenden und die Bewegung kann nur geringe Anziehungskraft für sich verbuchen.

Bewegungen, denen es gelingt, die Verhandlungen zwischen dem Ich und dem Kollektiv erfolgreich zu führen (die prinzipiell fortlaufend sind und deshalb nie abgeschlossen werden) schaffen Schritt für Schritt eine bindende Sinnwelt und symbolisch-geladene Regeln für das Emotionsmanagement. Sie erschweren es dem Individuum, eine Bewegung zu verlassen und tragen dazu bei, dass das Individuum typische Exit-Gefühle erlebt. Es empfindet Scham, Verunsicherung, Schuldgefühle genauso wie die Partei-Aussteiger, von denen ich anfangs sprach. Wenn eine Bewegung symbolisch und emotional stark ist, obwohl die Exit-Tür auf ist, bleibt sie subjektiv geschlossen.

** Für Kritik und Lesekorrekturen bin ich Jochen Kleres, Ingrid Miethe und Silke Roth dankbar.

Literatur

Arendt, H. (1973): The Origins of Totalitarianism. New York (Harcourt Brace Jovanovich).
Aron, R. (1969): Democracy and Totalitarianism. New York (Frederick A. Praeger Publisher).
Bürklin, W. (1995): Die politische Kultur in Ost- und Westdeutschland: Eine Zwischenbilanz. In: Lehmbruch, G. (Hg.): Einigung und Zerfall: Deutschland und Europa nach dem Ende des Ost-West-Konflikts. Opladen (Leske + Budrich), S. 11–24.
Flam, H. (1993): Fear, Loyality and Greedy Organizations. In: Fineman, S. (Hg.): Emotion in Organizations. London (Sage), S. 55–75.

Flam, H. (1993a): Die Erschaffung und der Verfall oppositioneller Identität. In: Forschungsjournal Neue Soziale Bewegungen 6, S. 83–97.

Flam, H. (1997): Die poröse und die wasserdichte Sinnwelt der Opposition: Der ostdeutsche und der polnische Fall. In: Pollack, D./Rink, D. (Hg.): Zwischen Verweigerung und Opposition. Frankfurt/New York (Campus), S.145–170.

Flam, H. (1998): Annäherung und Abgrenzung: Die Ostdeutschen im wiedervereinten Deutschland In: Bonnsiak., W. (Hg.): Polska – Niemcy – Ukraina w Europie. Rzeszow (Wyzsza Szkola Pedagogiczna), S. 59–67.

Flam, H. (1998a): Mosaic of Fear: Poland and East Germany before 1989. Boulder (Columbia University Press).

Flam, H. (1998b): Have We Really Succeeded in Explaining the Emergence of the Pre-1989 East European Oppositions? In: Srubar, I. (Hg.): Eliten, politische Kultur und Privatisierung in Ostdeutschland, Tschechien und Mittelosteuropa. Konstanz (Universitätsverlag Konstanz), S.25–64.

Flam, H. (1999): Dissenting Intellectuals and Plain Dissenters: The Cases of Poland and East Germany. In: Bozóki, A. (Hg.): Intellectuals and Politics in Central Europe. Budapest (Central European Press), S. 19–41.

Flam, H. (2000): Exit: aus der DDR und aus Polen. In: Berliner Debatte INITIAL 11, 104–111.

Friedrich, C./Brzezinski, Z. K. (1965): Totalitarian Dictatorship and Autocracy. Cambridge, MA (Harvard University Press).

Gerson, D. (1999): Praxis from Pain? Consciousness Raising as Mobilization Strategy in the Women's Movement. Paper presented at the conference on Emotions and Social Movements, New York, February 19 - 21, 1999.

Hirschman, A.O. (1970): Exit, Voice and Loyalty. Cambridge, MA. (Harvard University Press).

Hochschild, A. (1983): The Managed Heart. Berkeley, California. University of California Press (erschien 1989 auf Deutsch als: Das gekaufte Herz. Frankfurt/New York (Campus).

Jaspers, J. (1997): The Art of Moral Protest. Chicago (The University of Chicago Press).

Kleres, J. (2000): Die Schwulen- und Lesben- Bewegung in der DDR. In: Forschungsjournal Neue Soziale Bewegungen 13, (in print)

Miethe, I. (1996): Das Politikverständnis bürgerbewegter Frauen der DDR im Prozeß der deutschen Vereinigung. In: Zeitschrift für Frauenforschung 14, S. 87–101.

Miethe, I. (1999): From „Mother of Revolution" to „Fathers of Unification". Women Activists Following German Unification. In: Social Politics 6, S. 1–22.

Milgram, S. (1974): Obedience to Authority: An Experimental View. London (Tavistock).

Pizzorno, A. (1986): Some Other Kind of Otherness: A Critique of „Rational Choice" Theories. In: Foxley A. u.a. (Hg.): Development, Democracy and the Art of Trespassing: Essays in Honor of Albert O. Hirschman. Notre Dame (University of Notre Dame Press), S. 355–373.

Priller, E. (1996): Veränderungen in der politischen und sozialen Beteiligung in Ostdeutschland. In: Zapf, W./Habich, R. (Hg.): Wohlfahrtsentwicklungen im vereinten Deutschland. Berlin. (Edition Sigma), S.283–305.

„Ich war keine Dissidentin": Politische Biografien der antisowjetischen Dissidentenbewegung (1956 - 1985)[1]

Sofia Tchouikina

Einführung

In diesem Beitrag werden anhand der Erinnerungen von Teilnehmern verfolgter Bewegungen in der UdSSR Typen politischer Biografien analysiert, die für sozialistische Staaten kennzeichnend waren und später, nach der Perestroika, verschwunden sind. Die hier vorgestellte Untersuchung konzentriert sich auf die antisowjetische Dissidentenbewegung und das Dissidentenmilieu am Beispiel Leningrads. Sie basiert auf vierzig zwischen 1991 und 1995 durchgeführten narrativen biografischen Interviews mit ehemaligen Mitgliedern der Leningrader Bewegung; Männern und Frauen.[2] Die Interviews wurden mit allen Dissidenten durchgeführt, die erreichbar waren und einer Befragung zustimmten. Die Auswertung wurde nach der Methode der qualitativen Inhaltsanalyse (Mayring 1988) vorgenommen.

Die antisowjetische Dissidentenbewegung ist bereits sowohl von russischen als auch westlichen Wissenschaftlern untersucht worden (Alexeeva 1984; Babst 1991; Beyrau 1993; Daniel 1998; Leiser 1994; Voronkov

---

1   Ich danke der Heinrich-Böll-Stiftung und dem St. Petersburger Zentrum für Unabhängige Sozialforschung für die finanzielle Unterstützung des Projekts. Für Hilfe und Kommentare während der Forschung bin ich Dr. Elena Zdravomyslova sehr dankbar. Vielen Dank an Julia Obertreis, Vera Trappman und Julia Meichsner für ihre freundliche Hilfe bei der Sprachkorrektur des Textes.

2   Ich habe selbst Interviews durchgeführt und auch Interviews aus den Archiven des St. Petersburger Wissenschaftlichen Informationszentrums „Memorial" und des Zentrums für Unabhängige Sozialforschung benutzt.

1993). Bisher hat sich aber niemand auf den Alltag einer Untergrundorganisation mit seinen speziellen Anforderungen und geschlechtsspezifischen Aufteilungen konzentriert. Auch die Unterschiede in der retrospektiven Präsentation der politischen Biografien der beteiligten Männer und Frauen ist bisher kaum untersucht worden. In der Forschung wurden bisher nur Memoiren und Lebensgeschichten einzelner Teilnehmer als Quellen herangezogen. Das vorliegende Forschungsprojekt befaßt sich in erster Linie mit den politischen Biografien von weiblichen Dissidenten. Wie generell in Rußland waren sie so gut wie immer die Verantwortlichen, wenn es darum ging, Probleme des Alltags zu lösen. Deshalb sind Interviews mit diesen Frauen besonders geeignet, zu erfassen, was es hieß, in Opposition zur Sowjetunion zu stehen und zugleich eine Ehe zu führen, Kinder und einen Beruf zu haben.

Der Widerstand gegen das sowjetische Regime kann nur für die Jahre zwischen 1956 und 1985 als soziale Bewegung bezeichnet werden (vgl. Voronkov 1993, S. 939). Der Beginn sowie das Ende der Dissidentenbewegung sind sehr eng mit der Geschichte Rußlands verbunden. Ihren Anfang hatte sie mit der Rede N. Chruschtschows auf dem XX. Parteitag der KPdSU (1956) und der sich daran anschließenden „Tauwetterperiode", die Ende der achtziger Jahre mit der Perestroika von Gorbatschow endete. Eine der Besonderheiten dieser Bewegung war ihre ideologische Mannigfaltigkeit. Aleksandr Daniel (1998, S. 112) beschreibt die Dissidentenbewegung als Summe mehrerer Bewegungen und einzelner Protestaktionen. Sie schloß verschiedene ideologische Richtungen ein: nationale, religiöse, politische (inkl. Marxistengruppen, Sozialisten, Russische Rechte, Wirtschaftsliberale, Menschenrechtskämpfer u.a.), Emigrations- und Gewerkschaftsbewegungen.

„Ungeachtet der Buntheit der ideologischen Standpunkte, die die verschiedenen Gruppen vertraten, und unabhängig davon, ob das Regime von rechts oder von links attackiert wurde, war die Widerstandsbewegung insofern einheitlich, als ihr Hauptziel eben in der Untergrabung des Ideologie- und Politikmonopols der Kommunistischen Partei bestand." (Voronkov 1993, S. 940)

Zur Dissidentenbewegung gehörten alle diejenigen, die nicht nur unabhängige politische Meinungen hatten, sondern diese auch vertraten bzw. manifestierten, indem sie an Aktionen teilnahmen, die vom sowjetischen Regime nicht geduldet wurden. Zu diesen Aktionen zählten Handlungen wie die „Veröffentlichung" von Selbstgeschriebenem oder von Büchern und Artikeln vertriebener oder im Untergrund lebender Dichter und Schriftsteller (die sogenannte *Samizdat*)[3]; das Verbreiten von Flugblättern und die Organisation regelmäßiger Treffen usw. .

Dissidentenbewegungen existierten nur in größeren Städten, wobei die Zentren in Moskau und Leningrad lagen. Die Dissidentenkreise der beiden Großstädte standen in enger Verbindung miteinander und hatten ähnliche Ziele. Sie arbeiteten in vielerlei Hinsicht zusammen, und die Leningrader Bewegung kann als „Ableger" der Moskauer betrachtet werden. Aber es gab auch Unterschiede (vgl. Alekseeva 1984), die sich in unterschiedlichen Aktivitäten der oppositionellen Kreise niederschlugen: Moskauer Dissidenten hatten bessere Verbindungen zu westlichen Journalisten, und so war es leichter für sie, ihre Aktionen publik zu machen. In Leningrad war es schwieriger, eine vergleichbare Öffentlichkeit herzustellen. Deshalb waren hier die Vorsichtsmaßnahmen umso wichtiger. In Moskau hatte die Mehrheit der Proteste politische Ziele. Meistens ging es um die fehlenden Menschenrechte innerhalb der UdSSR. In Leningrad hingegen setzten sich viele Oppositionskreise mit den Eingriffen in die Kunst, in philosophische und soziale Theorien sowie in die Literatur auseinander. Einen Schwerpunkt der dortigen Dissidentenaktivitäten bildeten dabei die halböffentlichen Diskussionen in Samizdat oder Seminare in Privatwohnungen über verbotene/unbekannte russische, westeuropäische, amerikanische und orientalische Kulturen.

Die Organisationsstruktur der Bewegung war in Leningrad und Moskau sowie in den verschiedenen Perioden unterschiedlich. Sie entwickelte sich von einzelnen Untergrundgruppen in den fünfziger Jahren bis zu einem integrierten Milieu in den siebziger Jahren.

„Zu Beginn traten lediglich kleine Gruppen oder einzelne Personen in Erscheinung, die auch nur vereinzelte Protestaktionen durchführten. Die nächste Phase kann mit dem Er-

---

3 Zu *Samizdat* siehe Dolinin V./Ivanov B. 1993.

scheinen der ‚Chronik der laufenden Ereignisse'[4] gegen Ende der 1960er Jahre datiert werden. Zu dieser Zeit knüpfte sich mit Hilfe der ‚Chronik' nach und nach ein Informations- und Kontaktnetz für die bisher vereinzelten Teilnehmer von Protestaktionen – die Voraussetzung für die Bildung eines ‚kollektiven Akteurs'." (Voronkov 1993, S.941)

Ein anderer wichtiger Faktor bei der Entstehung der Infrastruktur war das Hilfsnetz für die politischen Gefangenen und ihre Familien. Der Empfang von privaten Spenden und deren Verteilung an die Familien der Verhafteten, die Koordination der Solschenizyn - Stiftung[5] und die Organisation anderer immaterieller Hilfsformen sicherten das Überleben der Verfolgten.

Dissidentenbiografie: Sozialisation und das Spezifische der Lebenserfahrung

Sozialisation

Die späteren Mitglieder der Leningrader Bewegung wurden sowohl in der Stadt als auch in der Provinz geboren. Sie stammten aus Intelligenzija-, Arbeiter-, Militär-, Bauern- und anderen Familien. Kurzum, ihre soziale Herkunft war ganz unterschiedlich. Erlebnisse, Ereignisse und Begegnungen während der sekundären Sozialisation erwiesen sich in meiner Untersuchung als zentraler und verbindender als die soziale Herkunft. Politische Ereignisse in Russland und in der Welt prägten die Weltanschauung der

---

4 Die „Chronik der laufenden Ereignisse" war ein Informationsbulletin der Dissidentenbewegung. Darin wurden Informationen aus den politischen Lagern publiziert sowie alle wichtigen Ereignisse aus dem Dissidentenmilieu. Die „Chronik" diente den Dissidenten als Informationsnetz.

5 Die Solzschenizyn-Stiftung war eine von dem Schriftsteller Solschenizyn begründete Spendensammlung und hatte zum Ziel, Dissidenten zu unterstützen. Meist half die Stiftung den Familien der politischen Gefangenen. Die Verteilung des Geldes wurde von Moskau aus koordiniert, wobei es immer auch einen „Koordinator" in Leningrad gab, der viele andere Helfer hatte. Zahlreiche Frauen von aus politischen Gründen Verhafteten bekamen Hilfe und haben auch selbst an der Arbeit der Stiftung teilgenommen.

zukünftigen Dissidenten. Eine große Rolle spielte z.B. die Ungarische Revolution (1956) und der Einfall der russischen Truppen in die Tschechoslowakei (1968). Weiterhin waren auch Bücher und Filme wichtig. Das Wichtigste jedoch war die Teilnahme an verschiedenen informellen Aktivitäten und der Einfluß anderer bekannter Dissidenten. Oft war der Kontakt zu Freunden, denen man vertraute und die schon an der Bewegung teilnahmen, der wichtigste Anstoß für die eigene Beteiligung.

Die Teilnehmer der Dissidentenbewegung werden in der Forschung oft in zwei Generationen (vgl. Mannheim 1970) aufgeteilt, die sich in soziologischer und kultureller Hinsicht voneinander unterscheiden.[6] Die Interviews zeigen die Unterschiede zwischen den beiden Generationen sehr deutlich: Die Vertreter der älteren Generation, meist in den dreißiger Jahren geboren, begannen ihre Teilnahme an der Bewegung als Leiter oder Mitglieder von Untergrundgruppen Ende der Fünfziger, Anfang der sechziger Jahre. Sie hatten eine höhere Ausbildung, waren beruflich aktiv und erfolgreich und nahmen am öffentlichen Leben der „Tauwetterperiode" teil. Ihre Untergrundaktivität gründete sich auf die Vorstellung, neue progressive Ideologien zu diskutieren und zu verbreiten und gegen die Ungerechtigkeit und Nachteile des gesellschaftlichen Systems protestieren zu können und zu wollen. Die Gefahr von Verhaftung und Lagerhaft und das Ende der beruflichen Karriere waren ihnen zunächst nicht bewußt, stellten sich dann aber als eine relativ logische Folge des Engagements heraus. Die Vertreter der jüngeren Generation, die in den fünfziger Jahren geboren waren, begannen in den siebziger Jahren, an Protestaktionen teilzunehmen. In dieser Zeit war schon offensichtlich, dass man einen hohen Preis (Verfolgung, Verhaftung) für alle Protestaktionen zahlen mußte. Also wählten sie die Teilnahme an der Bewegung als ihren „Hauptberuf". Viele von ihnen strebten trotz ihrer Ausbildung nicht nach professioneller Selbstverwirklichung und hatten Arbeitsplätze, an denen man relativ wenig Zeit verbringen mußte und weniger kontrolliert wurde als anderswo.

---

6 Über Dissidentengenerationen siehe die Artikel von Daniel (1998); Voronkov (1993) und Chuikina (1996).

Die Besonderheiten des Dissidentenalltags

Die ständig bestehende Gefahr, verhaftet zu werden und die Erfahrung der Lagerhaft führten dazu, dass alle Protestierenden zu Außenseitern der Gesellschaft wurden. Das war ein wichtiger Faktor der Solidarität der Dissidenten sowie ein Unterscheidungsmerkmal zwischen „den Unseren" und „den Anderen" im Dissidentenmilieu. Die „Professionalisierung" der Andershandelnden[7] war der wichtigste Unterschied zwischen Dissidenten und der andersdenkenden Intelligenzija[8]. Als Beispiel sei aus den Erinnerungen eines Dissidenten zitiert:

„Diese Aktivität war mein Leben. 80 Prozent meiner Zeit und manchmal volle 100 Prozent beschäftigte ich mich damit. Das war sozusagen meine Arbeit. Und mit der offiziellen Arbeit verdiente ich nur Geld."

Die Vertreter der andersdenkenden Intelligenzija, die mit vielen Dissidenten bekannt waren, unterschieden sich von den Protestierenden durch ihre berufliche Integration in die Gesellschaft. Ein Interviewpartner erinnerte sich:

„Ich nenne mich nicht Dissident, weil in meinem Leben Andersdenken kein Beruf war. Dissidenten waren Revolutionäre von Beruf. Obwohl ich mit vielen von ihnen bekannt war und wir gute Freunde waren, war ich aber selbst kein Profi. In diesem Sinne befand ich mich in der Nähe vom Dissidententum."

Die Bedrohung durch politische Verfolgung und Verhaftung beeinflusste den Umgangsstil im Dissidentenmilieu. Es gab bestimmte Regeln für den Umgang mit den eigenen unmittelbaren Kampfgenossen und mit anderen Leuten, die an einzelnen Aktivitäten teilnahmen. Sehr wichtig waren dabei die Regeln, die festlegten, was man fragen konnte, was nicht und was man über die Aktivitäten anderer Personen wissen sollte. Die Vertreter der verschiedenen Kreise der Dissidentenbewegung bemühten sich darum, nur eigene Aufgaben zu erledigen und nichts mit den Aktivitäten anderer zu tun

---

7   „Andersdenken" (*inakomyslie*) meint, etwas gegen die sowjetische Ideologie Gerichtetes zu denken. „Andershandeln" (*inakodejstvie*) – etwas gegen sie zu tun.

8   Zu den Grenzen zwischen Dissidenten und anderen andersdenkenden Milieus siehe Tchouikina 1997.

zu haben. Sie konnten gute Bekannte oder Freunde sein, zusammen Tee trinken oder über abstrakte Probleme diskutieren, aber oppositionelle Aktivitäten der anderen wurden nicht besprochen. Ein Dissident erinnerte sich an einen anderen:

„Ich wußte ein bißchen, was er machte, aber wir hatten keine gemeinsame Tätigkeit. Überhaupt keine. Wir haben eben nicht (verbotene) Literatur ausgetauscht. Und das war ganz richtig. Für zwei Leute, von denen jeder so etwas macht, ist es besser, nur Tee zusammen zu trinken."

Sogar im engsten Zirkel der Mitkämpfer wurde der Umgang miteinander vom strengen Rahmen der Disziplin begrenzt. Die Hauptregel bestand darin, so wenig wie möglich über den anderen zu wissen. Dies hing mit möglichen Verhören im KGB zusammen. Eine Frau, die für einen Oppositionellenkreis als Schreibkraft arbeitete, erinnerte sich:

„Wenn meine Freunde etwas besprachen, kam ich und fragte, ob mein Kopf nützlich sein könnte. Sie antworteten ‚Ja' oder ‚Nein'. Wenn sie ‚Nein' sagten, ging ich weg, und ich wußte nicht, wovon die Rede war. In dieser Zeit gab es bei uns so eine Disziplin. Obwohl es nicht ausgesprochen wurde, wußten wir alle: Man sollte sich nicht in irgendwelche Aktivitäten einmischen, wenn es nicht nötig war. Ich dachte, es sei immer besser, etwas nicht zu wissen, sonst würde mich später beim KGB mein Gesichtsausdruck verraten."

Andere Verhaltensregeln betrafen den Kontakt zwischen verhafteten und freien Dissidenten. Beide Seiten sollten während Verhaftung, Verhören und Lagerhaft bestimmten Regeln folgen, die von der älteren Dissidentengeneration formuliert und erprobt worden waren. In Dissidentenkreisen zirkulierten selbst gedruckte Bücher mit Titeln wie „Wie man sich während der Hausdurchsuchung verhält" und „Wie man sich während des Verhörs verhält". Ältere Dissidenten teilten ihre Erfahrungen mit den jüngeren. Es wurden sogar spezielle Seminare zu verschiedenen Themen organisiert. So wurde ein „Ehrenkodex" der Andershandelnden zu einem wichtigen Teil des alltäglichen Wissens im Dissidentenmilieu. Dieser „Kodex" schloss die folgenden Regeln ein:

- nicht mit dem KGB „spielen" (auf Drohungen, Vorschläge, Provokationen nicht reagieren),
- keine Aussagen machen, bei Verhören nicht über die Aktivitäten von Freunden sprechen,

- nicht bereuen, nicht um Begnadigung bitten,
- im Lager nicht mit der Administration zusammenarbeiten, nicht auf eigene Prinzipien verzichten,
- für Menschenrechte kämpfen,
- zwischen „den Unseren" und „den Anderen" unterscheiden, „den Unseren" helfen.

Eine der wichtigsten Regeln war, im Gefängnis und im Lager nicht zuviel an die Probleme der eigenen Familie zu denken, da solche Gedanken schwächer machten und man dann während des Verhörs leichter „gebrochen" werden konnte. Deswegen war auch das Verhalten der Frau oder der Freundin eines Verhafteten während der gerichtlichen Untersuchung sehr wichtig.

Die Rollenverteilung in der Dissidentenbewegung

Bei der Beschäftigung mit den Interviews entsteht oft der Eindruck, dass der Kampf der Dissidenten gegen das Regime und den KGB Ähnlichkeiten mit einem Partisanenkrieg hat. Nicht selten verglichen sich die Dissidenten selber mit „Revolutionären", und sie sahen sich selbst als „Kämpfer" gegen das System und beschrieben ihr Verhältnis zum KGB oft als immerwährenden „Kampf".

Diejenigen, die zur Nachkriegsgeneration gehörten, waren mit der Literatur und den Filmen über die revolutionäre Bewegung zu Anfang des Jahrhunderts aufgewachsen. Sie wurden unter dem Eindruck des Zweiten Weltkrieges und der Erzählungen von Abenteuern und Siegen sowjetischer Helden aus dieser Zeit – realer oder fiktiver – groß. Aber sie lasen auch verbotene Bücher, die von den Opfern des sowjetischen Regimes handelten – wie zum Beispiel den Gefangenen während der Stalin-Zeit – und die von Dissidenten als *Samizdat*-Publikationen weitergeleitet wurden. Im Unterschied zu ihren Zeitgenossen waren sich die Dissidenten nicht nur dieser „Helden", sondern auch der „Opfer" bewußt und nutzten auch deren Erfahrungen.

In der Dissidentenbewegung – in Untergrundgruppen der fünfziger wie auch in oppositionellen Kreisen der siebziger Jahre – bestand eine klare

Rollenverteilung. Die Aktivitäten der Mitglieder konnten in Tätigkeiten an der „Front" und im „Hinterland", also eher im Hintergrund, unterschieden werden. Zu den „Fronttätigkeiten" können solche Protestaktionen oder Beschäftigungen gezählt werden, deren Autoren oder Ausführende leichter identifiziert werden konnten. Die Aktivisten (beispielsweise die Autoren von Artikeln in selbstgedruckten Zeitschriften oder die Redakteure und „Herausgeber" dieser Zeitschriften) waren bereit, die Verantwortung und Konsequenzen ihres Protestes zu tragen. Die Tätigkeit im „Hinterland" hatte mehr mit der Infrastruktur der Bewegung zu tun und beinhaltete die Unterhaltung und Erhaltung wichtiger Informations- und Hilfsnetzwerke. Die Aktivisten des „Hinterlandes" waren nicht so leicht zu identifizieren, da ihre Aufgaben keine Autorenschaft verlangten.

Die Tätigkeiten an der „Front" wurden überwiegend von Männern wahrgenommen, die Tätigkeiten im „Hinterland" meist von Frauen. In einer Dissidentenfamilie wurde meistens der Mann verhaftet, während die Frau mit den Kindern zu Hause blieb. Aufgrund dieser Rollenverteilung der Bewegung zahlten die Männer einen höheren Preis für die Protestaktionen. Die Frauen erledigten aber die nicht ambitionierten Arbeiten. Diese Rollenverteilung wurde zum einen von Dissidenten selbst eingeführt und auch anerkannt, zum anderen festigte sie auch der Staat, da Frauen, die Kinder hatten, in der Regel nicht verhaftet wurden. Im Folgenden möchte ich ausführlicher auf die Aufgaben der Frauen eingehen.

Die Arbeiten von Frauen

1. Schreibkräfte

Die Hauptaufgabe vieler Frauen bestand darin, Artikel für selbstgedruckte Zeitschriften und Bulletins abzutippen. Für jede Ausgabe war eine eigene Sekretärin tätig. Eine der Befragten bemerkte: „Die Besonderheit der Frauen in dieser Bewegung war, dass sie von morgens bis abends an den Schreibmaschinen saßen und tippten". Manchmal wurden diese Arbeiten bezahlt, aber in den meisten Fällen erledigten die Frauen sie kostenlos. Diese Arbeit hatte zentrale Bedeutung für die Existenz des Informationsnetzes der Bewegung.

2. Informationsträgerinnen und Verbindungsleute

Eine andere typische Aufgabe von Frauen war die Herstellung der Verbindung der Dissidentenbewegung zu den westlichen Ländern und zu den Lagern und Gefängnissen. Die Frauen brachten beispielsweise von den Treffen mit ihren inhaftierten Männern heimlich Beschreibungen der Lebensbedingungen im Lager mit, die dann in den Informationsblättern der Dissidenten veröffentlicht wurden.

Ebenso war es Aufgabe der Frauen, Briefe und Päckchen ins Lager zu schicken. Nicht nur die Männer, die eine Familie hatten, sondern auch alleinstehende Männer erhielten Pakete. Für diese Päckchen wurden Spenden von Angehörigen des Kreises gesammelt. Manche Frauen gaben sich auch einfach als Schwester oder als Braut eines Gefangenen aus, um zu einem Rendezvous ins Lager fahren zu können.

Ein anderer wichtiger Informationsstrom ging in das westliche Ausland. Informationen über politische Verhaftungen in der UdSSR, die im westlichen Rundfunk gesendet wurden, machten die Namen der Dissidenten und ihrer Aktionen sowie Nachrichten von Verfolgungen und Lagerereignissen der Weltöffentlichkeit bekannt.

3. Hauswirtinnen der „Offenen Heime"

Das dritte Betätigungsfeld der Frauen war die Führung sogenannter „offener Heime". Der Ausdruck „offenes Heim" wurde oft von den Befragten selbst benutzt. Sie meinten damit, dass andere Leute – einfach Freunde oder „Kollegen" aus der Untergrundbewegung – einmal oder mehrmals in der Woche zu Veranstaltungen in Privatwohnungen eingeladen wurden. Diese Zusammenkünfte fanden in der Regel abends statt. Das Phänomen des „offenen Heimes" war dabei nicht nur typisch für die Dissidentenbewegung, sondern auch für andere Milieus, insbesondere für die sogenannte *Intelligenzija*. Da die freie Meinungsäußerung verboten war, hatten diese Zusammenkünfte die Funktion einer Quasi-Öffentlichkeit oder Halb-Öffentlichkeit, in der frei und offen diskutiert werden konnte (vgl. Voronkov und Miethe in diesem Band). Für die Dissidentenbewegung waren sie von besonderer Bedeutung. In den eigenen Wohnungen wurden Flugblätter geschrieben und vervielfältigt, Artikel geschrieben und getippt, Seminare organisiert usw.. Die „offenen Heime" der Dissidentinnen oder, anders ausgedrückt, die privaten Wohnungen waren der unverzichtbare öffentliche Raum der Bewegung.

Eine lebenswichtige Aufgabe, die die Hauswirtinnen erledigten, war die Hilfeleistung für Verhaftete sowie die Unterstützung ihrer Familien. Deswegen dienten manche Wohnungen auch als Hilfszentren. Zum Beispiel konnte man zu manchen Wohnungen direkt vom Lager aus kommen und einige Tage dort wohnen und manchmal auch materielle Hilfe bekommen. Eine Befragte erinnerte sich an eine der Wohnungen:

„Dissidenten, die dieses Heim kannten, kamen ohne Kleidung dorthin, barfuß und hungrig. Die Hauswirtin diente nur als ‚Schattenkabinett'. Sie selbst nahm nie an Protestaktionen teil. Aber sie half den politisch Verhafteten. Sie verköstigte sie, bewirtete und bekleidete sie, gab ihnen etwas Geld (...) Wie sie das alles schaffte, wusste ich nicht, niemand hätte damals nach solchen Sachen gefragt."

Die Hauswirtin einer anderen Wohnung erzählte, dass sie zu Hause ein Lager an gespendeter, gebrauchter Kleidung hatte, die den Frauen und Kindern verhafteter Dissidenten zur Verfügung gestellt wurde.

Die Wohnungen von Schreibkräften, die zu den Informationsbulletinskreisen Verbindung hatten, dienten als Untergrund-„Informationszentren". Zu ihren Adressen wurden oft kleine Zettel aus den Lagern gebracht, die die letzten Ereignisse dort beschrieben. Die Frauen tippten diese Informationen ab und gaben sie häufig nach Moskau weiter.

Einige unterhielten zu Hause Zentren zum Verbreiten verbotener Literatur. Fast alle russischen Bücher, die nur im westlichen Ausland veröffentlicht wurden oder nur als Manuskript existierten, zirkulierten zwischen solchen Wohnungen. Während der Hausdurchsuchungen wurde solche verbotene Literatur dann eingezogen. Normalerweise lag ein Buch kurz in der Wohnung und wurde dann von den „Bibliotheksbesitzern" an andere Leuten weitergegeben, die es kopierten. Eine „Bibliothekarin" erinnerte sich:

„Die Bücher wurden mir für sehr kurze Zeit gegeben, aber viele, sehr viele Leute wollten sie lesen. Ich habe die Bücher meinen Bekannten gegeben, und sie haben das alles sehr intensiv kopiert, entweder auf Schreibmaschinen oder mit Kopierern. Viele Leute warteten auf die Bücher."

Wer die neuen Bücher hatte, war nur den Besitzern solcher Bibliotheken bekannt. Sie blieben auch meistens „im Schatten" und hatten mit anderen Protestaktionen nichts zu tun.

Viele Wohnungen dienten als reguläre Treffpunkte oder als Seminarräume. Das war nicht nur für das Dissidentenmilieu, sondern auch für Intelligenzija- und Alternativkulturmilieus sehr typisch. In solchen Wohnungen wurden Seminare, Poesieabende, Ausstellungen und Zirkel organisiert. Im Dissidentenmilieu hatten solche Treffen eine radikale kulturelle oder politische Orientierung.[9]

Die Motivation für das Leben im Dissidentenmilieu und die Geschlechterverhältnisse in der Bewegung

Im vorhergehenden Abschnitt wurde aufgezeigt, dass die im Dissidentenmilieu aktiven Frauen Arbeiten übernahmen, die zwar für das Bestehen der Infrastruktur der Bewegung unerlässlich waren, jedoch wenig beachtet wurden. Aber warum wollten sie an der Bewegung teilnehmen und solche Arbeiten verrichten? Was motivierte sie dazu, solch ein Leben zu wählen?

Für die Mehrheit der Befragten war ein ideologischer Beweggrund, nämlich die Ablehnung des sowjetischen Systems und die Suche nach Reformen, sehr wichtig. Dies war aber nicht der Hauptgrund für die Teilnahme an antisowjetischen Aktivitäten. Viele Frauen sagten, dass sie selbst keine Ideen hatten, wie die Gesellschaft zu verändern sei und welche Protestaktionen organisiert werden sollten. Das wichtigste Motiv war für sie der Wunsch, ihren Männern oder Freunden, die Ideologen, Autoren und Organisatoren der Aktionen waren, zu helfen. Viele der Interviewten gaben an, dass nicht

---

9 Zu einem berühmten Leningrader Hausseminar siehe die Memoiren von Tatiana Goritschewa (1984).

die Ideen selbst sie motivierten. an den Aktionen teilzunehmen, sondern die Solidarität mit den Anführen, die ihnen diese Ideen erläuterten. Eine Angehörige einer Untergrundgruppe erinnerte sich:

„Ich vertraute meinen Freunden. Während unserer Diskussionen hörte ich mehr zu, als dass ich sprach. Meine Freunde waren theoretisch gut vorbereitet. Sie sagten, die Sowjetunion sei ein totalitäres Regime, das die Persönlichkeit unterdrückt. Sie waren sehr versierte Theoretiker, und natürlich glaubte ich ihnen vieles und konnte und wollte ihnen helfen. Ich wusste, dass sie reine, selbstlose Leute waren. Das Ziel ihres Lebens war das Gemeinwohl. Also, vieles lag im Vertrauen begründet."

Das zweite wichtige Motiv für die Teilnahme war die sogenannte relative Entrechtung, z.B.

„Unzufriedenheit wegen des individuellen beruflichen und/oder sozialen Status, hervorgerufen durch die Diskrepanz zwischen Erwartungen und Ansprüchen und den Möglichkeiten, sie auch zu befriedigen." (Voronkov 1993, S.947)

Manche Frauen suchten in der Dissidentenbewegung „berufliche" Selbstverwirklichung oder einen Kreis, der eine nicht vorhandene Familie ersetzen konnte. Die Belohnung für die Mitarbeit war für sie der Umgang mit beeindruckenden Persönlichkeiten – „ironischen", „intellektuellen", „echten Helden" – wie in dem Interview gesagt wurde. Die Frauen fühlten sich durch die Arbeiten, die sie erledigten, weitestgehend nützlich und unersetzlich. Die Tätigkeit „im Schatten" bot die Möglichkeit, sich um die Kinder zu kümmern. Nach der Verhaftung des Mannes half die gegenseitige Unterstützung unter den Dissidenten, alltägliche Probleme zu lösen.

Einige Dissidentinnen, die in der Bewegung die Verwirklichung ihrer ideologischen oder literarischen Ambitionen suchten, waren mit einer solchen Rollenverteilung nicht zufrieden. Ende der siebziger Jahre formierte sich in Leningrad ein kleiner feministischer Kreis,[10] der sich als „feministische Bewegung" bezeichnete und aus der Dissidentenbewegung hervorging. Eine Vorstellung von der Ideologie dieser „feministischen Bewegung" geben die selbstgedruckten Zeitschriften *Frau und Russland* (1979) und *Maria*

---

10 Zu dieser Bewegung siehe: Holt 1985, S. 237-265; Schmitt 1997, S. 99-109 und Koebberling 1993, S. 77-82.

217

(1980–82).[11] In diesen Zeitschriften wurde die sowjetische Gesellschaft im Allgemeinen kritisiert, doch die Mehrheit der Artikel behandelte verschiedene aktuelle Themen, z.B. Beziehungsprobleme zwischen Frauen und Männern, Familienprobleme, Kindererziehung, alleinerziehende Mütter und Väter, Abtreibung, Geburt, sexuelle Gewalt, Frauen im Gefängnis, Obdachlose usw.. Anfangs war es das Ziel der neugeborenen „feministischen Bewegung", über verschwiegene Probleme der sowjetischen Menschen, insbesondere der Frauen, zu diskutieren und zu schreiben. Später entwickelten die Feministinnen eine eigene philosophische Ideologie. Der „Christliche Feminismus" suchte nach dem Ursprung der geistlichen Krise von sowjetischen Frauen und Männern. Die Feministinnen proklamierten, die russische Frau könne zum Träger der geistlichen Wandlung ihrer selbst und der Welt werden. Um diese Mission zu vollbringen, solle sie zu den christlichen Werten zurückkehren. Als Symbol der Bewegung wurde die Gottesmutter gewählt, und die Zeitschrift und der Klub der Feministinnen wurden *Maria* genannt.

Die Feministinnen, von denen die Mehrheit aus der Dissidentenbewegung stammte, forderten diese heraus. In manchen Artikeln klagten sie die „dreifache Belastung" (Berufsarbeit, Arbeit für die Bewegung, Familiensorgen) der Dissidentinnen an und kritisierten die ideologische Richtung der selbstgedruckten Zeitschriften, die ihrer Meinung nach zu weit von aktuellen Problemen entfernt waren, keinen Raum für die Werke weiblicher Autoren boten und sich nur an einen sehr engen Leserkreis wandten. Die „feministische Bewegung" existierte ungefähr drei Jahre, bis deren Begründerinnen in das westliche Ausland ausgewiesen wurden. Das war damals der einfachste Weg für die politische Führung, diese Frauen loszuwerden, denn die Inhaftierung insbesondere von Frauen löste damals weltweite Proteste aus. Der Leningrader Feminismus war ein bedeutendes Kapitel in der Geschichte des Dissidententums. Es gelang ihm aber nicht, die Rollenverteilung in der Dissidentenbewegung in Frage zu stellen.

---

11 Diese Zeitschriften wurden später im Westen in Russisch und zum Teil in Englisch veröffentlicht (vgl. z.B. Mamonova 1981).

Alle Dissidenten waren überzeugt davon, dass die deutliche geschlechtsspezifische Arbeitsteilung mit der Aufteilung in „ambitionierte" und „nichtambitionierte" Arbeiten das Fortbestehen der Bewegung sicherte. Die Teilnehmer hatten eigene Vorstellungen von den Normen der männlichen und
weiblichen Erfahrung. Ein Teilnehmer erinnerte sich:

„Wir waren sehr an diesem Prozess interessiert. Ob wir Verhöre aushalten können, und wie.
Wir waren von dem Archetypus der Dissidentenbewegung infiziert, und wir wollten durch
das alles gehen, um uns selbst als Mensch zu fühlen."

Die Frauen hatten eine andere Einstellung zu den „Normen":

„Wenn ein Mann verhaftet ist, ist das nicht so furchtbar. Aber wenn die Frau selbst verhaftet ist, ist das furchtbar und unnormal. Wenn sie beim Kind bleibt, ist das natürlich."

Der Erfolg der gemeinsamen Tätigkeit hing meistens von den privaten Beziehungen und dem gegenseitigen Vertrauen ab. Das Dissidententum konnte
nicht das Privatinteresse von einzelnen Familienmitgliedern sein, sondern es
war fast immer eine Familienbeschäftigung. Alleinstehende Dissidenten
wollten einen Ehepartner finden, der/die auch Mitkämpfer/in sein sollte.
Während der Interviews erinnerten sich ehemalige Angehörige der Bewegung nicht ohne Ironie: „Ich habe nicht eine Frau, sondern eine Mitkämpfe-
rin gesucht und gefunden", „eine Ehepartnerin – das war eine Kampfgenos-
sin – mit der ich gemeinsame Kinder hatte", oder „die Frauen waren in erster Linie Kameraden. Und auch wenn sie nicht mehr die Ehegattinnen waren, so blieben sie trotzdem Kameraden". Private und gesellschaftliche Fragen wurden so eng miteinander verwoben, dass in den Interviews manchmal
Entscheidungen des eigenen Privatlebens mit Zielen der Bewegung erklärt
wurden. Zum Beispiel erinnerte sich eine Frau:

„Wen heiraten, das war auch noch eine Frage. Weil ein Freund von mir, O.W., auch keine
Frau hatte. Niemand hatte das Recht, zu ihm zu Besuch ins Lager zu gehen. Die offizielle
Ehe mit dem Mann gab natürlich das Recht, den Ehepartner im Gefängnis unter vier Augen
zu sprechen, sonst hatte man nur einen Anspruch auf ‚gemeinsamen Besuch'[12]. Ohne Ehe

---

12 Ein „gemeinsamer Besuch" (*obschee svidanie*) war ein Besuch für zwei bis drei Stunden, zu dem alle Bekannten kommen konnten. Ein „persönlicher Besuch" (*litschnoe
svidanie*) war nur für Verwandte. Eine Frau oder eine Mutter hatte das Recht, ein- bis
zweimal im Jahr für zwei Tage ins Lager zu kommen und dort zu leben.

war ein ‚persönlicher Besuch' nicht gestattet. Nur auf diese Weise war es möglich, Informationen zu bekommen und zwei Tage den Mann mit guter Nahrung zu versorgen."

Ein berühmter Dissident erinnert sich in seinen Memoiren, wie er, als er fühlte, dass er bald verhaftet wird, nach einer „Frau" suchte:

„Ein weiteres Problem bestand darin, unter Moskauer Bekannten eine Scheinverwandte zu beschaffen, der nach der Verhaftung das Recht zustehen würde, sich um mich zu kümmern, mit meinem Anwalt zu sprechen und die Erlaubnis zu beantragen, mich im Gefängnis zu besuchen. Eine sehr nette unverheiratete Bekannte von mir, Irina B., erklärte sich bereit, meine Scheinfrau zu werden. Wir sind zum Standesamt gegangen, um unsere Ehe zu schließen. Dadurch bekam unser Verhältnis einen offiziellen Charakter." (Martschenko 1993, S. 368)

Demnach gab es eine Übereinstimmung bezüglich der Rollenverteilung zwischen Männern und Frauen: Ein Mann war bereit, verhaftet zu werden, und er war ganz sicher, dass er im Lager von der Frau unterstützt werden würde. Eine Frau wusste, dass sie ins Lager zu Besuch gehen musste und dass sie nach der Verhaftung des Mannes die Hilfe, die möglich war, vom Freundeskreis bekommen würde.

„Ich war keine Dissidentin": Konstruktionen politischer Biografien ehemaliger Dissidentinnen in den neunziger Jahren

Während der Untersuchung fiel mir ein interessanter Aspekt in den Erzählungen der Dissidentinnen auf. Obwohl die Frauen sehr ausführlich über ihre Tätigkeit und alle Umstände der Teilnahme an der Bewegung sprachen, lehnten sie sich gegen meine sprachliche Beschreibung ihrer Erfahrung auf. Sie wiesen solche Ausdrücke wie „Dissidentin", „Bewegung" oder „Teilnahme an Protestaktionen" zurück. Sie erklärten, obwohl sie „an der Dissidentenbewegung teilgenommen haben", würden Ausdrücke wie diese ihre damalige Tätigkeit nicht beschreiben. Eine der ersten Frauen, die ich anrief und sagte, dass ich mich für die Teilnahme an politischen Protesten interessiere, lehnte es ab, mit mir zu sprechen und zwar mit der Begründung, sie hätte nichts mit politischen Protesten zu tun gehabt. Tatsächlich hatte sie aber aktiv in einer Gruppe mitgearbeitet, wurde sogar verhaftet und verbrachte drei Jahre im Lager. Später wurde ich vorsichtiger in meinen Formulierungen, habe aber oft von meinen Gesprächspartnerinnen gehört, sie seien keine Dissidentinnen gewesen.

Zum Teil wird dieses Phänomen von Aleksandr Daniel (1998) erklärt. Als junger Mann und Sohn eines berühmten Dissidenten hat Daniel in den siebziger Jahren eine Umfrage unter Dissidenten durchgeführt, bei der sich zeigte, dass keiner der Teilnehmer an Protestaktionen sich zur Dissidentenbewegung zählte. Sie alle bezeichneten aber andere als Dissidenten. Daniel erklärt dieses Phänomen als eine Besonderheit dieser Subkultur. Das Dissidententum, so Daniel, sei eine Kultur, die sich den Definitionen entziehe. Die Gründe für den Protest der Frauen gegen solche Bezeichnungen gehen noch tiefer. Sie haben ihre Wurzeln sowohl in den Besonderheiten der Subkultur des Dissidententums und der Motivation für die Teilnahme daran als aber auch in der russischen Genderkultur.

Das Erste, was die Selbstbestimmung der Frauen beeinflusste, war die Rollenverteilung in der Bewegung. Obwohl alle Dissidenten Definitionen entgehen wollten, war die Definition der „echten Dissidenten" eindeutig, denn sie setzte die Erfahrung der Lagerhaft voraus. Da die Mehrheit der Frauen keine politischen Gefangenen waren, konnten sie sich nicht als „echte Dissidenten" fühlen und bezeichnen. Dreißig Jahre lang wurden keine Worte der Anerkennung und Ermutigung für die weiblichen Arbeiten „im Schatten" gefunden. Wenn Frauen die Lagerhaft erlebten, haben sie ein anderes Verhältnis zu dieser Erfahrung als Männer. Fast alle Männer erinnerten sich an die Lagerperiode als eine der interessantesten in ihrem Leben. In Lagern für politische Gefangene gab es viele junge Intellektuelle. Oft wurden dort Zirkel formiert, interessante Themen diskutiert, neue Ideen und Ideologien entwickelt. Die männlichen politischen Gefangenen solidarisierten sich gegen die Lageradministration und kämpften für ihre Rechte. Die Frauenlager unterschieden sich davon deutlich. Die Mehrheit der Frauen in politischen Lagern waren aus religiösen Gründen verhaftet worden. Gläubige und Sektenanhängerinnen hatten andere Interessen und eine andere Weltanschauung als die Dissidentinnen. Meist gab es nur wenige Dissidentinnen in einem Lager, und Themen der Dissidenten wie zum Beispiel Menschenrechte spielten keine Rolle. Manche Frauen waren nach dem Lager krank oder unfruchtbar und konnten keine Kinder mehr bekommen. Deswegen bedauern sie, im Gegensatz zu den Männern, die Lagerhaft erlebt zu haben, und betrachten auch die Tätigkeit, die zur Lagerhaft führte, kritischer.

Ein anderer Grund für die Ablehnung von Definitionen ist in der russischen Genderkultur verwurzelt. Politik wurde und wird als „nichtweibliche" Tätigkeit betrachtet. Wie eine Studie zu heutigen russischen Politikerinnen zeigt, betrachten sich diese mit „normalen" Frauen verglichen aufgrund ihres Berufs als „nicht normal" (Temkina 1996). Auch die Dissidentinnen sagten, dass Politik kein angemessener Tätigkeitsbereich für eine Frau gewesen sei. Deswegen begründete die Mehrheit der Interviewten ihre Teilnahme an den Protestaktionen mit unterschiedlichen Motiven, aber nicht mit dem Wunsch, das sowjetische Gesellschaftssystem zu ändern wie ihre männlichen Mitkämpfer. Sie sagten beispielsweise:

„Die Bestimmung von Frauen ist es, Harmonie in die Welt zu tragen. Und meine Teilnahme an dieser Tätigkeit war auch damit verbunden. Ich wollte immer den Leuten Wärme geben und Hilfe leisten."

Als die wichtigste Bestimmung von Frauen wurden oft Familie und Kinder genannt. Den Widerspruch zwischen diesen Werten und der Teilnahme an der Bewegung, die ein normales Leben verhinderte, erklärten sie mit dem Unwillen oder gar der Unmöglichkeit, in einem anderen Milieu zu leben. Zum Beispiel betonte eine Frau im Interview: „Ich kann nicht sagen, dass ich an etwas teilgenommen habe, das war mein Leben". Eine andere bemerkte: „Das war keine Bewegung, das war ein Gefühl der Freundschaft, ein Gefühl der Wärme und der Hilfeleistung, ein sehr außergewöhnliches Gefühl". Dieses außergewöhnliche Gefühl war das Wichtigste für die Identität der Dissidentinnen.

Nach der Perestroika haben lediglich einige wenige Frauen aus Moskau aus ihrer Dissidentenerfahrung politisches Kapital geschlagen. Keine der interviewten Dissidentinnen hat Selbstverwirklichung in der Politik gesucht. Die Erfahrung der „Schattenarbeiten" wurde vielmehr in anderen Berufen genutzt. Ehemalige Schreibkräfte und Redakteurinnen selbstgedruckter Literatur arbeiten heute in Verlagen, für Zeitungen und Zeitschriften oder beim Radio in Russland und in anderen Ländern, andere arbeiten in wohltätigen

Organisationen. Die Feministinnen wurden als Schriftstellerinnen oder Publizistinnen bekannt.

Im Allgemeinen sind die ehemaligen Dissidentinnen bis heute ihren alten Prinzipien treu geblieben: Sie wenden viel Zeit und Kraft für ihre nichtambitionierte, aber oft als „unersetzlich" empfundene Arbeit auf. Durch diese Tätigkeit sind sie mit Leuten verbunden, die interessante Analysen gesellschaftlicher Prozesse anbieten, denen sie helfen und dadurch das Gefühl haben, zum Erfolg der gemeinsamen Sache beizutragen.

Die Analyse der Lebensgeschichten macht es möglich, die Regeln des alltäglichen Lebens im Dissidentenmilieu zu rekonstruieren und zu beschreiben. Diese Untersuchung hat gezeigt, dass das sowjetische Regime besondere politische Biografien „produziert" hat. Wenn wir die hier vorgestellten Ergebnisse mit Biografien anderer oppositioneller Bewegungen in anderen Staaten vergleichen würden, würde diese Spezifik sicher noch deutlicher hervortreten.

Literatur

Alexeeva, L. (1984): Istoriia inakomyslia v SSSR. Noveischii period. Benson. Vermont (Khronika Press).

Babst, S. (1991): Opposition und Dissens in der Sowjetunion. Dissertation an der Universität Kiel.

Beyrau, D. (1993): Intelligenz und Dissens: die russischen Bildungsschichten in der Sowjetunion 1917 bis 1985. Göttingen (Vandenhoeck & Ruprecht).

Chuikina, S. (1996): The Role of Women Dissidents in Creating the Milieu. In: Rotkirch, A./Haavio-Mannila, E. (Hg.): Women's Voices in Russia Today. Dartmouth (Dartmouth Publ. Comp), S. 189–205.

Daniel, A. (1998): Dissidentstvo – uskolzajuschaja kultura? In: Russia, Heft 1, S. 111–124.

Dolinin V., Ivanov B. (Hg.): (1993) Samizdat. St.Petersburg (WIZ „Memorial").

Goritschewa, T. (1984): Von Gott zu reden ist gefährlich: meine Erfahrungen im Osten und im Westen. Freiburg (Herder).

Holt, A. (1985): The First Soviet Feminists. In: Holland, B. (Hg.): Soviet Sisterhood. Bloomington (Indiana University Press), S. 237–265.

Koebberling, A. (1993): Zwischen Liquidation und Wiedergeburt. Frauenbewegung in Russland von 1917 bis heute. Frankfurt/New York (Campus), S. 77–82.

Leiser, K. (1994): Intellektuelle Opposition seit den 1960-er Jahren und ihr Einfluss auf den Transformationsprozess der Sowjetgesellschaft. Fallstudie Leningrad/St.Petersburg. Berlin (Freie Universität, Diplomarbeit).

Mamonova, T. (Hg.)(1981): Women in Russia: Feminist Writings from the Soviet Union Oxford (Basil Blackwell).

Mannheim, K. (1970): Das Problem der Generationen. In: ders: Wissenssoziologie. Auswahl aus dem Werk. Berlin (Neuwied), S. 509–565.

Martchenko, A. (1993): Zhivi kak vse. Moskau (Vest-Vimo).

Mayring, Ph.(1988): Qualitative Inhaltsanalyse. Grundlagen und Techniken. Weinheim (Deutscher Studien Verlag).

Schmitt, B. (1997): Zivilgesellschaft, Frauenpolitik und Frauenbewegung in Russland. Von 1917 bis zur Gegenwart. Königstein (Ulrike Helmer Verlag), S. 99–109.

Temkina, A. (1996): Entering Politics: Women's Ways, Gender Ideas and Contradictions of Reality. In: Rotkirch, A./Haavio-Mannila, E. (Hg.): Women's Voices in Russia Today. Dartmouth (Dartmouth Publ. Comp), S. 206–234.

Tchouikina, S. (1997): The Boundaries of the Dissident Milieu. In: Voronkov, V./Zdravomyslova, E. (Hg): Biographical Perspectives on Post-Socialist Societies. Petersburg (CISR, Working Papers #5), S. 154–157.

Voronkov, V. (1993): Die Protestbewegung der „Sechziger"-Generation. Der Widerstand gegen das sowjetische Regime 1956-1985. In: Osteuropa. Heft 10, S. 939–948.

224

Kirchliche Funktionseliten in der DDR zwischen Herkunftsprägungen und politischen Herausforderungen: Das Zusammenrücken der Generationen

Hagen Findeis

Dieser Beitrag beschäftigt sich am Beispiel des Wandels der Selbst- und Weltdeutungen von Bischöfen und anderen herausragenden Repräsentanten der evangelischen Kirchen in der DDR mit der Frage, welchen Einfluss die existentiellen Herausforderungen des DDR-Systems für die politische Generationenbildung der DDR hatten. Ausgehend von einem spezifischen kulturellen Kapital der Kirchen zur Bewahrung ihrer Autonomie wird das biografische Widerstandspotential der ehemaligen Kirchenführer gegenüber den Zumutungen der SED-Herrschaft skizziert.[1] Aus der systembedingten Einschmelzung dieses Widerstandspotentials wird die These entwickelt, dass die politische Generationenkonstellation des 20. Jahrhunderts unter den Bedingungen der DDR neu strukturiert worden ist.

---

1 Damit reiht sich der vorliegende Beitrag in eine Tendenz der kirchen- und sozialgeschichtlichen Forschung zur DDR ein, die nach lebensweltlichen und milieuspezifischen Aspekten des kirchlichen und sozialen Lebens fragt. Einen ausführlichen Bericht über den Stand der Forschung zur gesellschaftlichen Rolle der evangelischen Kirchen in der DDR bietet Pollack 1999b.

Die kulturelle Disposition der evangelischen Kirchen in der DDR zu politischer Resistenz

Der Weg der evangelischen Kirchen in der DDR wird bis heute vor allem unter der Alternative Anpassung oder Widerstand beurteilt. Angesichts der Dominanz des Politischen über alle Lebensbereiche in der DDR ist diese Fragestellung durchaus naheliegend. Jeder einzelne, ob Christ oder Nichtchrist, und natürlich auch die Kirche im Ganzen waren zur politischen Stellungnahme unmittelbar herausgefordert. Ob man den Herrschaftsanspruch der SED bekämpfte oder von seiner Notwendigkeit überzeugt war, ob man ihn passiv hinnahm oder versuchte, ihn zu unterlaufen, ihm entziehen konnte man sich nicht, denn dieser Anspruch war ein Angriff auf die Würde jedes einzelnen. Gleichwohl war in Anbetracht des kulturellen Kapitals der Kirchen die Erwartung verbreitet, dass diese sich den politischen Restriktionen des Systems widersetzen würden.

Erstens ist hier auf das kirchliche Selbstverständnis hinzuweisen. Als moralische Anstalten standen die Kirchen unter besonderen Wahrhaftigkeitsanforderungen. Die Möglichkeit, derer sich andere Institutionen und die Mehrheit der Bevölkerung bedienten, mit den Zumutungen des politischen Regimes taktisch umzugehen, nach außen hin etwas anderes zu sagen als man tatsächlich glaubte, stand ihnen von ihrem eigenen Anspruch her nicht offen. Zweitens ist die institutionelle Sonderstellung der Kirchen innerhalb der von der SED durchorganisierten Gesellschaft zu nennen. Sie waren die einzigen Organisationen in der DDR, die nicht in das System des administrativen Sozialismus eingebunden waren. Drittens waren die evangelischen Kirchen aufgrund ihrer milieuspezifischen Dichte, ihrer damit verbundenen Kommunikationskultur sowie besonders aufgrund ihrer politischen Erfahrungen im Kirchenkampf während des „Dritten Reiches" zu politisch widerständigem Verhalten gegen den Totalitätsanspruch des Staates prädisponiert. Dem kirchlichen Interesse politische Verantwortung zu übernehmen, korrespondierte die protestantische Kultur des Wortes, die auch unter den Bedingungen der DDR gepflegt wurde (vgl. Findeis 2000, S. 6ff.).

Nach dem Untergang der DDR war es insofern wenig verwunderlich, dass der Bereich der evangelischen Kirchen das Interesse der politisch interessierten Öffentlichkeit in besonderem Maße auf sich zog. Die Auseinandersetzung um ihre gesellschaftliche Rolle konnte aus der ambivalenten Stellung der Kirchen im Gesellschaftsgefüge der DDR genau an der Bruchstelle zwischen den offiziellen Herrschaftsstrukturen und der informellen Alternativkultur ihren öffentlichen Aufmerksamkeitswert beziehen. Diese Auseinandersetzung folgte weniger einem Interesse an der Erfüllung religiöser Funktionen als der Frage, ob die Kirchen das, was die überwiegende Mehrheit der Gesellschaft der DDR nicht vermochte, zu leisten imstande waren: sich dem totalitären Herrschaftsanspruch der SED zu widersetzen.

Wahrscheinlich kommt den evangelischen Kirchen aufgrund ihrer vergleichsweise autonomen Stellung in der Gesellschaft hinsichtlich der Frage nach den Bedingungen für die Möglichkeit oppositionellen Handelns in der DDR eine Präzedenzfunktion zu.[2] Denn der Umkehrschluss scheint naheliegend. Wenn sich herausstellen sollte, dass selbst dort, wo man eine Ausnahme von der Regel alltagspraktischen Opportunismus unterstellt hatte, der Normalfall, also Anpassung, geherrscht hat, dann wäre damit der Nachweis der politischen Gleichschaltung der DDR-Gesellschaft geführt. Offenbar waren nicht nur die wenigen Intellektuellen und Kirchenleute gemeint, als zu Beginn der neunziger Jahre Kollaborationsvorwürfe gegen bekannte Schriftsteller und Kirchenvertreter ein außergewöhnlich starkes Medienecho fanden. Die tiefere Frage, die mit den politischen Fällen Christa Wolf oder Manfred Stolpe zwar selten gestellt, aber gern beantwortet wurde, war die nach der prinzipiellen Möglichkeit, den existentiellen Zumutungen des DDR-Systems zu widerstehen.

---

2 Die katholische Kirche verfolgte dagegen eine Überwinterungsstrategie. Sie agierte nicht nur strukturbewusster als die evangelischen Kirchen, sondern versuchte auch, die Kontakte zum politischen System der DDR so gering wie möglich zu halten. Damit erreichte sie zwar ein vergleichsweise hohes Maß an innerer Homogenität, ihre gesellschaftliche Wirksamkeit blieb freilich gering. Einen Vergleich der gesellschaftlichen Funktionen zwischen den evangelischen Kirchen und der katholischen Kirche in der DDR bietet Pollack (1999a).

Konzeption der Studie

Wenn es richtig ist, dass die Vertreter des politischen Systems jede Handlung im System unter dem Gesichtspunkt beurteilten, ob sich in ihr Zustimmung oder Widerspruch ausdrückt, und wenn es zugleich richtig ist, dass die Kirchenvertreter unter dem nicht politisch, sondern theologisch begründeten Anspruch standen, letztlich stets den Willen Gottes zu befolgen, dann ist anzunehmen, dass sich durch ihre gesamte Lebensgeschichte in der DDR, und zwar unabhängig von allen politischen und kulturellen Veränderungen, ein Widerspruch zog: der Widerspruch zwischen den Erwartungen des Systems und den Handlungsprinzipien der Kirchenvertreter.

Der damit verbundene Konflikt wird auf der Basis einer Sozialisationshypothese untersucht, der zu Folge die führenden Männer der evangelischen Kirchen aufgrund ihrer biografischen Prägungen im Elternhaus, in der Schule und im Studium mit einem sozialen Kapital ausgestattet wurden, das in hohem Maße ihren Umgang mit den politischen Repressionen des DDR-Regimes bestimmte. Die Frage nach Anpassung oder Widerstand der Kirchen ist damit nicht einfach aufgegeben, allerdings wird ihre politische Engführung aufgebrochen, indem die Analyse durch vorpolitische Dimensionen, vor allem lebensgeschichtlich und alltagskulturell erworbene Prägungen und habituelle Eigenarten angereichert wird. Die wichtigste Quellengrundlage dafür bilden siebzehn biografische Leitfadeninterviews, die ich gemeinsam mit Detlef Pollack zwischen 1994 und 1997 mit ehemaligen Bischöfen und anderen führenden Repräsentanten der evangelischen Landeskirchen in der DDR geführt habe (vgl. Findeis/Pollack 1999).

Die an die Kirchenführer gerichteten Fragen bezogen sich im Anschluss an die offene Eingangsfrage nach prägenden politischen Ereignissen und Erfahrungen auf die soziale Stellung ihres Elternhauses, die geistigen, spirituellen und politischen Prägungen, die sie in Elternhaus und Schule erfahren haben, auf Lektüreeinflüsse, die Anregungen während ihres Studiums und den Einfluss ihrer theologischer Lehrer sowie auf zeitgeschichtliche Erfahrungen, die sie etwa mit der Weimarer Republik, dem „Dritten Reich", dem Ende des Zweiten Weltkrieges, der Verfestigung der kommunistischen Herrschaft nach 1945, dem Volksaufstand vom 17. Juni 1953, dem Bau der Berliner Mauer 1961, dem Prager Frühling 1968 oder der Wiedervereinigung gemacht haben. Außerdem fragten wir sie nach ihren Kontakten zu staatlichen Repräsentanten, nach den Konflikten, die sie mit Vertretern des Systems auszutragen hatten und den Vereinbarungen, die sie mit ihnen aushandelten, sowie weitergehend nach ihrer Einstellung zum Sozialismus, zur Marktwirtschaft, zur Demokratie und zur modernen Industriegesellschaft. Wir haben nicht in jedem Interview alle Fragen gestellt, denn es handelte sich um relativ offene Gespräche, die dem freien Erzählen viel Raum lassen wollten (vgl. Findeis/Pollack 1999, S. 9ff.).

Mit einer Ausnahme stammen unsere Gesprächspartner allesamt aus bürgerlichen Verhältnissen. Etwa die Hälfte von ihnen waren Söhne von Kirchenbediensteten, in der Regel Pfarrern. Insgesamt weisen die Elternhäuser eine überwiegend bildungsbürgerliche Ausrichtung aus.

Exkurs: Generationenspezifische Einordnungen

Die Kirchenleute gehören den Jahrgängen 1906 bis 1936 an. Damit lassen sie sich in der eingespielten politischen Generationenfolge der deutschen Gesellschaft, wie sie sich vor dem theoretischen Hintergrund eines an Karl Mannheim orientierten Konzepts der Primärsozialisation (vgl. Mannheim 1964a) entwickelt hat, drei distinkten Generationsgestalten zuordnen[3]: Es sind dies die Weimarer Jugendgeneration, also die Jahrgänge 1906 bis ca. 1920, die in den Jahren bis 1930 geborenen Angehörigen der Hitlerjugend- und Flakhelfer-Generation sowie die in den dreißiger Jahren geborene Zwischengeneration der sogenannten weißen Jahrgänge, die ich die unbefangenen[4] DDR-Aufsteiger nenne.

Die Konstruktion politischer Generationen der DDR erlebt seit deren Untergang eine deutliche Konjunktur. Hatte Heinz Bude seit den achtziger Jahren die Geschichte der westdeutschen Gesellschaft als einen politischen Familienroman konkurrierender Generationen mit je eigenen Projekten er-

---

3 Zur generationellen Phasierung vgl. Rosenthal 1997; 1998 sowie Bude 1987; 1992.
4 Ich greife damit ein Schlagwort auf, das einer wenig beachteten, auf die westdeutsche Nachkriegsjungend bezogenen Studie ihren Namen gegeben hat (vgl. Blücher 1966).

zählt (vgl. Bude 1987, 1992, 1995), so bezeichnete zunächst Lutz Niethammer die Nachfolger der HJ-Generation für den Bereich der SBZ/DDR als FDJ- oder DDR-Aufsteigergeneration (Niethammer 1990, S. 254ff., 1994. S. 104ff.). Hinsichtlich der politischen Generationenkonstellation der DDR konstatiert Niethammer (1990, S. 254, 1997, S. 312f.) eine von politischer Loyalität bestimmte Prolongierung der normativen Repräsentanz der in Moskau stalinistisch gestählten Altkommunisten als Vertretern der Weimarer Jugendgeneration und ihrer Führungsreserve, der FDJ-Generation – eine „herrschaftliche Generationensymbiose", die faktisch erst 1989 gebrochen worden ist.

Auch Bude (1995, S. 21f.) vertritt die Auffassung, dass der in der westdeutschen Gesellschaft anzutreffende generationelle Bruch von 1968 in der DDR ausgeblieben sei. Er begründet dies mit dem Fehlen der Kulturrevolte in der DDR, das dafür verantwortlich sei, „dass die DDR in der deutschen Tradition des tragischen Ernstes verhaftet geblieben ist und den Anschluss an die westliche Kultur der ironischen Leichtigkeit verloren hat." (vgl. dazu ausführlich Bude 1993.) In der SED sozialisierte ostdeutsche Autoren machen hingegen eine mehrfach differenzierte politische Generationenfolge in der DDR aus, in der es auch liberalere und weniger machtorientierte Strömungen gegeben habe (Hofmann/Rink 1993, S. 216) und das paradoxerweise selbst und dem Anschein nach besonders in der SED (Land/Possekel 1994, 1998; Zwahr 1993; Engler 1999, S. 306ff.).

Aber auch die mit dem ehemaligen politisch-kulturellen Alternativmilieu sympathisierende Ost-Berliner Psychoanalytikerin Annette Simon (1997) hat in ausdrücklicher Reaktion auf Budes Buch (1995) die „Achtundsechziger der DDR" ins Feld geführt, deren, insbesondere politischen, Proteste im Westen wie im Osten totgeschwiegen worden sind – ein Umstand, den sie u.a. mit dem grenzenlosen Interesse der West-Linken an sich selbst in Verbindung bringt. Detlef Pollack (1998, S. 543) stellte dazu fest, dass die West-Achtundsechziger, die das Ausbleiben zivilgesellschaftlichen Aufbegehrens in der DDR beklagen, letztlich nicht von den Verhältnissen in der DDR, sondern von ihrer eigenen Geschichte, ihrer Überwindung obrigkeitsstaatlicher Traditionen sprechen.

Der Konflikt mit der DDR

Das zentrale Problem vor das sich die Kirchenrepräsentanten in der DDR gestellt sahen bestand in dem umfassenden Bruch des politischen Systems mit der nationalen, religiösen und kulturellen Tradition, von der sie, je nach Generationszugehörigkeit unterschiedlich stark, geprägt worden waren. Prinzipiell waren natürlich alle sozialen Gruppen von dem Systemkonflikt betroffen. Die Kirchenvertreter waren ihm freilich in besonderer Weise ausgesetzt. Sie verkörperten genau das, was die neuen Machthaber auszulöschen gedachten: Sie waren bürgerlich, nach dem Verständnis der SED also Angehörige einer reaktionären sozialen Klasse, sie hatten ein idealistisches, nach marxistischer Diktion falsches, weil nichtmaterialistisches Bewusstsein, zudem waren sie, wenn nicht dezidiert antikommunistisch, so aber deutschnational und standen damit auch von ihrer politischen Orientierung im Lager des Klassenfeindes.

Der Konflikt in den sie gerieten, resultierte nicht nur aus dem extremen politischen Machtgefälle in der Gesellschaft, sondern es standen sich hier auch zwei einander fremde, ja entgegengesetzte kulturelle Welten gegenüber. Dieser Punkt markiert einen wesentlichen Unterschied, den der SED-Staat aus der Perspektive unserer Gesprächspartner gegenüber dem „Dritten Reich" darstellte. Zwar waren sie auch von den Nationalsozialisten als Soldaten existentiell vereinnahmt (vgl. Findeis/Pollack 1999, S. 253ff.) oder in der Schule und den NS-Nachwuchsorganisationen für nichtangepasstes Verhalten sozial stigmatisiert worden.

So berichtet zum Beispiel Heinrich Rathke (Jg. 1928) über seine Zeit als Pimpf:

„Noch heute fühle ich mich sehr gespalten, wenn ich etwa daran denke, dass meine Mutter darauf bestand: Am Sonntagmorgen gehen wir in die Kirche und Du auch. Am Sonntagmorgen pflegten in der Regel das Jungvolk und die Hitlerjugend vor der Schule anzutreten, und die Schule war neben der Kirche. Es war für mich das reinste Spießrutenlaufen, neben meiner Mutter an den aufgestellten HJ-Jungen vorbei in die Kirche zu gehen. Ich habe mich nicht gerade darum gerissen, am Sonntag mit denen zu marschieren. Aber irgendwie fühlte ich mich ausgeschlossen." (367f.) [5]

Dieser Loyalitätskonflikt, der für die Jugendlichen auch ein Konflikt um die Frage ihrer sozialen Zugehörigkeit war, markiert einen Widerspruch zu dem Befund Rosenthals (1997, S. 66), dass die NS-Propaganda und ihre Erziehungsinstanzen durch die geschickte Instrumentalisierung des Generationenkonfliktes zwischen Eltern und Kindern die Jugend dem Einfluss des Elternhauses entzogen habe. Bei den späteren Kircheneliten war das Gegenteil der Fall. Der politische Druck von außen führte in den Familien zu einem Zusammenschließungseffekt. Wo die Öffentlichkeit aufgrund eines bestehenden Machtgefälles von vornherein besetzt ist, gewinnen private Beziehungen automatisch an Bedeutung, ein für Diktaturen typisches Phänomen. Andererseits spricht es auch für die Kohäsion des nationalprotestantischen Herkunftsmilieus unserer Gesprächspartner, wenngleich dessen Resistenz nicht überschätzt werden darf. Bei den Kindern führte der *double bind* zwischen den Erwartungen des Systems und dem Vorbild der Eltern zu nachhaltigen Verunsicherungserfahrungen. Über Politik, so Günter Krusche (Jg. 1931), wurde bei ihm zu Hause „nicht viel geredet". In der Schule „aber war (man) doch irgendwie gekennzeichnet." (554)

Aber trotz aller staatlichen Restriktionen konnten sie sich damals noch in einem gesellschaftlich breit akzeptierten kulturellen Traditionszusammenhang begreifen, der in dem Engagement für Deutschland einen integrierenden Kristallisationspunkt besaß. In der DDR dagegen sollte, nachdem Deutschland als Staat schon zerbrochen war, auch die kulturelle „Wir-Schicht" (Elias 1989, S. 28) aufgelöst werden, in der die kollektive Vorstellung, einer gemeinsamen Nation anzugehören, gründete. Für die Kirchenvertreter bedeutete dies, dass sie nun praktisch alle über die eigene Privatsphäre hinausreichenden kulturellen Anknüpfungspunkte verloren. Dies trifft auch auf diejenigen sozialen Gruppen zu, die über das Kriegsende hinaus an ihrer nationalen Orientierung zunächst festgehalten hatten, was für weite Teile der Bauernschaft, aber auch des Wirtschafts- und Bildungsbür-

---

5 Die Seitenangaben im Anschluss an die Interviewzitate beziehen sich hier und im Folgenden auf Findeis/Pollack 1999.

gertums gelten dürfte. Der vor der SED induzierte kulturelle Bruch könnte gerade für jene besonders gravierend gewesen sein, denen es während des Nationalsozialismus noch gelungen war, ihre nationale Identität in mehr oder weniger resistenten Subkulturen in eine bürgerliche Differenz zum Nationalsozialismus zu bringen.

Die Hälfte der ostdeutschen Bischöfe hatte ihre Jugend im Deutschland der zwanziger Jahre erlebt, in dem sie noch weitgehend unhinterfragte und damit als letztgültig angesehene Wertbindungen erwarben, die in ihrer Summe auf ein konservativ grundiertes Pflichtgefühl hinausliefen. Dieses Gefühl wurde von dem Weltkriegsoffizier und späteren Thüringer Landesbischof Ingo Braecklein (Jg. 1906) auf eine Trias von Werten gebracht,

„die uns auf unserem Lebensweg mitgegeben wurden und die als unabdingbare Elemente in das Leben mit hinausgehen sollten. Das waren Gott, die Obrigkeit in Gestalt eines Monarchen und das Vaterland – Deutschland.‘ (41f.)

Dieses Deutschland hatte sich bereits in der unmittelbaren Nachkriegszeit verändert. Bis in die achtziger Jahre hinein hatte es einen tiefgreifenden kulturellen Wandel durchlaufen. Ingo Braecklein erinnert sich 1994,

„wie ich als Gymnasiast am 9. November 1918 auf dem Markt in Eisenach stand und wie da vom Rathaus die schwarz-weiß-rote Fahne niedergeholt und die rote Fahne gehisst wurde. Ich habe bitter geheult. Sie müssen wissen, dass uns das traditionsreiche Gymnasium, in das ich damals ging, deutsch-national erzogen hat. Deutsch zu denken, das war für uns ganz selbstverständlich. Ich kann mich an keinen Lehrer erinnern, der etwa links gestanden hätte. Schon ein Demokrat hatte es damals schwer. Und dann fiel in unserem Gymnasium die schwarz-weiß-rote Fahne, und die Soldaten hissten die rote. Das war für uns unvorstellbar. Auch in dem Elternhaus, aus dem ich komme, war man selbstverständlich national eingestellt." (41)

Nach dem Zusammenbruch des alten Deutschlands 1945 wurden auch die alten Wertgefühle und überkommenen politisch-kulturellen Präferenzen einem allmählichen, jedoch stetig zunehmenden Prozess der Reflexivisierung und Relativierung unterworfen. Diese Entwicklung war eingebettet in einen umfassenden, die Bindungsmacht der politischen Herrschaft überschreitenden Modernisierungsprozess, in den praktisch das gesamte Leben und jeder einzelne hineingezogen wurden (vgl. Beck 1986, 1995). Damit verbunden waren Individualisierungsschübe und eine Liberalisierung der alltäglichen Lebensverhältnisse, die auch innerhalb des politischen Bedingungsgefüges der DDR zum Zuge kamen (vgl. Engler 1999; Lindenberger 1999) und die häufig mit dem Begriff des Wertewandels beschrieben werden (vgl. Inglehart 1995). Gemeint ist damit die Abnahme der Akzeptanz gerade jener Pflicht-, Ordnungs- und Gehorsamstugenden, die im Leben der Kirchenvertreter bislang eine herausragende Rolle gespielt haben zugunsten von partizipatorischen Lebenseinstellungen, bei denen Orientierungen wie individuelle Selbstverwirklichung, Freiheit, Genuss im Vordergrund standen.[6]

Das Zusammenrücken der Generationen

In der DDR traten nun die generationsspezifischen Unterschiede, die sich in den Jahren zuvor herausgebildet hatten,[7] sukzessive zurück. Sie wurden – diese These soll hier vertreten werden – unter dem politischen Opportunitätszwang der SED weitgehend eingeschmolzen. Die für die Kirchenvertreter bislang evidenten Vergewisserungsformen verloren nach dem Zusammenbruch Deutschlands 1945 ihre Funktion. Dies betrifft z.B. die soldatische Selbstidentifikation der Angehörigen der Weimarer Jugendgeneration, von deren sieben Vertretern fünf ursprünglich eine Offizierslaufbahn angestrebt hatten, die von zwei der späteren Bischöfe zunächst auch verwirklicht werden konnte.

Die Angehörigen der HJ-Generation, die als Schülersoldaten früh desillusioniert und gerade deshalb existentiell ausgehungert waren, retteten sich

---

6 Die Reaktion der Kirchenleute auf diesen Wandlungsprozeß berührt die von Friedrich Wilhelm Graf (1992) ausgelöste Debatte über antikapitalistische Leitvorstellungen des DDR-Protestantismus. Graf hatte die Anerkennung des DDR-Staates durch die ostdeutschen Kircheneliten auf deren „überkommenen protestantischen Gemeinwohlglauben bzw. den Glauben an eine ethische Höherwertigkeit von Gemeinschaft, Solidarität und Sozialismus gegenüber Individualismus, Konkurrenz und Kapitalismus" zurückgeführt (ebd.: 177). Zur Diskussion vgl. Findeis 2000.
7 Vgl. Schelsky 1957; Blücher 1966; Bude 1987, 1992, 1995; Rosenthal 1986, 1987, 1997; für die hier exemplarisch behandelte ostdeutsche Teilelite Findeis 2000, S. 348-438.

nach dem Krieg in eine geradezu emphatische Kirchlichkeit. In der Darbietung Werner Leichs (Jg. 1927), der einen Teil seiner Schulzeit an einer nationalsozialistischen Eliteschule verbracht hatte und ursprünglich Offizier bei der Luftwaffe werden wollte, bevor er dann Pfarrer und schließlich Braeckleins Nachfolger im Bischofsamt der Thüringer Landeskirche geworden ist, klingt das so:

„Sie müssen sich mal vorstellen, wir sind aus dem Krieg zurückgekommen und waren froh, überhaupt noch zu leben. Und dann kam plötzlich die Möglichkeit, in der Kirche zu dienen. Unser Ordinandenjahrgang trifft sich noch heute. Wir waren so eng miteinander verbunden, da hat einer den anderen darin gestützt: Jetzt ist unser ganzes Leben für die Kirche da, das ist der neue Weg nach dem Kriegsende." (348)

Die bis dato wirksamen Sozialisationsstrukturen deutschnationaler Sinngebung waren zerbrochen. Selbst die eigenen Väter, die mittlerweile den zweiten Krieg verloren hatten, waren als positive Identifikationsobjekte nicht mehr zu gebrauchen. An ihre Stelle traten nun die Gallionsfiguren der Bekennenden Kirche, allen voran Martin Niemöller, der zu den Machtverteilungsverhältnissen in der SBZ/DDR von Anbeginn eine permissive Haltung bezogen hatte (vgl. Friebel 1992, S. 362ff.).

Die jungen Unbefangenen hingegen fühlten sich in der Nachkriegszeit keines besonderen Schutzes bedürftig. Ihnen war die Erfahrung der Front erspart geblieben. Die Jahre des Aufbaus in denen sie über weite optionale Räume verfügen konnten, brachten für sie eine stetige Verbesserung ihrer Situation. Manfred Stolpe (Jg. 1936) hat, wie er sagt,

„mehr spontan den Versuch gemacht, Juristerei zu studieren, mit der damals günstigen Situation: '55 bewarben sich viele Leute fürs Studium und gingen dann nicht zur Universität, sondern nach dem Westen. Diese juristischen Fakultäten hatten plötzlich Lücken, und ich habe etwas gemacht, was man eigentlich gar nicht machen durfte. Ich habe mich nicht über die Schule beworben, sondern habe mich direkt und gleichzeitig an mehrere Universitäten gewandt." (643)

Das Leben der unbefangenen DDR-Aufsteiger steht nicht mehr unter dem Signum von Pflichterfüllung und Vaterlandsliebe, sondern ist bestimmt von der Vervielfältigung persönlicher Erfahrungsmöglichkeiten. Insofern entwickelten sie zur Konflikthaftigkeit der DDR ein eher leidenschaftsloses

Verhältnis, wenngleich auch sie deutliche Vorbehalte gegenüber deren politischem System hatten.[8]

Dieses System war – entgegen der Annahme Mannheims von der „Prädominanz der ersten Eindrücke" für alle Kirchenfunktionäre zu einem neuen „äußeren Gegenspieler" geworden, der ihre bisherigen generationellen Eigenarten überformte und insofern ein „Polarerlebnis" eigener Art darstellte (Mannheim 1964a, S. 537). Zur Abwehr dieser äußeren Gefahr bildete sich ein geschlossener Identifikationszusammenhang zwischen den Generationen. In Anlehnung an eine einer aus der Psychoanalyse stammenden These über eine besondere identifikatorische Exposition, bei der zwischen den Angehörigen einer Familie eine geschlossene Identifikationsreihe entsteht, in der für die Erfahrung generationeller Diskontinuitäten kein Raum mehr existiert (vgl. Faimberg 1987), kann man in bezug auf die DDR auch soziologisch von einem Zusammenrücken der Generationen sprechen. Die Tendenz der SED, die Gesellschaft still zu stellen und damit „die Differenz zwischen Vergangenheit und Zukunft zu minimieren" (Pollack 1990, S. 295), musste bei der politischen Generationenbildung zu entsprechenden Verzögerungseffekten führen.

Diese tendenzielle Unveränderbarkeit des Systems ist zugleich ein Indiz dafür, dass – über den Bereich der Kirche hinaus – alle politischen Generationen der DDR durch ihre Polarität zum politischen System kontrahiert worden sind. Es spricht einiges dafür, die Geschichte der DDR als ein Wechselspiel von Hoffnung und Enttäuschung zu verstehen.[9] Wenn man beispielsweise an den Neuen Kurs vom 10. Juni und an den Volksaufstand vom 17. Juni 1953 denkt oder an den Mauerbau und die sich daran anschließende kulturelle Selbstverständigung der Ostdeutschen, die mit dem 11. Plenum des ZK der SED 1965 wieder erstickt worden war (vgl. Agde 1991) oder an die ökonomischen Reformbestrebungen der sechziger Jahre und deren Scheitern (vgl. Engler 1999) oder an die neuerlichen kulturellen Aufbruchbewegungen am Beginn der Ära Honecker, die in der Folge der

---

8 Vgl. die Interviews mit Günter Krusche und Eberhard Natho (Jg. 1932) sowie Findeis 2000, S. 379-394.
9 Vgl. das Interview mit Manfred Stolpe (S. 625-635).

Biermann-Ausbürgerung ein jähes Ende fanden (vgl. Wittkowski 1996), dann zeigt dies, dass jede neue Generation in der DDR zunächst willens war, Reformen zu einer Verbesserung der eigenen Lage in Gang zu bringen. All diese Reformversuche waren mit großen Hoffnungen verbunden, mündeten aber immer wieder in Resignation.[10]

Die über Generationen hinweg erfahrene Aussichtslosigkeit dieser Hoffnungen und die repressive Grundstruktur des politischen Systems sind starke Indizien dafür, dass konkurrierende politische Projekte in der Abfolge der Generationen gar nicht erst entstehen konnten. Keine Generation der DDR hat es je vermocht, eine die Restriktionen der SED-Herrschaft überschreitende und sich politisch verstehende Selbst- und Weltdeutung zu etablieren, auch nicht ihre jeweiligen kirchlichen Repräsentanten, obwohl gerade sie über vergleichsweise günstige kulturelle und institutionelle Voraussetzungen dazu verfügten.

Dass unterhalb der politischen Systembildungsebene auch die DDR einen rasanten kulturellen Wandlungsprozess erlebte, der seine sozialen Träger in einander ablösenden, zumeist jugendkulturellen Gruppen hatte, deren ästhetische und moralische Präferenzen nicht selten auch politische Implikationen hatten, steht dazu nicht in Widerspruch. Einerseits handelte es sich bei diesen Aktivitäten, etwa der Etablierung neuer ästhetischer Standards in Musik, Theater, Kunst und Literatur, einem freieren Umgang mit dem eigenen Körper, neuen Kleidungsstilen usw. sehr wohl um Reaktionen auf die staatsideologisch verordnete Gleichheit, Aktivitäten, die ihrerseits zu einer Pluralisierung der Lebensstile führten. Es entwickelten sich in der DDR zunehmend subversive und gleichwohl geschmeidige kulturelle Techniken, die die Erwartungen des Systems aufzunehmen in der Lage waren, und dennoch eine eigene Individualität begründeten, besonders dahingehend, dass persönliche Vorstellungen von Glück und Freiheit zusehends von den staatlich restringierten Erwartungen abgekoppelt wurden (vgl. Engler 1999). Bei alledem darf freilich nicht übersehen werden, dass es sich dabei um vorpoliti-

---

10 Diese Entwicklung müsste empirisch noch genauer und auf breiterer Grundlage nachgewiesen werden.

sche Pluralisierungstendenzen handelt.[11] Zum symbolischen Vatermord an den politischen Eliten des Systems ist es bis 1989 nicht gekommen.

Natürlich ist nicht zu bestreiten, dass die generationelle Lagerung bestimmter Erfahrungen auch unter den Bedingungen der DDR eine wichtige Rolle gespielt hat, etwa wenn man an den Kirchenkampf der fünfziger Jahre oder auch nur an den 17. Juni 1953 denkt. Dies war allein schon eine Frage des Lebensalters. Bei einem Vierzigjährigen etwa war die Bereitschaft zu resignieren anders entwickelt als bei einem Gymnasiasten, der den Zynismus der Mächtigen und die Agonie der Gesellschaft noch weitaus schwerer hinzunehmen vermochte. Für die Einstellung der Kirchenfunktionäre zur DDR war es z.B. von eminenter Bedeutung, ob sie, wie die Angehörigen der Weimarer Generation, die Jahre der offenen Repression gegen die Kirchen bereits als verantwortliche und zugleich ohnmächtige Frondeure des Kirchenkampfes erlebten oder ob sie sich, wie die Angehörigen der HJ-Generation und die unbefangenen DDR-Aufsteiger, in den fünfziger Jahren noch in den geschützten Räumen von Schulinternaten aufhielten, sich an den Universitäten in die akademische Theologie vertieften und das gesellige Studentenleben pflegten und bei alledem an einem idealistischen Glauben an die Möglichkeit ihrer eigenen Wirksamkeit festhielten (vgl. Findeis 2000, S. 394ff.).

Obwohl es also gerade wegen der unterschiedlichen biografischen Rezeption gesellschaftlicher Großereignisse wie dem des 17. Juni nie zu einer tatsächlichen Auflösung des politischen Zeithorizonts in der DDR gekommen ist, stand jede neue Generation letztlich immer wieder vor derselben Frage: wie sie sich gegenüber dem totalen Macht- und Beglückungsanspruch der SED verhalten solle. Die verschiedenen Generationengestalten, wie auch immer man sie im einzelnen definieren mag, unterscheiden sich, zumindest seit 1961, politisch vor allem in ihrem jeweiligen Umgang mit der generationsübergreifenden Erfahrung ihrer Ohnmacht gegenüber der SED. Diese Erfahrung begründete letztlich auch, um noch einmal einen Be-

---

11 Es ist freilich vorstellbar, dass der modernitätsspezifische Wandel in der DDR den Wandel politischer Einstellungen befördert hat. Dieser Zusammenhang ist noch nicht hinreichend untersucht.

griff aus Mannheims Generationenkonzept aufzugreifen, eine wirkungs-mächtigere „Schicksalsgemeinschaft" (Mannheim 1964a, S. 547), als sie innerhalb der einzelnen Generationsbildungen entstanden ist.

Bezogen auf die Kirchenrepräsentanten in der DDR wurden die bislang generierten politischen Generationen und die im Laufe der DDR-Geschichte nachwachsenden Alterskohorten zu zwei systembedingten politischen Formationen kontrahiert: Auf der einen Seite waren dies die deutschnational geprägten Kirchenvertreter der Weimarer Jugendgeneration sowie diejenigen aus der HJ-Generation, die an ihren bürgerlich-konservativen Vorstellungen festgehalten haben. Sie lassen sich als die (überwiegend alten) Traditionalisten etikettieren. Auf der anderen Seite standen die (überwiegend jungen) Reformer. Dies waren die traditionskritisch oder liberal eingestellten Angehörigen der HJ-Generation sowie die unbefangenen DDR-Aufsteiger. Zu dieser Formation sind in der Regel auch die Angehörigen der Achtundsechziger-Generation sowie die nach dem Mauerbau geborenen Kinder der DDR zu zählen.[12] Bezieht man diese nachfolgenden, in unserem Sample allerdings nicht vertretenen Generationen in die Betrachtung mit ein, dann erhärtet sich der Befund eines systeminduzierten Zusammenrük-kens der Generationen in der DDR.

Die Genese beider Formationen folgt allerdings nicht allein aus der politischen Generationszugehörigkeit. Wäre dies der Fall, dann würde es sich bei Traditionalisten und Reformern lediglich um generationelle Transformationen handeln. Das Beispiel Gottfried Forcks (Jg. 1923), der als Sohn eines deutschnationalen BK-Pfarrers und aktiver Offizier noch der Weimarer Jugendgeneration angehörte, in der DDR aber für eine Öffnung der Kirche zur Gesellschaft und ihren emanzipatorischen Gruppen eintrat, zeigt,

---

12 Als prominente kirchliche Vertreter der Achtundsechziger-Generation können Rainer Eppelmann, Markus Meckel, Martin Gutzeit, Ehrhart Neubert, Edelbert Richter und Axel Noack gelten. Die Generation der Kinder der DDR, die vor 1989 nichts anderes als einen mehr oder weniger befriedeten und in sich geschlossenen Sozialismus erlebt haben, ist in ihrer kirchlichen Variante vor allem in den Friedens-, Umwelt-, Frauen- und Menschenrechtsgruppen in Erscheinung getreten. Ihre Angehörigen waren 1989 in den Zwanzigern und damit meist noch zu jung, um in der subkulturellen Öffentlichkeit Symbolfiguren zu etablieren.

wie biografisch erworbene Dispositionen unter veränderten Verhältnissen umgeformt werden konnten (vgl. Forck 1992, S. 41). Noch ausgeprägter ist dieser Wandlungsprozess bei Werner Krusche (Jg. 1917).

Die Traditionalisten waren mit einer politisch-kulturellen Wirklichkeit konfrontiert, die sich von ihren verinnerlichten Seinsgewissheiten immer weiter entfernte. Auf den Verlust traditioneller und strukturell verankerter Ordnungsmuster reagierten sie mit einer reflexiven Verstärkung ihrer habitualisierten Wertgefühle. Sie lehnten nicht nur den neuerlichen Allmachtsanspruch eines Staates ab. Es ging ihnen auch darum, ein Weltbild aufrechtzuerhalten, das zerstört worden war und das in seiner gegenmodernen Totalität nicht wieder aufgebaut werden konnte. In dem Maße allerdings, in dem ihre politischen Erwartungen an Rückhalt in der Gesellschaft verloren, führte ihr Widerspruch in sprachlosen Rückzug oder – noch häufiger – in äußere Anpassung.

Die Sinnprojektionen der Traditionalisten verlagerten sich in internale Fluchtwelten, in denen sie kompensatorisch aufbewahrt wurden und aufgrund ihrer Abspaltung von der gesellschaftlichen Wirklichkeit ein kaum zu überschätzendes, weil unverbrauchtes und unverbrauchbares projektives Potential darstellten, mit dem sie, so gut es ging, ihre realen Identifikationsdefizite ausbalancierten (vgl. Findeis 2000, S. 453ff.). Nach seinem Gefühl bei der Öffnung der Berliner Mauer befragt, kam Ingo Braecklein am Ende unseres Gespräches noch einmal ins Schwärmen:

„Das war für mich ein umwerfendes Erlebnis, eben weil ich von Haus aus konservativ erzogen worden bin und für mich etwa das Brandenburger Tor, auch Potsdam, bestimmte Begriffe darstellten, die mich erinnerten an ein großes einiges Deutschland." (67)

Das Verhältnis der Reformer zur DDR war dagegen auf ganz andere Weise konfliktuös. Sie suchten das defensive Abgrenzungsgebaren der Traditionalisten zu überwinden. Dabei waren sie in ihrem argumentativen Duktus anschlussfähiger an die Gesellschaft. Sie setzten sich mit der Weltanschauung des Marxismus-Leninismus auseinander, um diese auf ihren emanzipativen Anspruch zu behaften. Sie beschäftigten sich mit der Rüstungsdebatte und der Ost-West-Konfrontation ebenso wie mit den Folgeproblemen der industriellen Entwicklung. Nicht zuletzt zeigten sie sich bei all dem aufgeschlossen für die mit diesen Themen verbundenen politisch emanzipativen Umwelt- Friedens- und Bürgerrechtsgruppen der siebziger und achtziger Jahre (vgl. exemplarisch das Interview mit Heino Falcke). Sie nahmen die Proklamationen des Systems tatsächlich ernst und waren zugleich in der Lage, ihre Differenz gegenüber diesem System zu markieren.

Vergleicht man die positive Haltung der Reformer zur Idee des Sozialismus (Demke, 1990a/b; Forck 1990a/b)[13] mit der von ihnen geäußerten Kritik an den Verhältnissen in der DDR (vgl. Falcke 1972; epd Landesdienst 1984/1988; Demke 1989; Besier/Wolf 1991, S. 572), dann erhärtet sich die Vermutung, dass ihre Annäherung an die von der SED vertretene Ideologie eine wichtige, gemessen am zunehmenden Verstummen der Traditionalisten sogar notwendige Bedingung dafür war, sie wirkungsvoll zu kritisieren. Zugleich resultierte die innere Annäherung der Kirchenleute an den Sozialismus aber auch aus der kritischen Auseinandersetzung mit ihm. Der entscheidende Indikator dafür, dass die Reformer im Unterschied zu den Traditionalisten leichter deutlich machen konnten, was sie innerlich bewegt hat, dürfte der in den sechziger Jahren einsetzende kirchliche Elitenwechsel, der besonders seit den siebziger Jahren auch mit einer altersmäßigen Verjüngung verbunden war, sein.

Hinsichtlich ihres politischen Erfolges ziehen freilich auch die Reformer eine negative Bilanz. Ihre aufreibende Auseinandersetzung mit dem Sozialismus konnten sie teilweise zwar auch mit Kritik an seinem politischen System verbinden. Daran aber, dass sich das System tatsächlich verändern ließe, vermochten selbst sie kaum zu glauben. Auf die Frage, welchen Anhalt an der Wirklichkeit seine Hoffnung auf einen verbesserlichen Sozialismus gehabt habe, antwortet Heino Falcke, einer der profiliertesten kirchlichen Kritiker der SED: „Anhaltspunkte an der gesellschaftlichen Realität könnte ich jetzt gar nicht benennen" (443).

---

13 Vgl. auch die Interviews mit Heino Falcke und Christoph Demke (Jg. 1935).

Fazit

Am Ende standen zwei Enttäuschungserfahrungen. Auf der einen Seite hatte sich die Erwartung der Traditionalisten, dass die liberal verfasste bürgerliche Gesellschaft sich der repressiven Weltanschauungsdiktatur binnen kurzem als überlegen erweisen würde, als falsch erwiesen. Auf der anderen Seite stellte sich heraus, dass die Hoffnungen der Reformer auf eine systemimmanente Erneuerung der Gesellschaft nicht realisierbar waren. Verbunden indes waren beide Formationen über alle generationellen und intentionalen Unterschiede hinweg in ihrer Schicksalsgemeinschaft gegenüber der SED-Diktatur. Ob sie sich deren Herrschaft verweigert haben oder sie reformieren wollten, das biografische Widerstandspotential der kirchlichen Eliten gegenüber den Anpassungserfordernissen des DDR-Systems ist in beiden Fällen eine konfliktträchtige Symbiose mit den Mächtigen eingegangen, in der es sowohl herrschaftsstabilisierend als auch systemzersetzend gewirkt hat.

Literatur:

Agde, G. (Hg.)(1991): Kahlschlag. Das 11. Plenum des ZK der SED 1965. Studien und Dokumente. Berlin (Aufbau-Taschenbuch).

Beck, U. (1986): Risikogesellschaft. Auf dem Weg in eine andere Moderne. Frankfurt/M. (Suhrkamp).

Beck, U. (1995): Eigenes Leben. Skizzen zu einer biographischen Gesellschaftsanalyse. In: Beck, U./Vossenkuhl, W./Erdmann Ziegler, U. (Hg.): Eigenes Leben. Ausflüge in die unbekannte Gesellschaft, in der wir leben. München (C.H. Beck), S. 9–174.

Besier, G./Wolf, S. (Hg.)(1991): „Pfarrer, Christen und Katholiken". Das Ministerium für Staatssicherheit der ehemaligen DDR und die Kirchen. Neukirchen-Vluyn (Neukirchner Verlag).

Blücher, V. Graf von (1966): Die Generation der Unbefangenen. Zur Soziologie der jungen Menschen heute. Düsseldorf/Köln (Diedrichs-Verlag).

Bude, H. (1987): Deutsche Karrieren. Lebenskonstruktionen sozialer Aufsteiger aus der Flak-Helfer-Generation. Frankfurt/M. (Suhrkamp).

Bude, H (1992): Bilanz der Nachfolge. Die Bundesrepublik und der Nationalsozialismus. Frankfurt/M. (Suhrkamp).

Bude, H. (1993): Das Ende einer tragischen Gesellschaft. In: Joas, H./Kohli, M. (Hg.): Der Zusammenbruch der DDR. Frankfurt/M. (Suhrkamp), S. 267–281.

Bude, H. (1995): Das Altern einer Generation: Die Jahrgänge 1938 bis 1948. Frankfurt/M. (Suhrkamp).

Demke, C. (1989): Offener Brief an die Pastorinnen, Pfarrer und Gemeindeglieder der Kirchenprovinz Sachsen vom 3. 9. 1989. Typoskript. Pressearchiv der Evangelischen Kirche in Berlin-Brandenburg in deren Konsistorium, Bachstraße 1-4, Berlin.

Demke, C. (1990a): „Deutschland braucht Visionen, um nicht zu erstarren", Interview mit dem Deutschen Allgemeinen Sonntagsblatt, 6.4. 1990.

Demke, C. (1990b): Zu Weg und Aufgaben der Kirchen in den gesellschaftlichen Veränderungen. Bericht des Bischofs an die Frühjahrssynode der KPS am 16. 5. 1990. Drucksache Nr. 2a. Pressearchiv der Evangelischen Kirche in Berlin-Brandenburg in deren Konsistorium, Bachstraße 1-4, Berlin.

Elias, N. (1989): Studien über die Deutschen. Machtkämpfe und Habitusentwicklung im 19. und 20. Jahrhundert. Frankfurt/M. (Suhrkamp).

Engler, W. (1999): Die Ostdeutscher. Kunde von einem verlorenen Land. Berlin (Aufbau-Verlag).

epd Landesdienst (1984): Nr. 70, 9. 4. 1984. Berlin.

ebd. Landesdienst (1988): Nr. 88, 9. 5 1988. Berlin.

Faimberg, H. (1987): Die Ineinanderrückung (Telescoping) der Generationen. Zur Genealogie gewisser Identifizierungen. In: Jahrbuch der Psychoanalyse. Beiträge zur Theorie und Praxis 20, S.114–142.

Falcke, H. (1972): Christus befreit – darum Kirche für andere: Hauptvortrag bei der Synode des Kirchenbundes in Dresden 1972. In: ders.: Mit Gott Schritt halten. Reden und Aufsätze eines Theologen in der DDR aus 20 Jahren. Berlin-West 1986 (Wichern-Verlag), S. 12–32.

Findeis, H. (2000): Bischöfe und Repräsentanten der evangelischen Kirchen in der DDR zwischen biographischen Prägungen und politischen Herausforderungen. Diss. Phil. Frankfurt/O.

Findeis, H./Pollack D. (Hg.)(1999): Selbstbewahrung oder Selbstverlust. Bischöfe und Repräsentanten der evangelischen Kirchen in der DDR über ihr Leben – 17 Interviews. Berlin (Chr. Links).

Forck, G. (1990a): Gerechtigkeit ist nie zuerst Gerechtigkeit für mich selbst, sondern für die anderen ... . Auszüge aus einem Fernsehgespräch zwischen Günter Gaus und Gottfried Forck. In: Neues Deutschland, 25. 4. 1990.

Forck, G. (1990b): „Denk ich an Deutschland ..." Nationales ist für mich nicht entscheidend. Interview mit der Jungen Welt, 21./22. 7. 1990.

Forck, G. (1992): Rückblick auf den Weg der evangelischen Kirchen in der DDR. In: Die Zeichen der Zeit (Evangelische Monatsschrift für Mitarbeiter der Kirche) 2, S. 41ff.

Friebel, T. (1992): Kirche und politische Verantwortung in der sowjetischen Zone und der DDR 1945-1969: Eine Untersuchung zum Öffentlichkeitsauftrag der evangelischen Kirchen in Deutschland. Gütersloh (Gütersloher Verlagshaus).

Gebhardt, W./Kamphausen, G. (1994): Zwei Dörfer in Deutschland. Mentalitätsunterschiede nach der Wiedervereinigung. Opladen (Leske+Budrich).

Graf, F. W.(1992): Traditionsbewahrung in der sozialistischen Provinz: Zur Kontinuität antikapitalistischer Leitvorstellungen im neueren deutschen Protestantismus. In: Zeitschrift für Evangelische Ethik 36, S. 175–191.

Hofmann, M./Rink, D. (1993): Mütter und Töchter – Väter und Söhne. Mentalitätswandel in zwei DDR-Generationen. In: BIOS 6, S.199–233.

Inglehart, R. (1995): Kultureller Umbruch. Wertwandel in der westlichen Welt. Frankfurt/New York (Campus).

Kaelble, H./Kocka, J./Zwahr, H. (Hg.)(1994): Sozialgeschichte der DDR. Stuttgart (Klett-Cotta).

Kleßmann, C. (1993): Zur Sozialgeschichte des protestantischen Milieus in der DDR. In: Geschichte und Gesellschaft 19, S. 29–53.

Kleßmann, C. (1994): Relikte des Bildungsbürgertums in der DDR. In: Kaelble, H./Kocka, J./Zwahr, H. (Hg.): Sozialgeschichte der DDR. Stuttgart (Klett-Cotta), S. 254–270.

Land, R./Possekel, R. (1994): Namenlose Stimmen waren uns voraus. Politische Diskurse von Intellektuellen in der DDR. Bochum (Winkler-Verlag).

Land, R./Possekel, R. (1998): Fremde Welten. Die gegensätzliche Deutung der DDR durch SED-Reformer und Bürgerbewegung in den 80er Jahren. Berlin (Chr. Links).

Lindenberger, T. (1999): Die Diktatur der Grenzen. In: ders. (Hg.): Herrschaft und Eigen-Sinn in der Diktatur. Studien zur Gesellschaftsgeschichte der DDR. Köln/Weimar/Wien (Böhlau), S. 13–44.

Mannheim, K. (1964a): Das Problem der Generationen (1928). In: ders.: 1964b, S. 509–565.

Mannheim, K. (1964b): Wissenssoziologie. Auswahl aus dem Werk, hg. von K. H. Wolff. Berlin-West, Neuwied (Luchterhand).

Niethammer, L. (1990): Das Volk der DDR und die Revolution. Versuch einer historischen Wahrnehmung der laufenden Ereignisse. In: Schüddekopf, C. (Hg.): „Wir sind das Volk!", Flugschriften, Aufrufe und Texte einer deutschen Revolution. Reinbek (Rowohlt Taschenbuch Verlag), S. 251–279.

Niethammer, L. (1994): Erfahrungen und Strukturen. Prolegomena zu einer Geschichte der Gesellschaft der DDR. In: Kaelble, H./Kocka, J./Zwahr, H. (Hg.): Sozialgeschichte der DDR. Stuttgart (Klett-Cotta), S. 95–115.

Niethammer, L. (1997): Die SED und „ihre" Menschen. Versuch über das Verhältnis zwischen Partei und Bevölkerung als bestimmendem Moment innerer Staatssicherheit. In: Suckut, S./Süß, W. (Hg.): Staatspartei und Staatssicherheit. Zum Verhältnis von SED und MfS. Berlin (Chr. Links), S. 307–340.

Pollack, D. (1990): Das Ende einer Organisationsgesellschaft: Systemtheoretische Überlegungen zum gesellschaftlichen Umbruch in der DDR. In: Zeitschrift für Soziologie 19, S. 292–307.

Pollack, D. (1998): Über die 68er und ihr Verhältnis zur DDR. In: Leviathan. Zeitschrift für Sozialwissenschaft 26, S. 540–549.

Pollack, D. (1999a): Funktionen von Religion und Kirche in den politischen Umbrüchen des 20. Jahrhunderts. Untersucht anhand der politischen Zäsuren von 1945 und 1989 in Deutschland. In: Kirchliche Zeitgeschichte (KZG) Internationale Halbjahreszeitschrift für Theologie und Geschichtswissenschaften 12 (1), S. 64–94.

Pollack, D. (1999b): Die Rolle der evangelischen Kirchen im geteilten Deutschland in religions- und kirchensoziologischer Perspektive. In: Mehlhausen, J./Siegele Wenschkewitz, L. (Hg.): Zwei Staaten – zwei Kirchen? Evangelische Kirche im geteilten Deutschland. Ergebnisse und Tendenzen der Forschung. Leipzig (Evangelische Verlagsanstalt), S. 85–106.

Rosenthal, G. (Hg.)(1986): Die Hitlerjugend-Generation. Biographische Thematisierung als Vergangenheitsbewältigung. Essen (Blaue Eule).

Rosenthal, G. (1987): „Wenn alles in Scherben fällt ...". Von Leben und Sinnwelt der Kriegsgeneration. Typen biographischer Wandlungen. Opladen (Leske+Budrich).

Rosenthal, G. (Hg.)(1990): „Als der Krieg kam, hatte ich mit Hitler nichts mehr zu tun." Zur Gegenwärtigkeit des „Dritten Reiches" in erzählten Lebensgeschichten. Opladen (Leske+Budrich).

Rosenthal, G. (1997): Zur interaktionellen Konstitution von Generationen. Generationenabfolgen in Familien von 1890-1970 in Deutschland. In: Mansel, J./G. Rosenthal,/A. Tölke (Hg.): Generationen-Beziehungen. Austausch und Tradierung. Opladen (Westdeutscher Verlag), S. 57–73.

Rosenthal, G. (1998): Die Kinder des „Dritten Reiches". Sozialisiert im familialen Rechtfertigungsdialog. In: Hamburger Institut für Sozialforschung (Hg.): Besucher einer Ausstellung. Die Ausstellung „Vernichtungskrieg. Verbrechen der Wehrmacht 1941-1944" in Interviews und Gesprächen. Hamburg (Hamburger Ed.), S. 116–140.

Schelsky, H. (1957): Die skeptische Generation. Eine Soziologie der deutschen Jugend. Düsseldorf/Köln (Diederichs).

Simon, A. (1997): „Kluge Kinder sterben früh". In: DIE ZEIT, 6. 6. 1997, S. 42.

Wittkowski, J. (1996): Die DDR und Biermann. Über den Umgang mit kritischer Intelligenz. Ein gesamtdeutsches Resümee. In: Aus Politik und Zeitgeschichte B 20/96, S. 37–45.

Zwahr, H. (1993): Den Maulkorb festgezurrt. Auch die DDR hatte ihr 68er Erlebnis – der Prager Frühling weckte die Hoffnung auf Wandel. In: DIE ZEIT, Nr. 24, 11. 6. 1993.

Zivilcourage im Systemwandel: Ergebnisse einer empirischen Untersuchung und Bemerkungen zur Mythisierung eines Begriffs

Wolfgang Heuer

I.

Im Verlauf der 90er Jahre wurde in der öffentlichen Diskussion über aus-
länderfeindliche Übergriffe Zivilcourage zu einer Bürgertugend aufgewer-
tet, zu deren Erlernen auch spezielle Kurse angeboten werden. Dabei wird
Zivilcourage in erster Linie als mutiges Hilfeverhalten in der Öffentlichkeit
verstanden, wobei der Mut darin besteht, das Risiko einer Körperverletzung
einzugehen. Doch Zivilcourage bedeutet mehr. Sie kennzeichnet zunächst
den Unterschied zwischen bürgerlichem vom militärischem Mut. Maria
Theresia verlangte von ihren Offizieren auf dem Schlachtfeld den Mut zu
eigenem Urteil, notfalls auch gegen die vorgegebenen Befehle. Im Fall des
Erfolgs eines eigenwilligen Handelns winkte die Belohnung, für den Fall
des Scheiterns aber drohte die Bestrafung. Bismarck gilt als der erste und in
Deutschland für lange Zeit einzige Politiker, der mehr Zivilcourage im Par-
lament forderte. In der demokratischen Gesellschaft ist Zivilcourage allgemein eine Form des öffentlichen Handelns, ein Bürgermut, der nicht nur der
Verteidigung bedrängter Personen gilt, sondern Ausdruck dessen ist, dass
die Akteure ihrer eigenen Überzeugung gemäß handeln und dazu den nöti-
gen Mut aufbringen, um dem Druck der Mehrheit oder persönlicher oder
beruflicher Abhängigkeitsverhältnisse zu widerstehen. Dieser Bürgermut
kann im Freundeskreis, in einem Sportverein, auf der Straße, am Arbeitsplatz oder in einer Partei nötig werden. Er unterscheidet sich durch den Charakter einer Meinungsäußerung mit entsprechendem Handeln von sportli-
chem Mut und durch seine Zivilität von einem Mut zur gewalttätigen
Handlung. John F. Kennedy veröffentlichte 1955 als Senator einen Band mit

den Biografien couragierter Senatoren in der Geschichte der USA, um gegen den verbreiteten politischen Konformismus und Populismus Beispiele für unabhängiges, notfalls nonkonformes Handeln hervorzuheben.

Doch obwohl Zivilcourage als Mut des öffentlichen Urteilens und Handelns ein originär politologisches Thema ist, gibt es in der Politikwissenschaft bislang keine erstzunehmende Untersuchung darüber. Das hängt sowohl damit zusammen, dass die Wissenschaftler handelnde Menschen lange Zeit nicht als Subjekte, sondern als Objekte ansahen, die mit quasi naturwissenschaftlichen Methoden wie dem Behaviorismus untersucht wurden. Öffentliches Handeln wurde nicht im demokratisch-republikanischen Sinn als das Handeln von Bürgerinnen und Bürgern verstanden und Politik als das Agieren von Macht- und Interessengruppen (Gunnell 1986).

Eine politologische Untersuchung von Zivilcourage sieht sich also methodischen Schwächen des Faches selber ausgesetzt, die auch dadurch nicht behoben werden, dass der Zweig politische Psychologie eingeführt wurde. Denn die Frage nach dem Handeln von Subjekten ist nicht notwendigerweise eine nach der Psychologie des Handelns, sondern sie kann ebenso gut, wie wir noch am konkreten Beispiel sehen werden, eine nach der Hermeneutik des Sinnverstehens sein. Erst in neuester Zeit gibt es in der Politikwissenschaft eine gewisse Aufwertung der Untersuchung des individuellen Handelns im Rahmen eines sogenannten methodologischen Individualismus, der sich von funktionalistischen und strukturalistischen Methoden fort- und der Interpretation des subjektiven Sinns der Handelnden in Fragen der Alltagskommunikation, der Meinungsbildung und des Alltagshandelns zuwendet (Braun 1997; Nullmeier 1997).

Die bisherigen Untersuchungen zur Zivilcourage wurden von unterschiedlichen wissenschaftlichen Perspektiven aus unternommen (vgl. auch den Beitrag Flam in diesem Band). Dabei standen bislang psychologische und sozialpsychologische Studien zum Thema Altruismus im Vordergrund, die von Untersuchungen über das Hilfeverhalten in einer anonymen Großstadtumgebung zu jenen über riskantes Hilfeverhalten im Nationalsozialismus übergingen (Oliner/Oliner 1988; Foglman 1995). So wurde Zivilcourage vor allem unter dem Gesichtspunkt der Prosozialität gesehen und entsprechend der öffentlichen Diskussionen über Ausländerfeindlichkeit mit prosozialem Verhalten in eins gesetzt (Kuhl 1986). Besonders unreflektiert geschieht dies bei Till Bastian (1996), der essayistisch Zivilcourage und Altruismus als Grundlagen eines politischen Handelns des Widerstands und des Hilfeverhaltens gegen die ,große Politik' entwirft und damit zu einem alternativen Verständnis von Politik überhöht. Ähnlich essayistisch ist auch die Schrift des Psychologen Kurt Singer (1992) von den großen Themen der Friedensbewegung gekennzeichnet. Er definiert Zivilcourage als einzuübenden Mut, mit dessen Hilfe man politisches Handeln erlernen kann. Beide Autoren greifen auf Untersuchungen und teils eigene Erlebnisse, teils in Therapien gewonnene Erfahrungen zurück, um unausgesprochene Hypothesen aufzustellen, die selber einer strengen empirischen Überprüfung unterzogen werden müssten. Wie für ihre Disziplin üblich, definiert die Philosophin Simone Dietz (1996) ohne Bezug auf praktische Erfahrungen Zivilcourage als eine normativ an die im Kantischen Sinne bürgerliche Gesellschaft gebundene Fähigkeit. Dabei belädt sie diesen Begriff mit so vielen Bestandteilen und Voraussetzungen wie: Tugend, moralische Selbstverpflichtung, politisches Orientierungsvermögen, Gemeinsinn, Mut integrative und innovative Kraft, so dass man den Eindruck gewinnt, kaum ein couragiert handelnder Mensch könne noch diesen Ansprüchen genügen.

Die politologische Pilotstudie von Gerd Meyer und Angela Hermann (1999) über Zivilcourage unter Berufsschüler/innen ist bislang die umfangreichste und gründlichste empirische Untersuchung. Ziel der Untersuchung war es, Motive, Chancen und Hindernisse für Zivilcourage oder sozial mutiges Handeln im Alltag zu untersuchen und die Frage zu beantworten, was Zivilcourage fördert oder behindert. Diese Studie hat mithilfe einer qualitativen, leitfadengestützten Befragung die sozialen Kontexte, Verhaltensweisen und persönlichen Vorrausetzungen untersucht und damit indirekt das moralisierende, idealistische und normativ überfrachtete Bild der oben genannten Autoren korrigiert. Allerdings engt auch diese Untersuchung die Thematik sehr stark auf Zivilcourage vor allem als prosoziales Handeln in Jugendgruppen bzw. am Ausbildungsplatz ein. Zusätzlich bestimmte der Leitfaden stark die Antworten und Reflektionsebenen.

Diese Untersuchungen sind Beispiele für eine Vorgehensweise, die auf positive Fragen auch positive Antworten erhalten will. Auch die empirische Untersuchung wird durch die Arbeitsergebnisse nicht in ihren Ausgangshypothesen überrascht, sondern findet sie bestätigt. Die Annahme zum Beispiel, dass Zivilcourage vor allem ein Handeln für andere sei, wird dadurch bestätigt, dass die Fragen auf eben diese Situationen abzielen und dadurch mit aller Wahrscheinlichkeit auch eben solche Antworten hervorrufen. Auch die Vorannahme, es handele sich um vor allem moralisch motiviertes Handeln, wird dank der Fragestellungen bestätigt, und schließlich werden hohe soziale Kompetenzen ermittelt, die die Annahme bestätigen, dass couragiertes und prosoziales Handeln in der Gesellschaft ein positives Anliegen sei. Solche stillschweigenden oder ausdrücklichen Vorannahmen und Wünsche beeinflussen die Methoden und Ergebnisse einer Forschung in erheblichem Maße und müssen deshalb selber kritisch überprüft werden.

II.

Die rekonstruktiv vorgehende Methode der dokumentarischen Interpretation (Bohnsack 1993) scheint mir noch am ehesten einen Einblick in die Wirklichkeit couragierten Handelns zu ermöglichen. Diese sozialwissenschaftliche Methode ist von den kulturwissenschaftlichen Analysen Karl Mannheims inspiriert und besonders für die Rekonstruktion intersubjektiver Sinnstrukturen von Gruppen und Generationen geeignet. Sie kann aber gerade auch wegen ihrer klar strukturierten und nachprüfbaren Methode für die Rekonstruktion und den Vergleich individueller Sinnstrukturen für die vorliegende Untersuchung verwendet werden. Sie beruht auf der Interpretation biografisch-narrativer Interviews, der Bildung von Typen und des Vergleichs derer, die sich hinsichtlich von Merkmalen wie Geschlecht, Alter oder Beruf extrem voneinander unterscheiden. Im Unterschied zu standardisierten Fragen wie in der Untersuchung von Meyer/Hermann (1999), die sich fast ausschließlich auf das Verhalten in Konfliktsituationen beziehen und Antworten in Gestalt von rationalen Erklärungen und Rechtfertigungen des Handelns hervorrufen, bieten offene, biografische Interviews die Möglichkeit zur eigenständigen Erzählung von Erinnertem, aus denen sich Sinnstrukturen und habituelle Grundzüge jenseits rationaler Erklärungen herausarbeiten lassen. Die Ergebnisse sind, wie wir noch sehen werden, insbesondere dazu geeignet, Vorurteile über die Eigenarten von Zivilcourage aufzulösen und uns vor einem idealistischen Bild couragierter Menschen zu bewahren.

Ich habe 35 Personen im Alter zwischen 25 und 45 Jahren befragt, die in den Jahren zwischen 1980 und 1990 in einer ostdeutschen Großstadt lebten und Mut bewiesen haben. Sie hatten verschiedene Berufe erlernt und sich in so verschiedenen gesellschaftlichen Bereichen couragiert verhalten wie der SED und ihren Organisationen, der Kirche oder an ihrem Arbeitsplatz. In den Mittelpunkt der Untersuchung habe ich dann acht der befragten Personen gestellt, die sich ganz deutlich voneinander unterschieden, um mögliche Gemeinsamkeiten herauszuarbeiten. Zu Vergleichszwecken habe ich eine ältere Person befragt, deren ‚aktive‘ Zeit in den 30er bis 50er Jahren lag, sowie zwei Personen, die sich in ihrem Leben deutlich nicht couragiert verhalten hatten.

Ich kann hier nicht die einzelnen, z.T. sehr dramatischen und bewegenden Lebenswege und Erzählungen wiedergeben und nicht auf die jeweils individuelle Persönlichkeit dieser Menschen eingehen, sondern sie nur stichwortartig charakterisieren[1]. Ich werde im Folgenden gleich die Schlussfolgerungen vorstellen, die sich daraus

1. für die Genese des Habitus couragierten Handelns,
2. für das Verhältnis zwischen Zivilcourage und Moral und
3. für das Verhältnis von Zivilcourage und politischem Bewusstsein

ziehen lassen. Anschließend will ich auf das Verhalten dieser Menschen unter den Bedingungen des Wandels eingehen und zum Schluss einige Bemerkungen zur Mythisierung eines öffentlichen und wissenschaftlichen Begriffs machen.

Zunächst drei Personen, die jeweils unterschiedliche Typen repräsentieren: Der Typus des unpolitischen Anarchisten, der Typus einer christlichen Fundamentalistin und der einer in eigenen Worten ‚naiven‘ Altruistin.

Erstens der Typus des unpolitischen Anarchisten: Es handelt sich dabei um einen 1914 geborenen Arbeiter, jüngstes von zwölf Kindern. Der Vater legte eine außergewöhnliche Brutalität der Familie gegenüber an den Tag

---

1 Die gesamte Untersuchung mit einer ausführlichen Wiedergabe von Selbstaussagen und entsprechender Interpretation wird 2001 veröffentlicht.

und ruinierte durch seinen Alkoholismus den landwirtschaftlichen Betrieb. Der Sohn entwickelte unter diesen Bedingungen ein tiefes Bedürfnis, sowohl seine eigene Ehre als auch die seiner fürsorglichen, aber schwachen Mutter zu verteidigen. Er war deshalb zeitlebens in Prügeleien und widerständige Aktionen gegenüber Vorgesetzten verwickelt. So auch während des Krieges bei der Wehrmacht, wo er wegen einer solchen Auseinandersetzung zum Tode verurteilt und anschließend an die Front begnadigt wurde. Ebenso auch in den 50er Jahren in der DDR, wo er sich von den, wie er sagte, „Parteibonzen" benachteiligt fühlte, mit seinem Protest eine Betriebsversammlung sprengte, am Aufstand des 17. Juni teilnahm und nach dessen Scheitern beschloss, mit Westberliner juristischen und Spionageorganisationen zusammenzuarbeiten. Er verteilte mehrere Jahre lang illegal Flugblätter und gab Informationen über Missstände in der DDR weiter, bis er schließlich verhaftet und zu elf Jahren Gefängnis verurteilt wurde.

Zweitens die christliche Fundamentalistin. Sie wuchs in einer streng pietistischen Familie auf und unterwarf sich ganz dem christlichen Glauben und der pietistischen Praxis des tätigen Christseins, das die Trennung von christlichem und staatlichem Leben erforderte. Sie setzte sich für eine gerechte Gesellschaft jenseits von Kapitalismus und Sozialismus ein und widmete sich völlig der kirchlichen, oppositionellen Bewegung. Ihr Denken war von Schuld, Selbstverleugnung und einer Einteilung der Welt in Gut und Böse geprägt. Diskussionen und Meinungsstreit hielt sie für überflüssig, weil in der Bibel und anderen Büchern wie dem Bericht des Club of Rome bereits alles gesagt sei und es nunmehr auf das Handeln ankäme. Da sie sich nicht von ihrem Elternhaus lösen konnte, entwickelte sie eine eigenständige Position durch die Radikalisierung ihres Christentums.

Die dritte Person ist eine Lehrerin für Staatsbürgerkunde, also eine Lehrerin im inneren, ideologischen Bereich des Staates, die sich standhaft weigert der Partei beizutreten. Sie unterhielt ein ungewöhnlich gutes, den Parteimitgliedern schon verdächtig erscheinendes Verhältnis zu ihren Schülerinnen und Schülern. Dabei verhielt sie sich völlig unpolitisch, missachtete Geheimhaltungsvorschriften, kam der Aufforderung nicht nach, Schüler für die Offizierslaufbahn anzuwerben, und wurde schließlich quasi strafversetzt. Ihr Handeln war einerseits von einer Fürsorge für die Schüler geprägt, die derjenigen ähnelte, mit der sie in ihrem Elternhaus immer entschieden ihre jüngere Schwester gegen ihre Eltern in Schutz genommen hatte. Andererseits suchte sie ebenso stark eine solche Anerkennung durch ihre Schüler, wie sie sie früher in ihrem Elternhaus nie erlebt hatte. Ihr Handeln war von einer doppelten Erfahrung geprägt: einerseits endlose und zugleich fruchtlose Diskussionen mit ihren unzufriedenen und streitsüchtigen Eltern zu führen, von denen sie sich nicht geliebt fühlte, und andererseits in dem liberalen Elternhaus ihrer Freundin Zuflucht zu finden und ein paralleles Leben in einem weltoffenen Klima zu führen. Bei ihren Schülern förderte sie deren freie Meinungsäußerung, hielt ideologische Diskussionen für sinnlos und ging in Konfrontationen nicht taktisch vor, sondern „naiv" und spontan. Sie wollte nur ihren Freiraum verteidigen und blieb deshalb trotz ihrer Bereitschaft, dafür zu kämpfen, letztlich wehrlos.

Bei den hier beschriebenen Personen beruhen die Motive für couragiertes Handeln auf einer Reihe von Erlebnissen der Fremdbestimmung, Entwürdigung und Erniedrigung, die als Einschränkungen des individuellen Handlungsspielraums erfahren wurden (vgl. Miethe in diesem Band). Es waren Erfahrungen der Selbstverteidigung, die zumindest gelegentlich von Erfolg gekrönt waren und deshalb zu weiterer Selbstverteidigung ermutigten. Couragiertes Handeln hatte demnach bei diesen Personen keinen selbstlosen, sondern einen selbstbezüglichen Charakter. Es ging diesen Menschen darum, das nötige Gleichgewicht zwischen Selbstbestimmung und Beziehung zu anderen Menschen wiederherzustellen. Zwar hat sich die Christin nicht der Fremdbestimmung ihrer Eltern widersetzen können. Dennoch hat sie als Überlebensstrategie einen Weg für sich entwickelt, indem sie den religiösen Auftrag des Elternhauses radikalisierte und zu ihrer eigenen Angelegenheit machte.

Das Handeln dieser Personen ist weniger von einer besonderen Verantwortung für die Gemeinschaft geprägt als vielmehr von einer Verantwortung für sich selber: Nonkonformismus ist nicht das erklärte Ziel dieser Personen. Sie wollen nicht anders sein, sondern verhalten sich in bestimmten Situationen anders, weil sie den Zwang verspüren, mit sich selber übereinstimmen zu müssen. Dieser Zwang resultiert aus dem starken Bedürfnis, die Übereinstimmung mit sich selber wiederherzustellen. Wie sehr diese Konstellation frühzeitig angelegt ist, offenbart erst die gesamte Biografie. Was wir aus einem öffentlichen, vielleicht auch politischen Gesichtswinkel als

ein frei gewähltes Handeln wahrnehmen, erscheint so als eine innere Notwendigkeit.

Meine Untersuchung zeigt, dass couragierte Menschen mit zunehmender
Erfahrung Experten für das Aufspüren von interaktiven Konfliktstoffen
werden, die sie persönlich sehr berühren. Mit der Zeit beginnen sich ihre
Handlungsmuster zu habitualisieren und mit einem entsprechenden Varia-
tionsreichtum zu wiederholen. Es sind immer wieder ähnliche Konstellationen, in denen sich die Akteure zu abweichendem und mutigem Handeln
herausgefordert sehen, oder die sie gelegentlich auch unbewusst selber her-
beiführen.

Was zweitens das Verhältnis von Mut und Moral betrifft, so widerspricht
die Untersuchung der verbreiteten Auffassung, Zivilcourage sei von besonderen moralischen Motiven getragen. Begründen couragierte Personen ihr
Handeln mit der Notwendigkeit, zum Beispiel Gerechtigkeit herzustellen, so
zielt diese Aussage in erster Linie auf die Überwindung von selbst erfahre-
ner Ungerechtigkeit und auf die Anerkennung durch andere ab.

Das wird besonders anhand der Lebensgeschichte einer weiteren der befragten Personen deutlich, eines Bühnenbildners, der schon in der Schule
gern eine Bande anführte und später auf Gewerkschaftsversammlungen zum
Sprecher der Unzufriedenen wurde. Er bezeichnet sich selber rückblickend
als „Kämpfer für Gerechtigkeit". Er wurde in der Schule wegen seines Aus-
sehens gehänselt und von seiner Mutter für ihre eigenen Interessen ausge-
nutzt. Er suchte verzweifelt nach Liebe und Anerkennung, nach „Heimat".
Er bemühte sich deshalb, im Mittelpunkt einer Gruppe zu stehen und entwickelte dazu besondere körperliche Fähigkeiten im Ringkampf, den er
später in einen politischen Ringkampf umwandelte. Er wurde Leiter einer
Kleinkunstbühne, die gesellschaftliche Tabuthemen zur Diskussion stellte,
er bildete mit Freunden zusammen innerhalb der SED eine streng verbotene,
abweichende Reformgruppe, die sich mit verbotener kommunistischer Literatur befasste, und er beteiligte sich schließlich im Mai 1989 an den Kon-
trollen der Kommunalwahlen.

Moralische Begründungen wurden bei den meisten Befragten, wenn
überhaupt, aus der eigenen Situation heraus bestimmt und gerade nicht
durch die Übernahme allgemein verbindlicher moralischer Kodices. Moralische Erklärungen oder gar Moralpredigten fehlten. Sie waren nur bei jenen

anzutreffen, die wie die Christin einer außengeleiteten Moral unterworfen waren. Moralische Erwägungen haben eine nur sekundäre Bedeutung im Verhältnis zu der Suche nach einer inneren Balance in dem Verhältnis zwischen Anerkennung und Selbstachtung, Individuum und Gemeinschaft, Übereinstimmung mit sich selber und Intersubjektivität (Nisan 1991, 1993). Couragiertes Verhalten dient bei diesen Personen der Wiederherstellung einer aus dem Gleichgewicht geworfenen Balance oder der Abwehr eines drohenden Gleichgewichtsverlusts. Moralische Gründe, die, wie allgemein behauptet wird, eine besondere Rolle bei couragiertem Handeln spielen, lassen sich vor allem als rationale Erklärungen des eigenen Handelns, als vereinfachende, von den Erzählungen abstrahierende und damit entstellende Begriffsbildungen deuten.

Von diesen vier Personen, deren Zivilcourage sich in den grundlegenden Erfahrungen im Elternhaus herausgebildet hat, unterscheiden sich jene, deren Mut sich in der gesellschaftlichen Sphäre entwickelte. Dazu stelle ich kurz zwei Personen vor. Dem Unterschied zwischen diesen beiden und den vorherigen Personen begegnen wir bei ihrem grundsätzlich unterschiedlichen Verhalten nach der Wende wieder.

Es handelt sich um einen Ingenieur, der eine unbeschwerte Kindheit verlebte, von seinen Eltern gefördert und gegenüber den staatlichen Anmaßungen verteidigt wurde, als Klassenbester seine Schulzeit absolvierte und eine wissenschaftliche Laufbahn einschlug. Dabei wurde er in zunehmendem Maß mit den politischen Gängeleien derer konfrontiert, die er als „dumme Genossen" bezeichnete. Die Einschränkung seiner geistigen Freiheit empfand er als demütigend und suchte nach einem Freiraum, den er nach längerer Suche in einer kirchlichen Friedensgruppe fand. Er spezialisierte sich darauf, besser informiert und schlagfertiger als die Parteigenossen zu sein, um sich für die Gängeleien zu rächen. So organisierte er öffentliche Diskussionsveranstaltungen unter dem schützenden Dach der Kirche, verweigerte mit wohlüberlegten Argumenten seine Unterschriften unter staatliche Propagandaresolutionen und nutzte die legalen Möglichkeiten aus, um in seinem Betrieb die Zusammensetzung des Betriebsrats durch die Kandidatur von einer Reihe parteiloser Angestellter erheblich zu verändern.

Ähnlich eine junge Autonome, die in der Schule gern gemeinsame Aktivitäten organisierte und deshalb zunächst den Posten der FDJ-Sekretärin

254

übernahm und später dann eine Clique anführte und kritische Sprecherin ihrer Klasse wurde. Durch ihren alternativen Lebensstil geriet sie zunehmend in Konflikte mit den Lehrern, unterstützte die Friedensbewegung, weil sie das Zusammenleben der Menschen in der DDR friedfertiger gestalten wollte, klebte illegal Flugblätter, ließ sich von einem Stasi-Verhör und Drohungen der Schulleitung nicht einschüchtern, sondern blieb weiter in der Friedensbewegung, verließ dann den Freiraum der Kirche, schloss sich einer autonomen Jugendgruppe an und gründete schließlich zu Beginn der Wende eine demokratische Organisation und später das Neue Forum in ihrer Stadt.

In beiden Fällen wird deutlich, wie sich widerständiges Verhalten an der Einschränkung der individuellen Selbstbestimmung und Bewegungsfreiheit in der Öffentlichkeit entzündete. Beide verteidigten ihre intellektuelle und kulturelle Freiheit, entweder als Individualist oder als Angehörige einer jugendlichen Subkultur. Beide wuchsen in einem durchschnittlichen Elternhaus auf, hatten keine vergleichbaren tiefgreifenden persönlichen Erniedrigungen erfahren und deshalb auch weniger Veranlassung, nach persönlicher Anerkennung zu streben. Sie engagierten sich deshalb auch weniger in direkten intersubjektiven Auseinandersetzungen, sondern agierten mehr im Rahmen der gesellschaftlichen Öffentlichkeit und waren in ihren Zielen und Mitteln flexibler. Ihr Betätigungsfeld ist die zivile Gesellschaft. Sie reiben sich mit diktatorischen Verhältnissen ebenso wie mit diktatorisch agierenden Individuen, durch die sie ihre Freiheit in der zivilen Gesellschaft eingeschränkt sehen. Nach der Wende suchte der Ingenieur weiterhin das „Ungewöhnliche" und engagierte sich deshalb bei den Grünen, und die junge Autonome fand ein ungehindertes Betätigungsfeld in der Alternativkultur.

Vergleichen wir diese Ergebnisse mit den Thesen der oben genannten Schriften, fällt einmal mehr auf, wie sehr Zivilcourage undifferenziert mit altruistischem sowie moralischem Handeln in eins gesetzt wird. Singer (1992, S. 29) bezeichnet Mitleiden als stärkste moralische Kraft und als Grundlage von Zivilcourage. Die vorliegenden Ergebnisse dagegen weisen eine entscheidende Differenz zwischen Zivilcourage und Altruismus auf: mutiges Handeln in der Öffentlichkeit kann aus selbstbezogenen, mitunter egoistischen Gründen stattfinden und zugleich für die Gemeinschaft nützlich sein, während Altruismus auch bei ängstlichen Menschen vorhanden sein kann, deren Handeln weit von Zivilcourage entfernt ist.

255

Bei Meyer/Hermann (1999, S. 182f.), aber auch den anderen Autoren, scheinen mutige Menschen vor allem aus moralischen Gründen und dabei vor allem aus Gründen der Gerechtigkeit zu handeln. Die Autoren kommen zu diesem Ergebnis vor allem aufgrund ihrer Frage nach den Gründen des jeweiligen Handelns. Als Antworten werden nicht ausführliche Geschichten erzählt, sondern Begriffe gesucht, was dazu führt, dass rationale Gründe wie unfaires Handeln oder ungerechte Verhältnisse angeführt werden. Es werden also moralische Normen als gegeben angenommen statt die biografischen Gründe hinter den rationalen Erklärungen zu suchen und allgemeine Normen in ihre jeweilige Sinnhaftigkeit aufzulösen.

In zwei weiteren Gesprächen mit genannten sechs Personen wurde ihr Verhalten nach der Wende deutlich. Bei dem einen Gespräch, zwei Jahre nach meiner ersten Begegnung mit ihnen, wollte ich, damals noch als Skeptiker qualitativer Methoden, feststellen, ob ihre ersten Aussagen eine ausreichende Gültigkeit besitzen. Bei dem anderen Gespräch handelte es sich um ein Gruppengespräch, bei dem fünf der sechs Personen teilnahmen. Bei diesen Gesprächen wurde offenkundig, dass die habituelle Einstellung dem individuellen Verhalten die notwendige Sicherheit und Routine im Alltag verleiht, gleichzeitig sich aber nur langsam an schnelle und starke Veränderungen der gesellschaftlichen und politischen Verhältnisse anpasst.

Der unpolitische Anarchist begrüßte begeistert die Wende, um aber nach wenigen Jahren erneut allen Politikern und auch der Gauck-Behörde tief zu misstrauen. Da er Schwierigkeiten hatte, sich in der neuen Öffentlichkeit und in der Informationsgesellschaft zurechtzufinden, misstraute er allen Informationen und vermutete dahinter Verschwörungen gegen seine Person. Er interpretierte die veränderten Verhältnisse mit den alten Maßstäben und wandelte sich deshalb von einem couragierten Widerständler zu einem Querulanten. Die christliche Fundamentalistin begann nach der Wende angesichts der Auflösung der kirchlichen Oppositionskreise einen Prozess der Selbsterforschung und kritischen Auseinandersetzung mit ihrer Fremdbestimmung. Sie fühlte sich nun rückblickend von ihrem Elternhaus geistig und auch körperlich missbraucht und interpretierte ihr politisches Engagement als einen Umweg auf der Suche nach sich selber. Dabei aber legte sie nicht ihre Bereitschaft zu einer totalen Hingabe ab, sondern ersetzte lediglich die Hingabe an eine christliche Gegenwelt durch die an eine psychoanalytische Selbsterforschung. Der ehemalige Bühnenbildner blieb auch nach der Wende überaktiv und sehnte sich doch gleichzeitig immer nach einer inneren Heimat und Ruhe.

Die drei anderen dagegen, die ehemalige Staatsbürgerkundelehrerin, der Ingenieur und die junge Autonome, engagieren sich flexibel und zu konkreten Themen in ihren Berufen bzw. politischen Initiativen. Die Lehrerin übernahm als Vertrauensfrau Verantwortung für ihr Kollegium, der Ingenieur engagierte sich bei der Grünen, weil sie nicht nur programmatisch, sondern auch in ihrer geringen Stärke in Ostdeutschland das „Außergewöhnliche" repräsentierten, und die junge Autonome fand eine Arbeitsstelle im alternativen Milieu. Der Grund für ihre Flexibilität liegt in ihrer Autonomie und inneren Balance sowie ihrer Fähigkeit zu konkreten zwischenmenschlichen Beziehungen.

Diese Unterschiede werden auch nicht zufällig in der Dramaturgie ihrer Erzählungen deutlich, die ihrerseits die Dramaturgie ihrer Lebensläufe und ihres Habitus widerspiegeln. Ich habe deshalb diese Personen noch einmal als zwei Typen couragierter Menschen unterschieden: als Tragiker, die in ausweglos erscheinende Lagen gerieten, und Komiker, die in einem distanzierten und damit souveränen Verhältnis den Ereignissen gegenüber stehen.

Dem tragischen Typus war es nicht gelungen, ein ausgewogenes Verhältnis zwischen angestrebter Autonomie, Mitteln des Handelns, Werten und Beziehungen zu anderen Menschen zu entwickeln. Er schien in die Konflikte, die er durchlebte, unlöslich verstrickt zu sein. Die Gegensätze waren bipolar und erschienen als unversöhnlich (Individuum – Autoritäten, Gut und Böse in der Welt, Suche nach innerem Frieden und Getriebensein), die Lage erschien immer als überwältigend. Der tragische Typus hatte keine Distanz und keine Möglichkeit, die Lage zu kontrollieren, er schien ihr schicksalhaft ausgeliefert, an ihr zu leiden und auf der Suche nach einem Ausweg aus diesem Dilemma einmal mehr auf sich selber zurückgeworfen.

Der komische Typus war nach außen gerichtet, unterhielt zwischenmenschliche Beziehungen, bedurfte keiner äußeren, monologischen Hilfsmittel wie Weltanschauung, Ehrbegriff oder Gewalt und verfügte über ein gewisses Maß an Selbstdistanz. Die Konflikte erschienen als lösbar, die Akteure schienen keinem Schicksal ausgesetzt zu sein und deshalb nicht alles auf eine Karte setzen zu müssen. Wenn sie auch allesamt die Bevölke-

257

rung nach der Wende als apathisch kritisierten, so führten die Tragiker als Gründe dafür Macht und Manipulationen der Herrschenden an, während die Komiker eher ihre eigene kulturelle Differenz gegenüber der Mehrheit als Grundlage ihrer Kritik betonten. Der erste Typus ist der des couragierten Menschen unter den Verhältnissen der Diktatur, der zweite derjenige in der offenen Gesellschaft.

Will man couragiertes Handeln beschreiben, dann muss man also gleichzeitig die gesellschaftlichen und politischen Umstände mit berücksichtigen, unter denen diese Menschen aufgewachsen sind und handeln. Die institutionellen Rahmenbedingungen wie Rechts- und Verfassungsstaatlichkeit und Rechtssicherheit oder Rechtlosigkeit sowie Gewaltenteilung oder Einparteienherrschaft beeinflussen in entscheidendem Maß die zwischenmenschlichen Umgangsweisen in Familie und Öffentlichkeit. Es ist deshalb nicht verwunderlich, dass die Gewalttätigkeit einer Diktatur zu entsprechend gewaltsamen Beziehungen in der Gesellschaft führt. Couragiertes Handeln entsteht in der Auseinandersetzung mit dieser Gewalt.

Zivilcourage unter demokratischen Verhältnissen hat es deshalb weniger mit sichtbar erzwungenem Verhalten und Passivität als mit einem sich selbst regulierenden Konformismus und Handeln von Personen und Gruppen zu tun. Damit können im Hinblick auf die hier vorgestellten Personen jene besser umgehen, die weniger ausschließlich der offenen Gewalt einzelner Personen ausgesetzt waren und mehr in Beziehungen der wechselseitigen Anerkennung und des gemeinsamen Handelns mit anderen standen. Es verwundert deshalb nicht, dass viele derjenigen in der DDR, die nicht nur mutig und nonkonform handelten, sondern auch oppositionelle Gruppen bildeten oder anführten, unter demokratischen Verhältnissen keine politisch führenden Aufgaben mehr wahrnahmen. Der hier vorgestellten Christin schwand nicht nur die Anhängerschaft, sondern auch die Grundlage eines bipolaren Weltbildes, das dem couragierten Handeln einen geeigneten Rahmen gab. Andere wie der Bühnenbildner können nun in der Öffentlichkeit agieren, ohne dabei zu mutigem Handeln veranlasst zu werden.

III.

Dieser Wandel von der Diktatur zur Demokratie ist aber nicht nur ein Problem für die Kontinuität habitueller Verhaltensweisen, sondern auch für die Kontinuität eines habituellen theoretischen Selbstverständnisses. Das betrifft vor allem die westdeutsche Diskussion über den praktischen Dissens Einzelner oder von Gruppen, die sich in einem langsamen Wandel von Begriffen wie Widerstand, ziviler Ungehorsam und Zivilcourage befindet.

So steht bei Singer Zivilcourage als „Widerstandsrecht der kleinen Münze" (Singer 1993, S 178ff.) in der Tradition der ökologischen und pazifistischen Bewegungen der 70er und 80er Jahre: „Zum ,großen' Widerstand gehört ziviler Ungehorsam" (Singer 1993, S. 180). Diese Bewegungen beriefen sich auf den zivilen Ungehorsam – ein doppelsinniger Begriff, der nicht nur die Verweigerung des Gehorsams gegenüber den Gesetzen, sondern vor allem auch gegenüber der Politik der Regierung und ihrer Vollzugsorgane umschrieb. Der Begriff des zivilen Ungehorsams entstammt der Welt von Obrigkeit und Untertanen. Demokratietheoretisch gesehen handelt es sich jedoch bei dem Ungehorsam um einen Dissens, das heißt um die Verweigerung der Zustimmung der Bürger zur Politik ihrer Regierung oder zu einzelnen Gesetzen. Nicht Gehorsam und Ungehorsam, sondern Konsens und Dissens beschreiben die fortlaufenden Bewegungen der Demokratie, ohne die keine lebendige Entwicklung möglich wäre. Dieses Verständnis setzt aber das bürgerschaftliche Verständnis voraus, dass Politik nicht vertikal vollzogen wird, sondern in einem horizontalen Raum, eben einer Republik stattfindet (Barber 1994).

Da dieses Verständnis in Deutschland aber nicht der Gründung der deutschen Demokratie zu Grunde lag, sondern sich erst nachholend entwickeln musste, lag es nahe, dass die Theoretiker des zivilen Ungehorsams darauf verzichteten, den Dissens aus der Demokratie selber heraus zu entwickeln, und es vorzogen, auf historische und vorpolitische Rechtfertigungen dessen zurückzugreifen, was sie als richtig und falsch, als gut und böse bewerteten (Vack, o. J.). So wurde die Legitimationskrise der Politik in den 70er und 80er Jahren und der Streit um die Gefahren technischer Großprojekte und die Politik der Nachrüstung aus einer Reihe von fundamentalen Konfliktfällen hergeleitet, „in denen einzelne oder Gruppen unter Berufung auf ihr Gewissen und auf göttliches Gebot bestreiten, dass die Regierung zu einer bestimmten Politik berechtigt ist," und die Bürger „Alarmzeichen setzen, vollendete böse Tatsachen zu verhindern und die Mehrheit zu überzeugen" (Ebert 1984, S. 259).

Auch Habermas (1983, S. 35) hebt den „moralisch begründeten Protest" und die ständig erforderliche moralische Rechtfertigung hervor. Dass diese Gründe in der öffentlichen Diskussion nicht mehr als Meinungen darstellen, mag für einen Christen schmerzlich sein, ist aber unabdingbare Voraussetzung der Demokratie.

Will man den zivilen Ungehorsam demgegenüber zu einem Bestandteil demokratischen Handelns machen, so muss man alle vorpolitischen und damit auch moralischen Letztbegründungen ausklammern. Das gilt auch für die Zivilcourage. Hannah Arendt schlug deshalb vor, die Gruppen des zivilen Ungehorsams und Bürgerinitiativen in die Tradition der von Tocqueville so gerühmten politischen Vereinigungen zu stellen und sie als ‚Meinungsminderheiten' zu verstehen, die in den 60er Jahren das ‚Amerikanische Dilemma', das heißt die Krise des repräsentativen Regierungssystems und die Bürokratisierung der Parteien der USA, ans Licht brachten.

„Ziviler Ungehorsam entsteht, wenn eine bedeutende Anzahl von Staatsbürgern zu der Überzeugung gelangt ist, dass entweder die herkömmlichen Wege der Veränderung nicht mehr offen stehen bzw. auf Beschwerden nicht gehört und eingegangen wird oder dass im Gegenteil die Regierung dabei ist, ihrerseits Änderungen anzustreben, und dann beharrlich auf einem Kurs bleibt, dessen Gesetz- und Verfassungsmäßigkeit schwerwiegende Zweifel aufwirft." (Arendt 1986, S. 136)

Ziviler Ungehorsam ist nach dieser Definition ein politisches Instrument, das entweder der Verteidigung der Verfassung gegen die Politik einer Regierung oder dem Druck auf eine Regierung dient, sich Reformen gegenüber zu öffnen, die allgemein als dringend notwendig erachtet werden. Es ist ein Instrument für Krisenzeiten, wenn die üblichen Wege nicht mehr gangbar sind. Dann tritt der Fall ein, dass ein derartiger Notstand „die freiwilligen Vereinigungen in zivilen Widerstand verwandelt (hat) und den Dissens in Widerstand übergehen" (Arendt 1986, S. 159) lässt. In jedem Fall ist das Grundanliegen ein politisches, insofern es um den Bestand und die Verteidigung der Republik geht und nicht um die Errichtung einer idealen, ‚anderen Republik'.

Niemand muss sich dazu auf ein höheres Recht als die ohnehin vorhandenen und garantierten Rechte berufen. Allerdings bedarf es der Bereitschaft der Bürger, sich auf diese politische Ebene einzulassen, das heißt die Pluralität zu respektieren und nicht der eigenen Meinung unterzuordnen. Auch zu Tocquevilles Zeiten herrschte „in solchen Vereinigungen oft eine unerträgliche Tyrannei" (Arendt 1986, S. 155), die über kurz oder lang zur Auflösung solcher Gruppen führte, wie wir es von der Studentenbewegung her kennen. Ziviler Ungehorsam ist also nicht das Ergebnis einer individuellen Gewissensentscheidung, sondern einer gemeinsamen Urteilsfindung, bei dem die einzelnen nicht bloß an dem eigenen Wohlergehen, sondern vor allem auch an dem der Gemeinschaft interessiert sind. Darin liegt für Arendt der Unterschied zwischen dem guten Menschen und dem guten Bürger. Deshalb fand sie auch Thoreaus Haltung problematisch, weil er sich

„nicht auf die moralische Beziehung des Bürgers zum Gesetz, sondern auf das individuelle Gewissen und die daraus resultierende moralische Verpflichtung berief. (...) Hier wie anderswo auch, ist das Gewissen unpolitisch. Weder ist es vorrangig an der Welt interessiert, in der Unrecht begangen wird, noch an den Folgen, welches dieses Unrecht für den künftigen Lauf der Welt hat" (Arendt 1986, S. 125f.).

Es ist dieser Mangel an Unterscheidung zwischen privatem und politischem Bürger, zwischen individueller Gewissensentscheidung und gemeinsamem, kontroversem Urteilen, Individualität und Pluralität, Interesse am Selbst und Verantwortung für die Welt, der der bisherigen Diskussion über den zivilen Ungehorsam und der jetzigen über Zivilcourage gemeinsam ist. Politisch ist couragiertes Handeln im eigentlichen Sinne nur dann, wenn es nicht auf der individuellen, undialogischen Gewissensentscheidung beruht, sondern auf dem gemeinsamen Urteilen (Arendt 1986). Dabei ist

„der Mensch (....) a-politisch. Politik entsteht in dem Zwischen-den-Menschen, also durchaus außerhalb des Menschen. Es gibt daher keine eigentliche politische Substanz. Politik entsteht im Zwischen und etabliert sich als der Bezug" (Arendt 1993, S. 11).

Über Gewissensgründe beim couragierten Handeln lässt sich nicht diskutieren, weil das Gewissen nicht an der Pluralität, sondern lediglich an der Integrität des individuellen Selbst interessiert ist. Dass häufig die individuellen Charaktere und das konkrete Handeln einem abstrakten Bild von Bewegung, System und gutem Menschen geopfert wurde, kennzeichnet das geringe

Interesse am konkreten und wechselvollen Verlauf des politischen Handelns, das sich immer wieder zwischen Eigensinn und Kompromiss, Urteilen und Irren, Erfolg und Scheitern bewegt, und beides beinhaltet: sowohl Triumph als auch Tragik (Kennedy 1993, S. 257).

Anders als Arendt, die den politischen Raum zugunsten der Entfaltung von Pluralität und unvorhergesehenem Handeln öffnete und somit von einer Horizontalität des Handlungsraums ausging, haben Singer und Bastian ein vertikales Weltbild, bei dem sich das Gute unten und die schon seit 200 Jahren schlechte Politik oben befindet (Bastian 1996, S. 96). Zivilcourage ist dabei das Mittel zu einer grundlegenden Veränderung von Politik. Es ist fraglich, ob Zivilcourage dann, wenn das Ziel vermeintlich erreicht ist, noch erwünscht ist. Die neue Politikerklasse, die sich Singer wünscht, ist die Verkörperung des Guten schlechthin und wird sich damit deutlicher als die heute existierende von der Bevölkerung abheben. Diese Politiker setzen sich mit humanen Wertvorstellungen auseinander, entwickeln ethische Perspektiven, sind sozial empfindsam, hören anderen aktiv zu, nutzen die Schwächen der Gegner nicht aus, haben den Mut, die eigene Meinung zu ändern, sind selbstkritisch, gewaltfrei, usw. (Singer 1992, S. 176ff.). Auch Simone Dietz, die als Philosophin eigentlich dazu prädestiniert sein sollte, sich mit der Brüchigkeit der menschlichen Angelegenheiten zu befassen, überfrachtet den Begriff der Zivilcourage mit soviel Normativität und Definitionen, dass es gegenüber denjenigen, die ich hier vorgestellt habe, kaum erlauben sein dürfte, sie als Menschen mit Zivilcourage zu bezeichnen. „Zivilcourage verlangt genau genommen drei verschiedene Fähigkeiten: politisches Orientierungsvermögen, Gemeinsinn und Mut." (Dietz 1996, S. 153) Das aber sieht, wie wir feststellen konnten, in der Wirklichkeit anders aus.

Schließlich versuchen vor allem Meyer/Hermann (1999), Zivilcourage als eine handhabbare und damit erlernbare Form öffentlichen Handelns herauszuarbeiten. Wenn es dabei auch nicht direkt um eine Technik geht, sondern um die Entfaltung sozialer Fähigkeiten, so sollen sie doch möglichst erlernbar gemacht werden. Zugleich wird Zivilcourage indirekt zu der einzig diskutierten Tugend stilisiert, neben der es nicht unbedingt die anderen Tugenden Besonnenheit, Gerechtigkeit und Klugheit geben muss, obwohl sie doch alle zusammen in einem notwendigen Wechselspiel stehen. Es gibt in dieser Untersuchung auch nicht zumindest Hinweise auf Erfahrungen und entsprechende Diskussionen über Grenzüberschreitungen oder problematische Aspekte bei den Voraussetzungen couragierten Handelns.

Dieser definitorische Zwang eines handhabbaren, allumfassenden und möglichst positiven Begriffs von Zivilcourage führt auf direktem Weg von den Tatsachen und Erfahrungen fort und zu einer Idealisierung und Mythisierung hin. Wie kommt es, dass die Ergebnisse einer empirischen Untersuchung so auffallend wenig mit den Theorien zu tun haben, die über denselben Gegenstand entwickelt werden?

Die Art der bisherigen Forschung selber gibt entscheidende Hinweise. Ein Grund dürfte in der noch immer verbreiteten skeptischen Haltung gegenüber den Möglichkeiten offenen Alltagshandelns in einer Bürgergesellschaft liegen. Daraus ziehen Bastian und Singer den Schluss, dass eine politisch-moralische Avantgarde nötig sei, die sich von einer engen Verzahnung von Politik und Moral bzw. einer moralisierten Politik leiten lässt. Eine etwas mildere und indirekte Schlussfolgerung ziehen Meyer/Hermann aus dieser Skepsis, nämlich die Notwendigkeit, bürgerschaftliches Handeln zu einem Gegenstand der Volkserziehung zu machen. Schließlich herrscht das Bedürfnis vor, den Weg einer philosophischen Suche in die Tiefe der Erkenntnis zu finden, wo Dietz schließlich die Verbindung von Moralität, Vernunft und Bürgerlichkeit zu entdecken glaubt.

Ein solches Bedürfnis nach Avantgarde, Erziehung und Tiefe verbindet sich mit einer in Deutschland ausgeprägten Tradition eines Handeln aus Gewissensgründen und Überzeugungen im Sinne Luthers ‚Hier stehe ich. Ich kann nicht anders'. Dieses Handeln ist so ehrenhaft wie aussichtslos. Ob Heinrich v. Kleists Kohlhaas, der sich im Kampf um sein Recht in blinden Fanatismus steigerte, ob der aus verfassungsrechtlicher Sicht zweifelhafte Protest der Göttinger Sieben oder die aufrichtigen Verschwörungen gegen Hitler – immer kamen die Protestierer und Widerständler, ob selbst verschuldet oder nicht, in ausweglose Lagen und häufig ums Leben. Ob Kohlhaas als Fanatiker endete oder tragischer Held, war in der deutschen Wissenschaft keineswegs immer klar, und dass der Kampf der Göttinger Sieben gegen das Unrecht der Obrigkeit eine Legende ist, ist erst kürzlich analysiert worden (See 1997).

Die Bildung solcher Legenden, darunter auch der Sturm auf die Bastille als berühmteste, geschieht nicht ohne das entsprechende Verlangen nach

263

ihnen. Noch während der französischen Revolution wurde eine gemeinschaftliche Geschichtsfälschung ins Werk gesetzt, um den Ereignissen die
gewünschte Bedeutung zu verleihen. und diese Anpassung findet weiterhin
entsprechend den Wandlungen der französischen Nation bis heute statt (Lü-
sebrink/Reichardt 1990).

Was hier in der Öffentlichkeit und in der Wissenschaft gleichermaßen
vor sich ging, geschieht auch, wenngleich weniger spektakulär, im Fall der
Zivilcourage. Das geht vor allem auf drei Ebenen vor sich. Erstens wird der
Begriff der Zivilcourage von der konkreten Interessenlage bestimmt. In der
Öffentlichkeit wie in den wissenschaftlichen Fragestellungen wird Zivilcourage fast ausschließlich mit Hilfeverhalten gleichgesetzt. Zweitens wird an
einer positiven Ausgestaltung dieses Begriffs gearbeitet, um Zivilcourage
eindeutig bestimmbar, lehrbar und zu einem normativen Bestandteil der
Demokratie bzw. der Demokratietheorie zu machen. Wenn dann drittens
schließlich dieser Begriff selber Handlungen vorzuschreiben beginnt, dann
ist der Vorgang einer Mythisierung, der Bildung einer von der Geschichte
abgelösten Welt, vollendet (Barthes 1980). Was mit der guten Absicht begann, individuelles, nonkonformes, mutiges Handeln anzuerkennen und
aufzuwerten, führt zu einer begrifflichen Reduktion von Komplexitäten, zur
Abstraktion von der konkreten Lebenswelt und zur Schaffung einer neuen
Kollektivvorstellung, die mit der Wirklichkeit nicht übereinstimmt und sogar wirklichkeitsresistent werden kann. Das trifft im Prinzip für alle politischen Begriffe wie Freiheit, Macht, Herrschaft, Souveränität, Menschenrechte etc. zu.

Es scheint so, als ob dieser gesamte Vorgang der Begriffsbildung und der
Umgang mit Begriffen ein Problem mit weitreichenden Folgen ist, das nicht
nur die Wissenschaft, sondern auch unseren Alltag betrifft. Insofern gibt es
einen inneren Zusammenhang zwischen den abstrahierenden Benennungen
im alltäglichen Sprechen und Denken und der begrifflichen Ordnung einer
Welt, die zu ihrer Normierung, wie es Foucault beschrieb, das Normale und
Anormalen benennt und voneinander unterscheidet.

Vor diesem Hintergrund bekommt die These John G. Gunnells ein besonderes Gewicht, dass (nicht nur) die amerikanische Politologie immer die
politische Wissenschaft über die politische Wirklichkeit erhob und die
Theorie immer ein Eigenleben gegenüber den politischen Tätigkeiten führte.

So wird die Auseinandersetzung mit dem Wandel der äußeren Bedingungen für Zivilcourage zugleich zum Anlass, sich mit den Veränderungen in der Wahrnehmung und Beschreibung von Zivilcourage zu befassen.

Weil es bei Zivilcourage um ein offenes, unvorhergesehenes und vorübergehendes Handeln geht, wird hier vielleicht mehr noch als bei anderen Handlungen deutlich, welche Unterschiede zwischen der Rekonstruktion von Sinngehalten und Definitionen, zwischen Erzählungen und Begriffen, zwischen Ereignissen und Normativität und zwischen Verstehen und Handeln einerseits und Theorie und Praxis im modernen Verständnis andererseits bestehen. Dass dem gegenüber die verstehende Auflösung der Begriffe zu einem differenzierteren Wissen führt und damit Wissen und Leben, theoretisches und praktisches ‚Sich-Verstehen-auf‘ einen neuen Sinn erhalten und eher in Einklang zu bringen sind, ist zwar seit Sokrates als eine der möglichen wissenschaftlichen Methoden bekannt, aber nicht sehr gebräuchlich (Martens 1992, S. 72). So sollte die Begegnung mit Zivilcourage ein Anlass sein, sich mit den Praktiken der Alltagswahrnehmung auseinander zu setzen.

Literatur

Arendt, H. (1986): Ziviler Ungehorsam. In: Dies.: Zur Zeit. Politische Essays, hg. von M. Luise Knott. Berlin (Rotbuch).

Arendt, H. (1993): Was ist Politik? Fragmente aus dem Nachlass. Hg. von U. Ludz, München (Piper).

Barber, B. (1994): Starke Demokratie. Über die Teilhabe am Politischen. Hamburg (Rotbuch).

Barthes, R. (1980): Mythen des Alltags. Frankfurt/M. (Suhrkamp).

Bastian, T. (1996): Zivilcourage. Von der Banalität des Guten. Berlin (Wagenbach).

Berlin, I. (1998): Wirklichkeitssinn. Ideengeschichtliche Untersuchungen. Berlin (Berlin Verlag).

Bohnsack, R. (1993): Rekonstruktive Sozialforschung – Einführung in Methodologie und Praxis qualitativer Forschung. Opladen (Leske + Budrich).

Braun, D. (1997): Handlungstheoretische Grundlagen in der empirisch-analytischen Politikwissenschaft. Eine kritische Untersuchung. In: Benz, A./Subel, W. (Hg.): Theorieentwicklung in der Politikwissenschaft – eine Zwischenbilanz. Baden-Baden (Nomos), S. 45–74.

Wolfgang Heuer

Dietz, Simone (1996): Die Bürgerlichkeit der Vernunft: Orientierung durch Zivilcourage. In: Dietz, S. u.a. (Hg.): Sich im Denken orientieren. Für Herbert Schnädelbach. Frankfurt/M. (Suhrkamp), S. 140–155.

Ebert, T. (1984): Ziviler Ungehorsam – eine soziale Erfindung. In: Ziviler Ungehorsam. Von der APO zur Friedensbewegung. Waldkirch (Waldkircher Verlagsgesellschaft), S. 253–275.

Foglman, E. (1995): „Wir waren keine Helden". Lebensretter im Angesicht des Holocaust. Motive, Geschichten, Hintergründe. Frankfurt/New York (Campus).

Grassi, E. (1968): G. B. Vico und das Problem des Beginns des modernen Denkens. Kritische oder topische Philosophie? In: Zeitschrift für philosophische Forschung 22(4), S. 491–509.

Gunnell, J. G. (1986): Between Philosophy and Politics. The Alienation of Political Theory. Amherst (The University of Massachusetts Press).

Habermas, J. (1983): Ziviler Ungehorsam – Testfall für den demokratischen Rechtsstaat. Wider den autoritären Legalismus in der Bundesrepublik. In: Glotz, P. (Hg.): Ziviler Ungehorsam im Rechtsstaat. Frankfurt/M. (Suhrkamp), S. 29–53.

Kennedy, J. F. (1992): Zivilcourage. Düsseldorf (Econ).

Kuhl, U. (1986): Selbstsicherheit und prosoziales Handeln. Zivilcourage im Alltag. München (Profil).

Lüsebrink, H.-J./Reichardt, R. (1990): Die Bastille. Zur Symbolgeschichte von Herrschaft und Freiheit. Frankfurt/M. (Fischer).

Meyer, G./Hermann, A. (1999): „„...normalerweise hätt' da schon jemand eingreifen müssen." Zivilcourage im Alltag von BerufsschülerInnen. Schwalbach/Ts. (Wochenschau).

Martens, E. (1992): Die Sache des Sokrates. Stuttgart (Reclam).

Nissan, M. (1991): The Moral Balance Model: Theory and Research Extending Our Understanding of Moral Choice and Deviation. In: Kurtiner, W.M./Gewirtz, J.L.(Hg.): Handbook of Moral Behavior and Development. Hillsdale/NJ (Erlbaum), S. 213–250.

Nissan, M. (1993): Bilanzierte Identität. Moralität und andere Identitätswerte. In: Edelstein, W. u.a. (Hg.): Moral und Person. Frankfurt/M. (Suhrkamp), S. 232–258.

Nullmeier, F. (1997): Interpretative Ansätze in der Politikwissenschaft. In: Benz, A. /Subel, W. (Hg.): Theorieentwicklung in der Politikwissenschaft – eine Zwischenbilanz. Baden-Baden (Nomos), S. 101–144.

Oliner, S. P./Oliner, P. M. (1988): The Altruistic Personality. Rescuers of Jews in Nazi Europe. What Led Ordinary Men and Women to Risk Their Lives on Behalf of Others? New York (The Free Press).

Singer, K. (1992): Zivilcourage wagen. Wie man lernt, sich einzumischen. München (Piper).

See, K. v. (1997): Die Göttinger Sieben. Kritik einer Legende. Heidelberg (Winter).

Vack, K. (o.J.): Ungehorsam als BürgerInnenpflicht. 30 Thesen zum Zivilen Ungehorsam. Versuch einer Zwischenbilanz. In: Komitee für Grundrechte und Demokratie. Jahrbuch 1987, Sensbachtal.

Die Autorinnen und Autoren

Myra Marx Ferree, Ph.D., Professorin für Soziologie an der University of Wisconsin-Madison (USA), zuvor Professorin für Soziologie und Women's Studies an der University of Connecticut, Storrs. Arbeitsschwerpunkte: Geschlechterverhältnisse, soziale Bewegungen und die Beziehung zwischen Arbeits- und Familienleben, vergleichende Forschung zu Geschlechterpolitik in Deutschland und den USA, zuletzt Beteiligung an einem internationalen Forschungsprojekt zu Veränderungen des Abtreibungsdiskurses in Deutschland und den USA.

Hagen Findeis, Dr. phil., geb. 1966 in Wermsdorf/Sachsen, Studium der Theologie 1986-1991 an der Universität Leipzig, danach Stipendiat und wissenschaftlicher Assistent an der Theologischen Fakultät der Universität Leipzig, Mitarbeiter im DFG Projekt „Kirchliche Funktionseliten in der DDR im Spannungsfeld zwischen Herkunftsprägungen und politischen Gegenwartsanforderungen" am Institut für Kultursoziologie der Europa-Universität Viadrina Frankfurt (Oder).

Wolfram Fischer-Rosenthal, Dr. phil. habil., geb. 1946, Professor für Sozialwissenschaftliche Grundlegung von Fallanalysen am Fachbereich Sozialwesen der Universität Gesamthochschule Kassel, Studium der Evangelischen Theologie und Soziologie, Postdoc an der University of California, San Francisco, Habilitation an der Universität Bielefeld. Arbeitsschwerpunkte: Biografieforschung, Medizinsoziologie, Phänomenologische Wissenssoziologie.

Helena Flam, PhD, geb. 1951, Professorin für Soziologie an der Universität Leipzig, Studium der Soziologie an der Universität Lund (Schweden), PhD an der Columbia University New York (USA), Mitarbeit beim Aufbau des

Swedish Collegium for Advanced Study in the Social Sciences Uppsala, Stipendiatin am Max-Planck-Institut Köln. Arbeitsschwerpunkte: Markt und Organisation, Theorie, Emotionen, Bewegungsforschung.

Wolfgang Heuer, Dr. phil., geb. 1949 in Köln, Politologe, Arbeit in der entwicklungspolitischen Erwachsenenbildung, Redakteur des International Hannah Arendt Newsletter in Berlin, Veröffentlichungen zu Hannah Arendt. Die vorliegende Untersuchung wurde mit einem Habilitationsstipendium der DFG gefördert.

Michaela Köttig, geb. 1965, lebt in Kassel, Sozialwesenstudium an der Universität Gesamthochschule Kassel, Berufserfahrung u.a. in den Bereichen politische Partizipation von Mädchen und Jungen, Mädchenbildungsarbeit, offene Mädchenarbeit in einer gemischtgeschlechtlichen rechtsorientierten Jugendclique, z.Zt. wissenschaftliche Mitarbeiterin am Seminar für Soziologie der Universität zu Köln. Die Autorin promoviert zum Thema Mädchen in rechten unorganisierten Jugendcliquen.

Ingrid Miethe, Dr. phil., geb. 1962 in Plauen, Studium der Erziehungswissenschaft, Psychologie, Soziologie, Politikwissenschaft an der TU Berlin, Promotion am Institut für Politikwissenschaft der FU Berlin, z.Zt. wissenschaftliche Mitarbeiterin am Institut für Erziehungswissenschaft der Ernst-Moritz-Arndt-Universität Greifswald, Habilitationsprojekt zu biografischen Verläufen von AbsolventInnen der Arbeiter-und-Bauern-Fakultäten der DDR. Arbeitsschwerpunkte: Biografieforschung, Erwachsenenbildung, Bewegungsforschung, Frauen- und Geschlechterforschung.

Silke Roth, Ph.D., geb. 1962, Studium der Soziologie, politischen Wissenschaften und Neueren Geschichte an der Universität Bonn und an der FU Berlin, Promotion an der University of Connecticut, 1997-1999 interne Leitung des Forschungsprojekts „Weimar, Kulturstadt Europas 1999" (Bauhaus Universität Weimar), z.Zt. DAAD-Dozentin für Soziologie und German Studies an der University of Pennsylvania. Arbeitsschwerpunkte: Geschlechtersoziologie, Biografieforschung, Bewegungsforschung, Festivalisierung der Stadtpolitik.

Nora Sausmikat, Dr. phil., geb. 1964, Studium der Sinologie an der FU Berlin sowie an der Sichuan-Universität in der VR China, 1999 Promotion an der FU Berlin, z.Z. wissenschaftliche Mitarbeiterin am Institut für Ostasienstudien der Universität Duisburg in einem DFG-Projekt zu Demokratisierungsprozessen in Asien. Arbeitsschwerpunkte: moderne chinesische Sozial-, Kultur- und Politikgeschichte, Gender und Revolution, Entwicklungspolitik in Asien, Chinesisches Theater, Biografieforschung.

Cordia Schlegelmilch, Dr. rer. pol., geb. 1952 in Magdeburg, aufgewachsen in München, Studium der Sozialwissenschaften an der FU Berlin, seit Anfang der 80er Jahre an mehren Forschungsprojekten am Wissenschaftszentrum Berlin für Sozialwissenschaften (WZB) beteiligt, zuletzt Habilitationsstipendium der DFG. Arbeitschwerpunkte: Arbeitsmarkt und unkonventionelle Beschäftigungsformen, Biografie- und Gemeindeforschung.

Sofia Tchouikina, PhD in Soziologie an der Russischen Akademie der Wissenschaften (2000) zum Thema „Biografische Strategien ehemaliger russischer Aristokraten in der Sowjetunion. Leningrad, 1917-1941", z.Zt. wissenschaftliche Mitarbeiterin am „Centre for Independent Social Research" St. Petersburg und an der European University St.Petersburg (Institut für Politikwissenschaft und Soziologie).

Viktor Voronkov, Dr. phil., geb. 1945, Soziologe, ehemals wissenschaftlicher Mitarbeiter am Institut für Soziologie der Akademie der Wissenschaften (Filiale St. Petersburg), jetzt Direktor des „Centre for Independent Social Research" in St. Petersburg. Forschungsschwerpunkte: Ethnizitäts- und Migrationstheorien, Stadtsoziologie, Sozialstruktur und sozialer Wandel (insbesondere zu Osteuropa).

Elmar Brähler und
Hans-Jürgen Wirth (Hg.)

Entsolidarisierung

Die Westdeutschen am
Vorabend der Wende und danach

Psychosozial-
Verlag

2000 · 254 Seiten
Broschur
DM 48,– · öS 350,–
SFr 44,50 · EUR 24,54
ISBN 3-89806-042-X

Die empirischen Untersuchungen belegen die These, daß die Entsolidarisierung der Westdeutschen, der gesellschaftliche Trend zu mehr Ellenbogenmentalität verbunden mit fremdenfeindlichen und nationalistischen Einstellungen, nicht erst nach der Wende stattgefunden hat, sondern weitaus früher. Die Autoren vermuten, daß diese Entwicklung mit Beginn der Ära Kohl 1982 einsetzte. Die Studien konzentrieren sich auf Gruppen, die als ein Hort sozialen und solidarischen Verhaltens gelten – wie Kirchen und Gewerkschaften, und andererseits auf Studierende und deren Wertvorstellungen.

Mit Beiträgen von:

Elmar Brähler, Horst-Eberhard Richter, Albrecht Köhl, Hans-Jürgen Wirth, Roland Schürhoff, Jörn W. Scheer, Henning Schauenburg, Michael Geyer, Günter Plöttner, Michael Scholz

PⓈV
Psychosozial-Verlag

Subjekt im Widerspruch

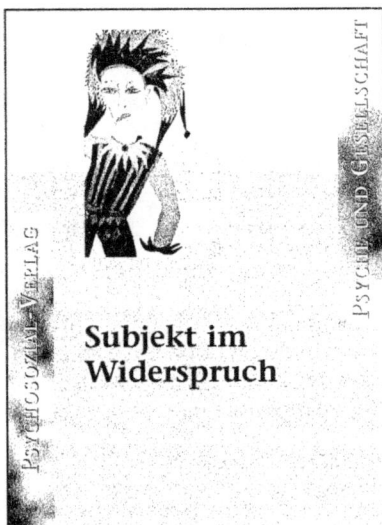

2000 · 280 Seiten
Broschur
DM 69,– · öS 504,–
SFr 62,50 · EUR 35,28
ISBN 3-89806-033-0

„Soll ich meinen Weg zur Psychoanalyse typisch nennen? Gewiß nicht. Er ist durchaus individuell, von meinen unbewußten Wünschen und Ängsten mitbestimmt. Aufmerksamkeit verdient er lediglich, weil er sich genau in den Koordinaten bewegt hat, die der Psychoanalyse seit ihrer Entstehung zukommen. Es geht um die Psychoanalyse als kulturelles Phänomen, wenn ich höchst persönliche Erlebnisse erzähle." (Paul Parin, 1985)

Mit Subjekt im Widerspruch ist der Widerspruch gegen die äußeren (und vielfach verinnerlichten) Verhältnisse, die gesellschaftlichen Strukturen, die politischen Zwänge, die alltäglichen Schnittmuster unseres Subjektseins gemeint. Auf sie fällt der analytische Blick – in einer Art Rückblende der ethnopsychoanalytischen Erfahrungen, die in fremden Ländern gewonnen wurden – auf die eigene Kultur, seien es nun eingeschliffene Verhaltensweisen oder aktuelle Wende-Ereignisse

P☒V
Psychosozial-Verlag

Narzißmus
und Macht

Dezember 2000 · ca. 220 Seiten
Broschur
DM 39,80 · öS 291,–
SFr 37,– · EUR 20,35
ISBN 3-89806-044-6

Die Möglichkeit, politische oder ökonomische Macht auszuüben, nährt Größen- und Allmachtsphantasien. Umgekehrt bahnen Karrierestreben und Rücksichtslosigkeit den Weg zu den Schaltzentralen der Macht. In detaillierten Fallstudien – u. a. über den Skinhead Max, den Pädophilen Ivo, Ministerpräsident Uwe Barschel, Ex-Bundeskanzler Helmut Kohl und Serbenführer Slobodan Milosevic – analysiert der Autor die Verflechtungen zwischen der individuellen Psychopathologie und den ethnischen, religiösen und kulturellen Identitätskonflikten der Gruppe.

Gewaltherrschaft und Krieg bedeuten immer tiefgreifende individuelle und gesellschaftliche Traumatisierungen, die transgenerational weitergegeben werden. Am Beispiel der Auseinandersetzung mit dem Nationalsozialismus, die in den beiden deutschen Staaten recht unterschiedlich verlief, demonstriert der Autor einerseits, wie prägend die Schatten einer traumatischen Vergangenheit sein können. Er zeigt andererseits aber auch Möglichkeiten auf, sich mit der eigenen unheilvollen Vergangenheit konstruktiv auseinanderzusetzen.

P V
Psychosozial-Verlag

Was ist
Psychohistorie?

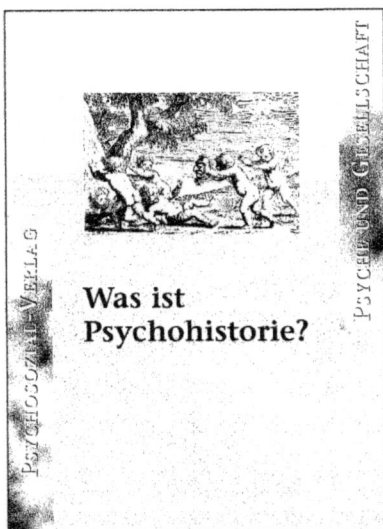

2000 · 496 Seiten
Broschur
DM 68,– · öS 496,–
SFr 62,– · EUR 34,77
ISBN 3-932133-64-1

Psychohistorie ist die wissenschaftliche Erforschung historischer Motivationen. Dieser Ausgangspunkt der Theoriebildung von Lloyd deMause
impliziert eine radikale Kritik sowohl an der traditionellen Geschichtswis-
senschaft als auch an den traditionellen Formen der Sozialwissenschaften
wie Anthropologie, Soziologie und Psychologie. Der Weg zum Verständnis
historischer Ereignisse führt nicht über die Sammlung und narrative
Anhäufung von Daten aus Politik, Wirtschaft und Gesellschaft; er führt
über die methodische Ergründung bewußter und unbewußter psychologi-
scher Motive der geschichtlich Handelnden.

Lloyd deMause, geb. 1931 in Detroit, Michigan, Psychoanalytiker und
Leiter des Institute for Psychohistory in New York, Präsident der International Psychohistorical Association (IPA); Herausgeber des Journal of Psychohistory.

P▦V
Psychosozial-Verlag

Pädagogik

Barbara Bräutigam
**Der ungelöste
Schmerz**
Perspektiven und
Schwierigkeiten der
therapeutischen Arbeit
mit Kindern politisch
verfolgter Menschen

Psychosozial-Verlag

2000 · 286 Seiten
Broschur
DM 49,80 · öS 364,–
SFr 46,– · EUR 25,46
ISBN 3-89806-037-3

Kinder politisch verfolgter Menschen sind potentiell gefährdet, unter einer sekundären Form der Traumatisierung zu leiden. Diese Kinder weisen erhebliche Risikofaktoren in bezug auf ihre psychosoziale und emotionale Entwicklung auf. Die Autorin untersucht therapeutische Vorstellungen und Therapiekonzepte, die auf die Behandlung der Auswirkungen politischer Repression auf Familien und deren Kinder abzielen. Sie erörtert Möglichkeiten und Schwierigkeiten des praktischen therapeutischen Umgangs mit den betroffenen Kindern und entwickelt Ideen für die Modifizierung bestehender Therapiekonzepte.

**P🌀V
Psychosozial-Verlag**

Annette Simon,
Jan Faktor
**Fremd im
eigenen Land?**

2000
144 Seiten · Broschur
DM 29,90 · öS 218,–
SFr 27,50 · Euro 15,29
ISBN 3-89806-004-7

Annette Simon und Jan Faktor versuchen die politischen und gesellschaftlichen Konflikte ihrer ostdeutschen bzw. osteuropäischen Vergangenheit zu reflektieren und zu analysieren. Ausgehend von den unterschiedlichen Erfahrungen mit dem Prager Frühling 1968 setzen sie sich mit denVerhältnissen in der DDR auseinander. Auch heute, nach der Vereinigung Deutschlands, versuchen sie, sich politisch und intellektuell klar zu positionieren.

Jan Faktor zog 1978 in die DDR – in ein fremdes Land, dessen Untergrundkultur ihm dann plötzlich nicht geahnte, aber auch fragwürdige Freiräume bot. Nach der deutschen Vereinigung mußte er sich mit der Stasi-Vergangenheit einiger seiner Mitstreiter auseinandersetzen – und auch mit dem westdeutschen Kulturbetrieb.

Annette Simon erlebte mit der Okkupation der CSSR eine politische Entfremdung von ihren früheren sozialistischen Idealen und vom vermeintlichen Aufgehobensein in der DDR. Kritisch analysiert sie in ihren Texten das Weiterbestehen solcher Entfremdungsgefühle sowohl bei ehemaligen Oppositionellen als auch bei ehemaligen Befürwortern der DDR im deutschen Vereinigungsprozeß.

P🔲V
Psychosozial-Verlag

www.ingramcontent.com/pod-product-compliance
Lightning Source LLC
Chambersburg PA
CBHW020341270326
41926CB00007B/269